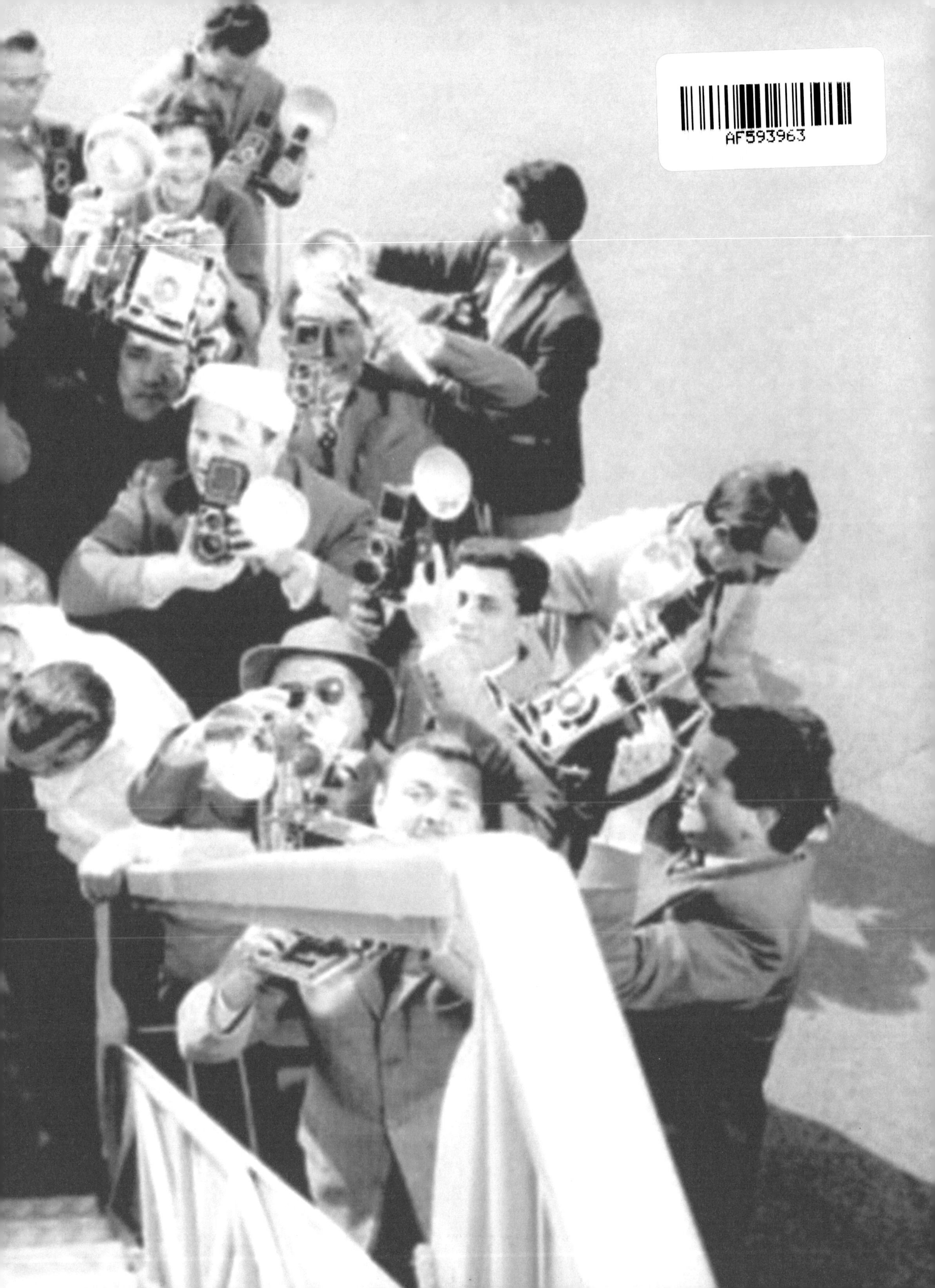
AF593963

SKYLINE

[DAMIANI]

CAFFÈ & STARS

DAMIANI©2004

CURATED BY - *A CURA DI*
Andrea Albertini
Silvia Pesci
Giuseppe Villirillo

LAY OUT
Lorenzo Tugnoli
Giuseppe Villirillo

PRODUCTION - *PRODUZIONE*
DAMIANI EDITORE
Via Zanardi, 376
Tel. +39.051.6350805
Fax +39.051.6347188
40131 Bologna - Italy
www.damianieditore.it
info@damianieditore.it

ISBN 88-901304-7-4
Printed in Italy
Grafiche Damiani s.r.l.
www.grafichedamiani.it

ALL PHOTOGRAPHS
USED BY PERMISSION
©REPORTER ASSOCIATI
Reporter Associati s.r.l.
Via Merulana, 191
00185 Roma

pag. 46,55
Copyright©Corrado Rizza

TEXT - *TESTI*
©Vincenzo Mollica
©Giuseppe Villirillo

CAFFÈ & STARS

PREFACE · *PREFAZIONE*

Whilst looking at these pictures, by some bizarre short circuit of the mind, I was reminded of a song that Antoine sung in a long-gone edition of the San Remo music Festival: "but what did you put in the coffee...?". Who knows how many thoughts and ideas have be stimulated by the aroma steaming from the tiny coffee cups and by the caffeine giving prized refreshment and energy to these artists immortalised by the photographers' flash with surrendering complicity - photographers who perhaps were unaware of it at the time, but who would later be proud of that nickname that Fellini invented for them: paparazzi.

The most striking element emerging when thumbing this book is the desire of these actors and actresses to put before the camera lens that naturalness that makes the coffee break a special, pleasant and even intimate moment of the day.

The focus on pose is striking, that gesture that when photographed seems to say: "I drink my coffee like this".

Rather than connoisseurs of a drink with its own well-established history, the stars in question interpret the art expressed by coffee through their rituals that range from preparing to drinking, all sipped with soft sophisticated meaning.

I also enjoyed myself imagining the missing cup, the one belonging to the photographer who more often than not shared the same caffeine dose with the subject portrayed.

How I would like, for all the pictures that have caught my eye and this includes these, to see the whole scene behind the photograph: see the photographer in action and the star of the portrait, and perhaps in the side wings the beautiful waitresses that prepared the nectar with those coffee-machines that could tell the stories of entire families.

And so the cups in this book summon up both living and hidden tales emerging from that strange mixture that makes up our lives.

"But what did you put in the coffee...?", the calm question returns, and the reply is just as peaceful and lacking in urgency: "looking at these pictures, I'd say stardust for savouring in little sips".

Guardando queste foto, per un curioso corto circuito mentale, mi è tornata in mente una canzoncina che cantava Antoine in un lontano Festival di Sanremo: "Ma cosa hai messo nel caffè?...". Chissà quanti pensieri, quante idee saranno passate attraverso l'aroma che usciva dalle tazzine e la caffeina che regalava ristoro ed energia agli artisti immortalati con arrendevole complicità dai flash dei fotografi, che allora forse non capivano, ma un giorno sarebbero stati orgogliosi di quel soprannome che Fellini inventò per loro: paparazzi.

La cosa che più colpisce, sfogliando questo libro, è il tentativo da parte degli artisti di cercare di riprodurre davanti ad un obiettivo fotografico quella naturalezza, che fa della pausa caffè uno dei momenti più piacevoli, ma anche intimi della giornata.

Colpisce la ricerca della posa, di quel gesto che fotografato sembra dire: "Io il caffè lo bevo così".

Più che dei degustatori di questa bevanda che ha lunga storia, le stars in questione interpretano l'arte che il caffè esprime attraverso i suoi rituali che vanno dalla preparazione alla consumazione, il tutto centellinato con morbida, elegante, sornioneria.

Mi sono anche divertito ad immaginare la tazzina mancante, quella del fotografo che spesso condivideva la stessa caffeina del soggetto ritratto.

Come mi piacerebbe, di tante fotografie che mi hanno incuriosito, comprese queste, poter vedere, tutta intera, la scena che ha portato alla foto; vedere in azione il fotografo, il protagonista del ritratto e magari più in là quelle belle cameriere che avevano preparato il nettare con macchinette che potrebbero raccontare storie intere di famiglie.

Ecco, le tazzine di caffè di questo libro rimandano storie viventi e nascoste, nate da quella strana miscela di cui è fatta la nostra vita.

"Ma cosa hai messo nel caffè...?", la domanda si ripropone placida, senza stress e urgenze, la risposta altrettanto: "Guardando queste foto, direi della polvere di stelle da sorseggiare".

VINCENZO MOLLICA

INTRODUCTION - *INTRODUZIONE*

Whilst delving into this topic, I happened to meet many young photo-journalists in their 70s and still with the energy to continue in their pursuit of the scoop with that same intensity and passion of forty years ago - the so-called 'vintage paparazzi' of the '60s. They were important personalities in that era when everything gravitated around Via Veneto in Rome. I'm sure that without them it would have been impossible to create that exciting society life animating the pages of the newspapers of the time. This magnet attracted sports and showbiz celebrities who came from all over the world to savour the heart of Rome. It was a period when the dark nights were lit by a sudden flash sparking off a hail of light from the cameras focused on the 'victim', who was then trailed and hunted out by these athletic youths with a Leica or Rolleiflex in hand. I listened to many a story centred on these shots: every image was accompanied by a memory that seemed indelibly chiselled in the minds of these photographers. The episode that struck me most from among this number was one involving Mohammed Alì. He had just got off a train at Rome's Termini Station and was escorted to a bar so that he could lose no time in tasting the Italian coffee that he had heard praised as the best in the world. While he was toying with the sugar, he commented, "but it's not as good as the American stuff".

In fact the American stars seldom betrayed their customary tastes on this subject, as can be seen with Joe Di Maggio and Johnnie Ray sitting at a table in Via Veneto drinking American coffee. Cary Grant too, in a break is served a coffee by Sophia Loren in a large cup. Then there's Stewart Granger, saying that they don't make American coffee anywhere else in the world like they do in Italy. Even stars like Audrey Hepburn or Dustin Hoffman can't go without their cup of American coffee. Perhaps the only exception is Anthony Quinn: the actor is so enthusiastic about espresso that he also manages to influence Ira Fürstenberg. However, the tradition of good homemade Italian coffee using the mocha machine is perfectly illustrated with the meticulous and precise gestures Peppino De Filippo uses whilst instructing his son Luigi. Peppino carefully demonstrates how coffee is prepared using the Neapolitan coffee-maker and proudly shows off his personal collection of coffee machines. Coffee prepared at home was not only a habit belonging to a true Neapolitan such as Peppino, but was also revered by Sophia Loren, Marcello Mastroianni, Sandra Mondaini, Nino Manfredi, Catherine Spaak and Alberto Sordi. Even Federico Fellini used to go through this ritual in his Roman home, personally making the coffee when he was awarded an Oscar for his "Amarcord" in 1973. This curious book starts off in the '40s and illustrates a fragment of history, with the habits marking the cinema stars' coffee breaks, moments of relaxation involving all, with the exception of the paparazzi.

Durante questa ricerca, mi sono imbattuto in giovani fotoreporter 70enni con la voglia di continuare a cercare lo scoop con la stessa carica emotiva e passionale di 40 anni fa, sono loro i cosiddetti "paparazzi vintage" degli anni 60'.

Erano personaggi importanti in quegli anni in cui tutto scorreva lungo Via Veneto a Roma.

Sostengono che senza di loro non era possibile creare quel fenomeno di vita mondana che colorava le cronache dei giornali dell'epoca e vedeva personaggi dello sport e dello spettacolo arrivare da tutto il mondo e catapultarsi nel cuore di Roma. Era l'epoca in cui le notti buie venivano accese improvvisamente dai lampi che davano il via al temporale di flash sul "malcapitato", che si vedeva inseguito e braccato da questi giovani atleti con una Leica o una Rolleiflex. Ho ascoltato tante storie intorno a questi scatti, ogni immagine, portava con sè un ricordo che sembra scolpito nella mente di questi fotografi.

Tra i tanti, l'episodio che più mi ha colpito riguarda Mohammed Alì, che appena sbarcato dal treno alla stazione Termini di Roma, fu accompagnato in un bar perché voleva assaggiare un caffè italiano, che gli avevano decantato come il più buono del mondo e, mentre si divertiva a giocherellare con lo zucchero, disse "Ma non è buono come quello americano!".

A tal proposito i divi Americani non si smentivano quasi mai su i loro gusti, per esempio Joe Di Maggio e Johnnie Ray seduti al tavolino di Via Veneto bevono caffè americano.

Cary Grant in una pausa si fà servire da Sophia Loren il caffè in tazza grande. Stewart Granger fuori set si fà portare il suo caffè preferito, sostenendo che come lo fanno in Italia il caffè americano non lo fanno in nessun altro posto al mondo.

Anche divi come Audrey Hepburn o Dustin Hoffman non rinunciano alla loro tazza di caffè americano, forse l'unica eccezione è Anthony Quinn che predilige l'espresso tanto da coinvolgere anche Ira Fürstenberg.

La tradizione, invece, di un buon caffè Italiano fatto in casa con la moka, ci viene spiegata con gesti meticolosi e precisi da Peppino De Filippo che ha come apprendista il figlio Luigi. Peppino mostra accuratamente la preparazione del caffè con la caffettiera napoletana, e ci presenta con orgoglio anche la sua personale collezione di macchinette da caffè. La preparazione del caffè in casa, non era solo prerogativa di un napoletano Doc come Peppino, ma anche di Sophia Loren, Marcello Mastroianni, Sandra Mondaini, Nino Manfredi, Catherine Spaak, Alberto Sordi. Perfino Federico Fellini nella sua casa romana si sottopose a questo rito, preparando personalmente il caffè, in occasione del premio Oscar ricevuto per "Amarcord" nel 1973. Questo libro curioso comincia dagli anni 40' e racconta un frammento di storia del costume che passava attraverso la pausa caffè delle stars del cinema, un momento di relax che contagiava tutti, tranne i paparazzi.

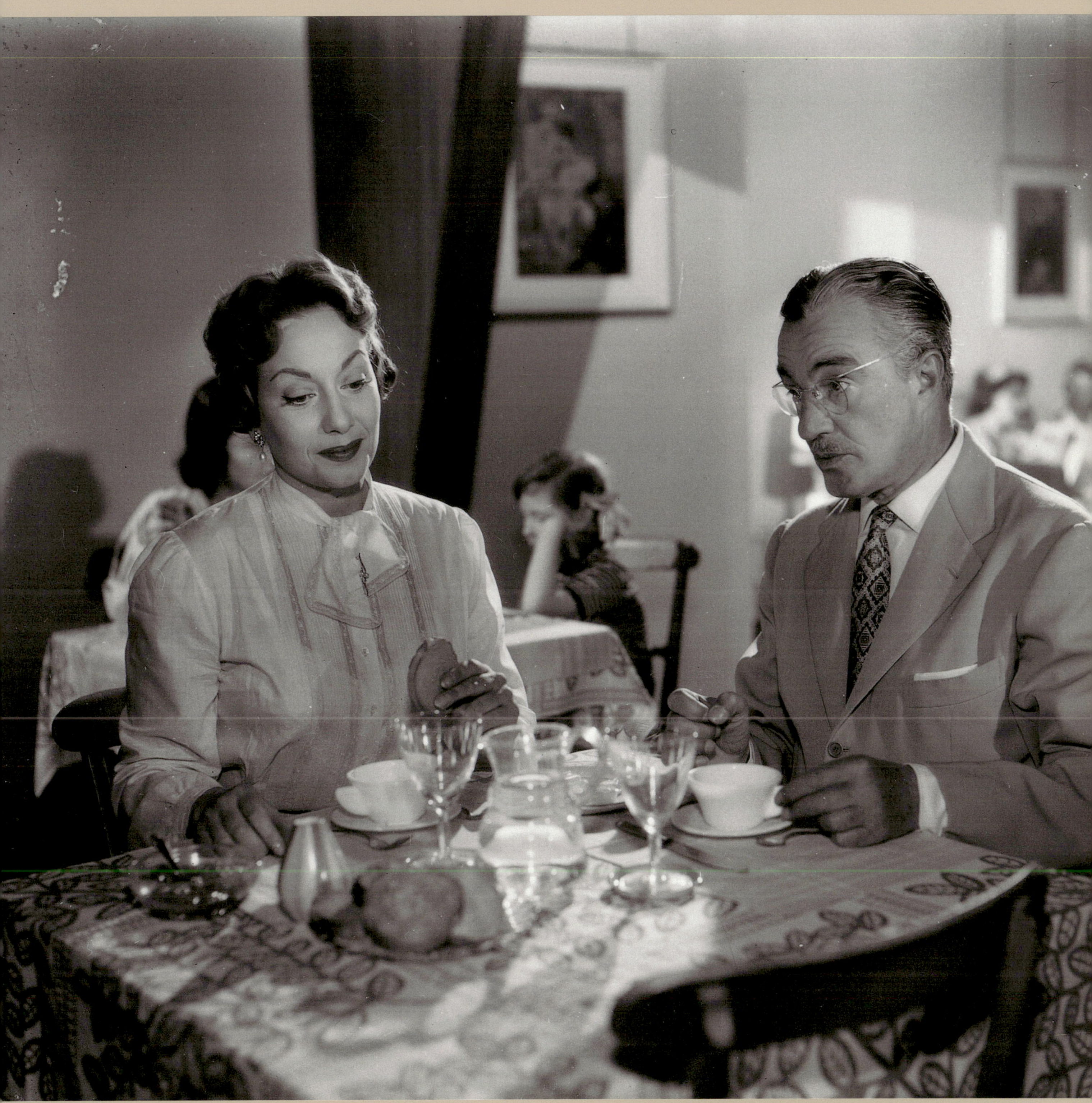

Vittorio De Sica - Marisa Merlini, "Tempo di villeggiatura"_1956

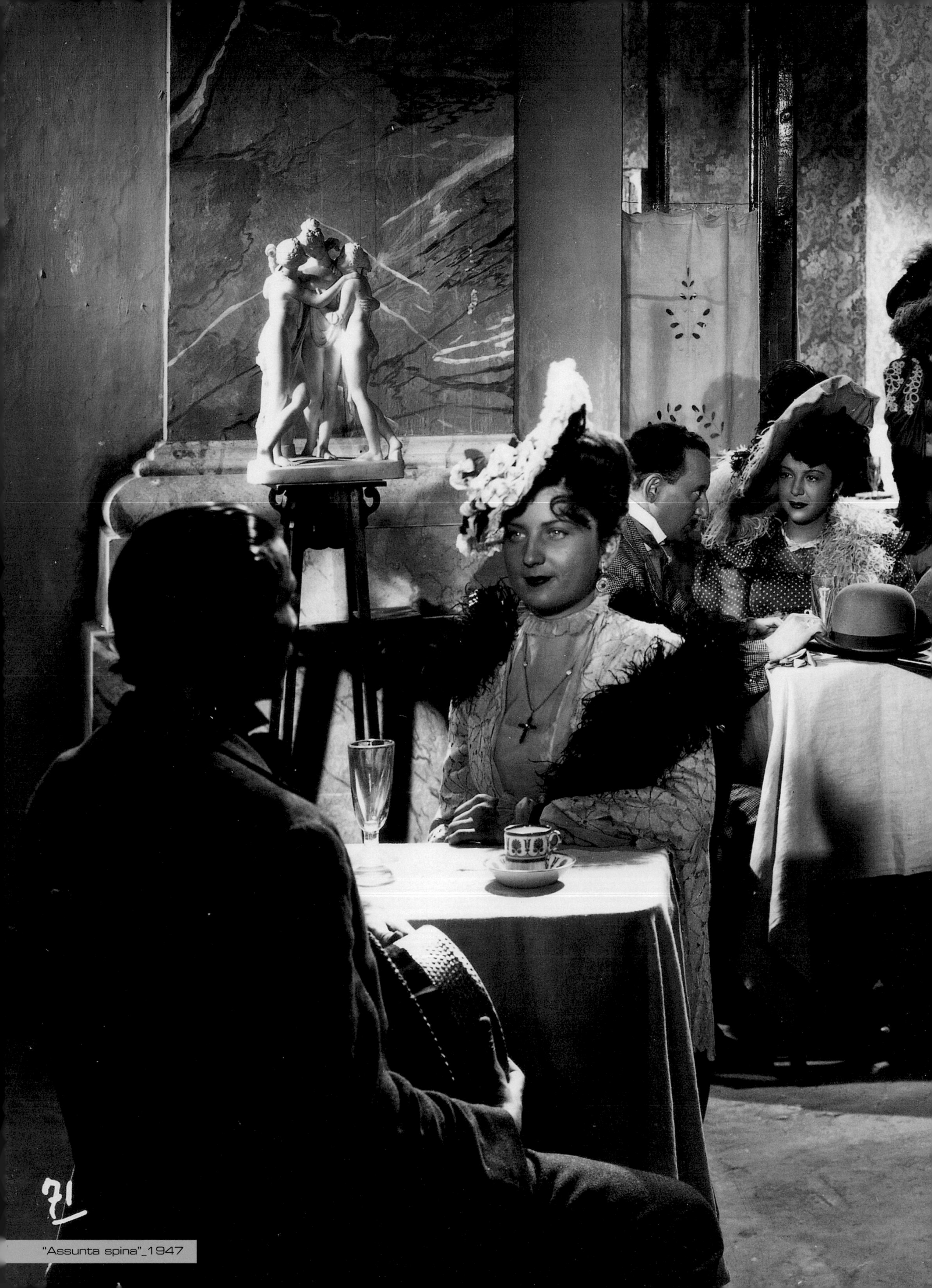

"Assunta spina"_1947

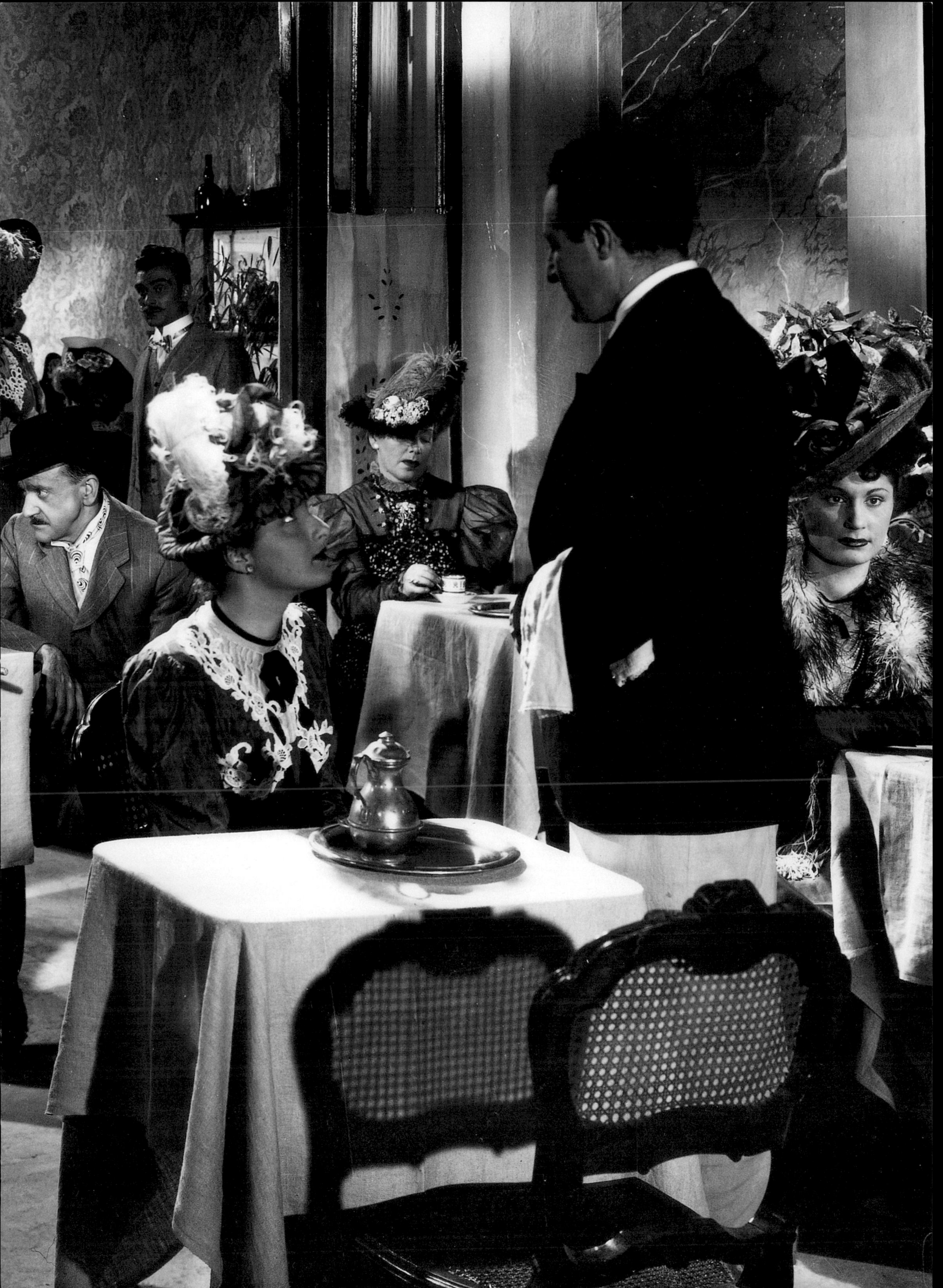

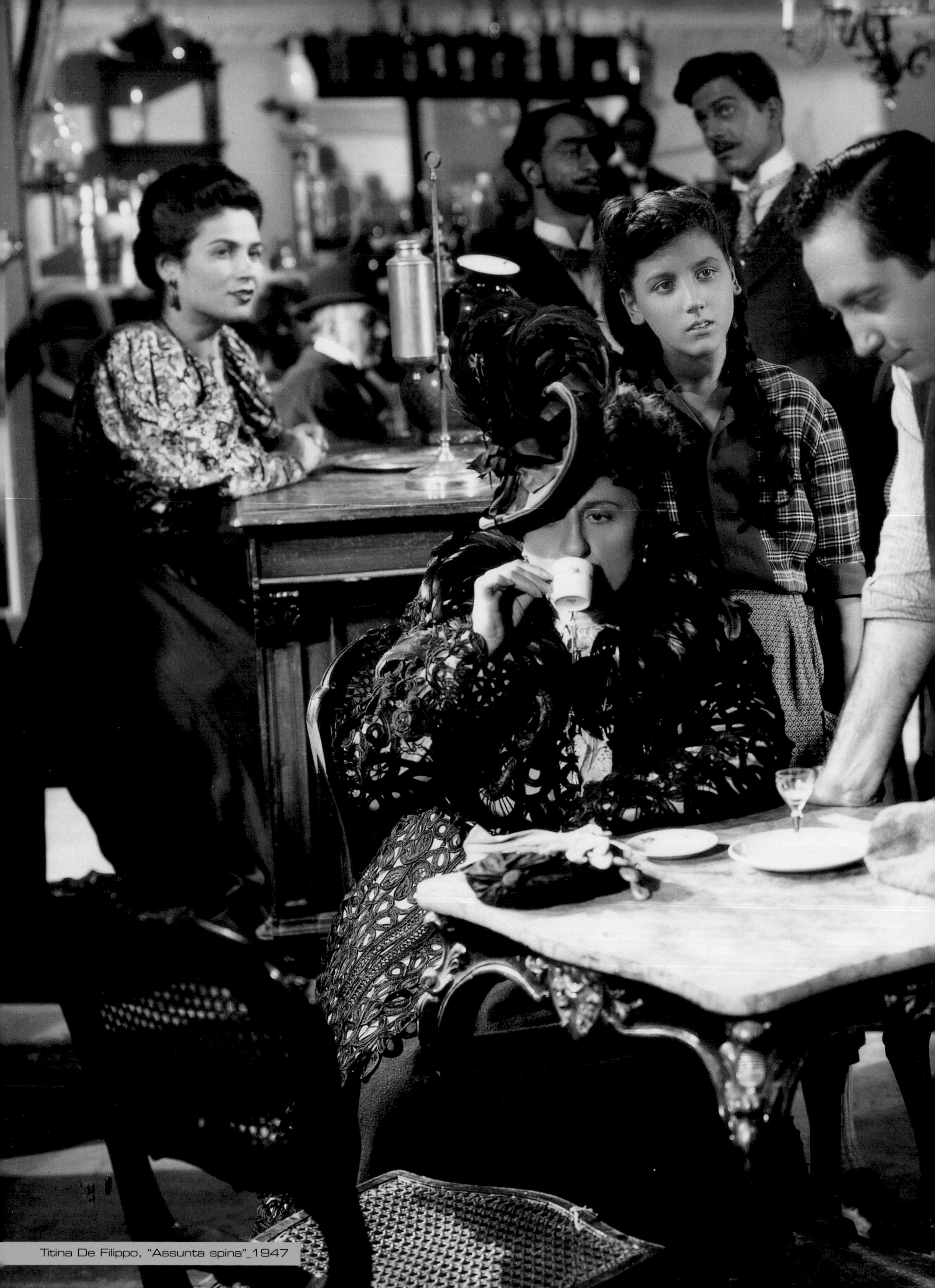

Titina De Filippo, "Assunta spina"_1947

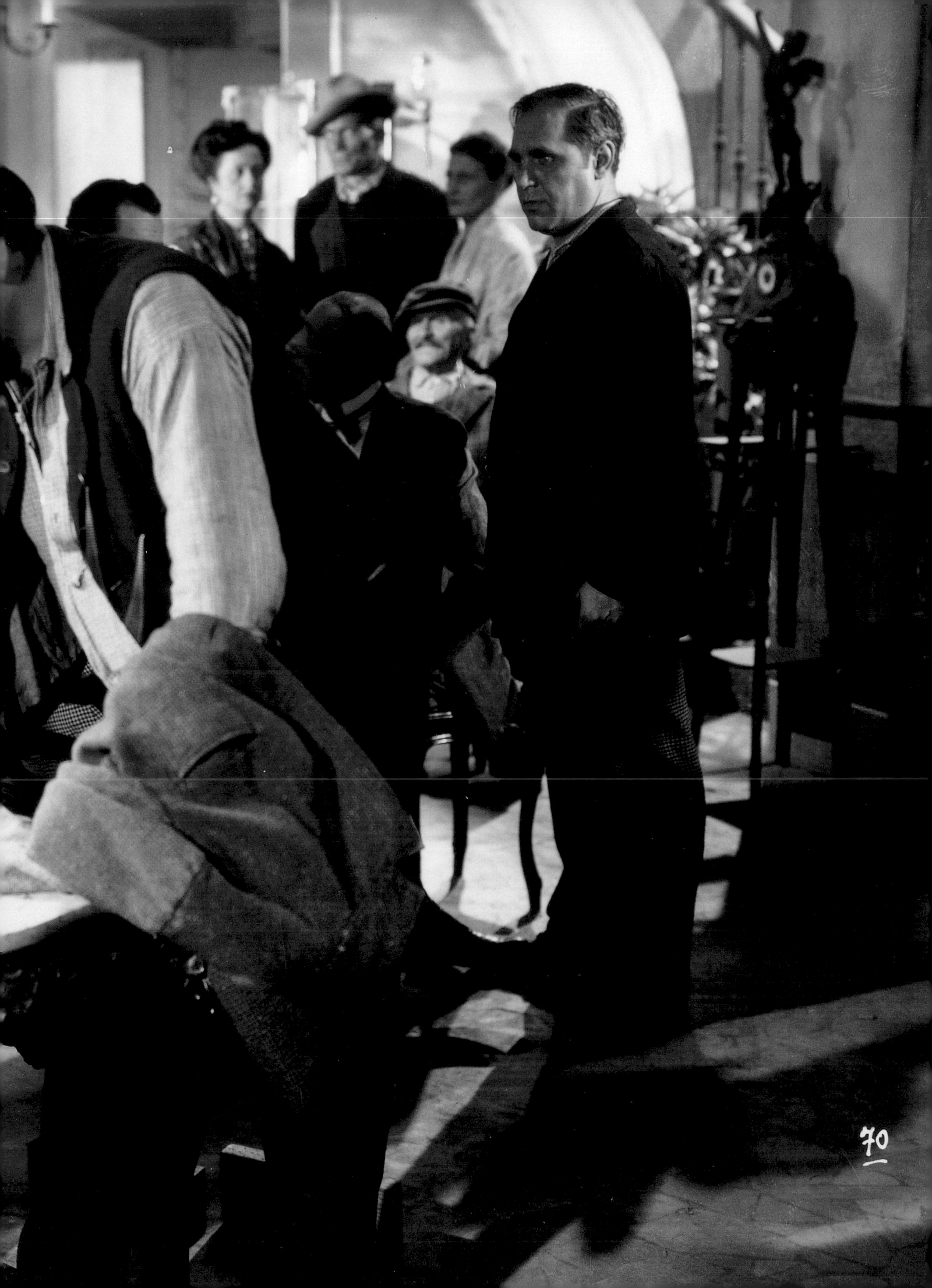
70

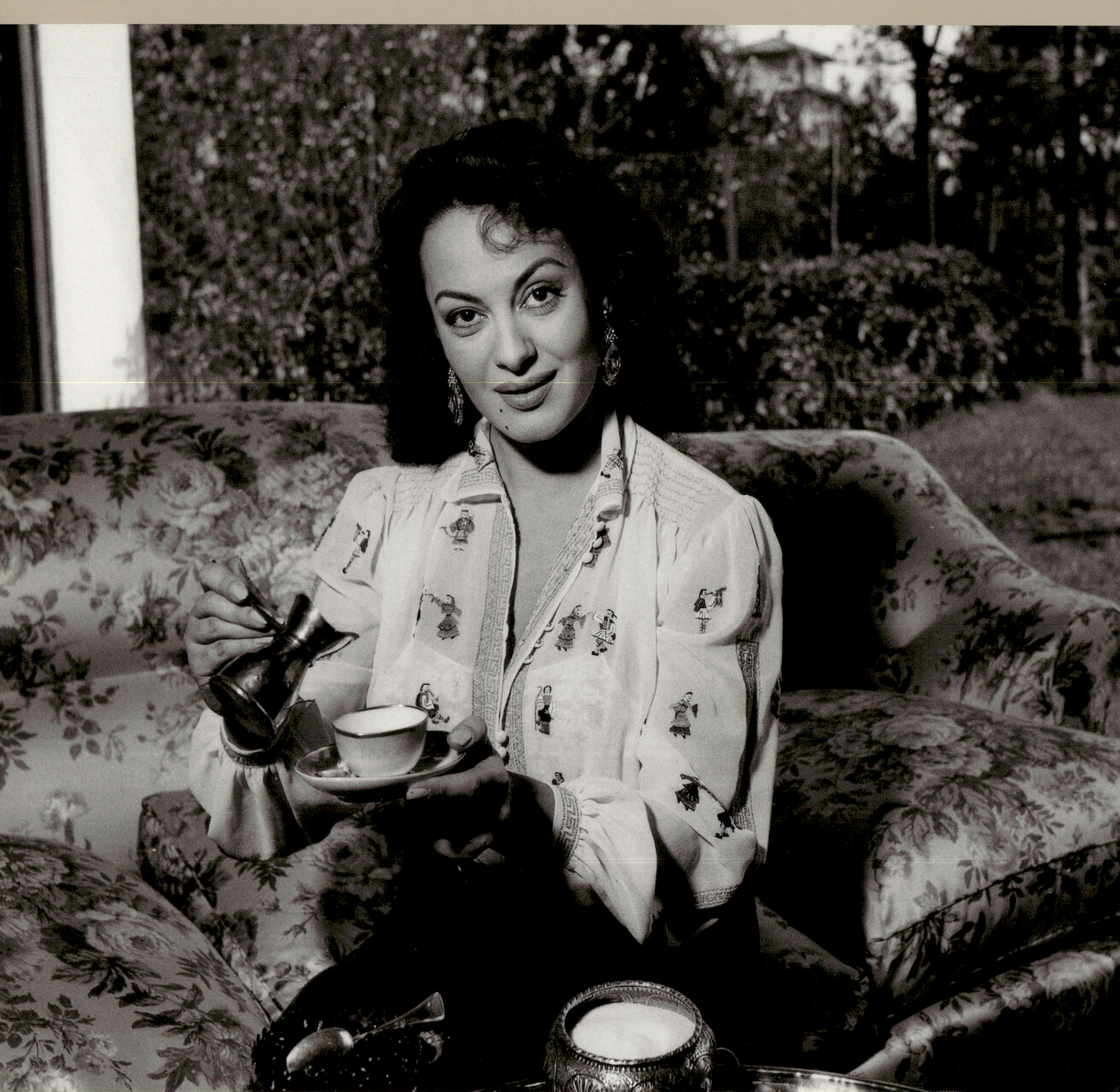

Yvonne Sanson_1952

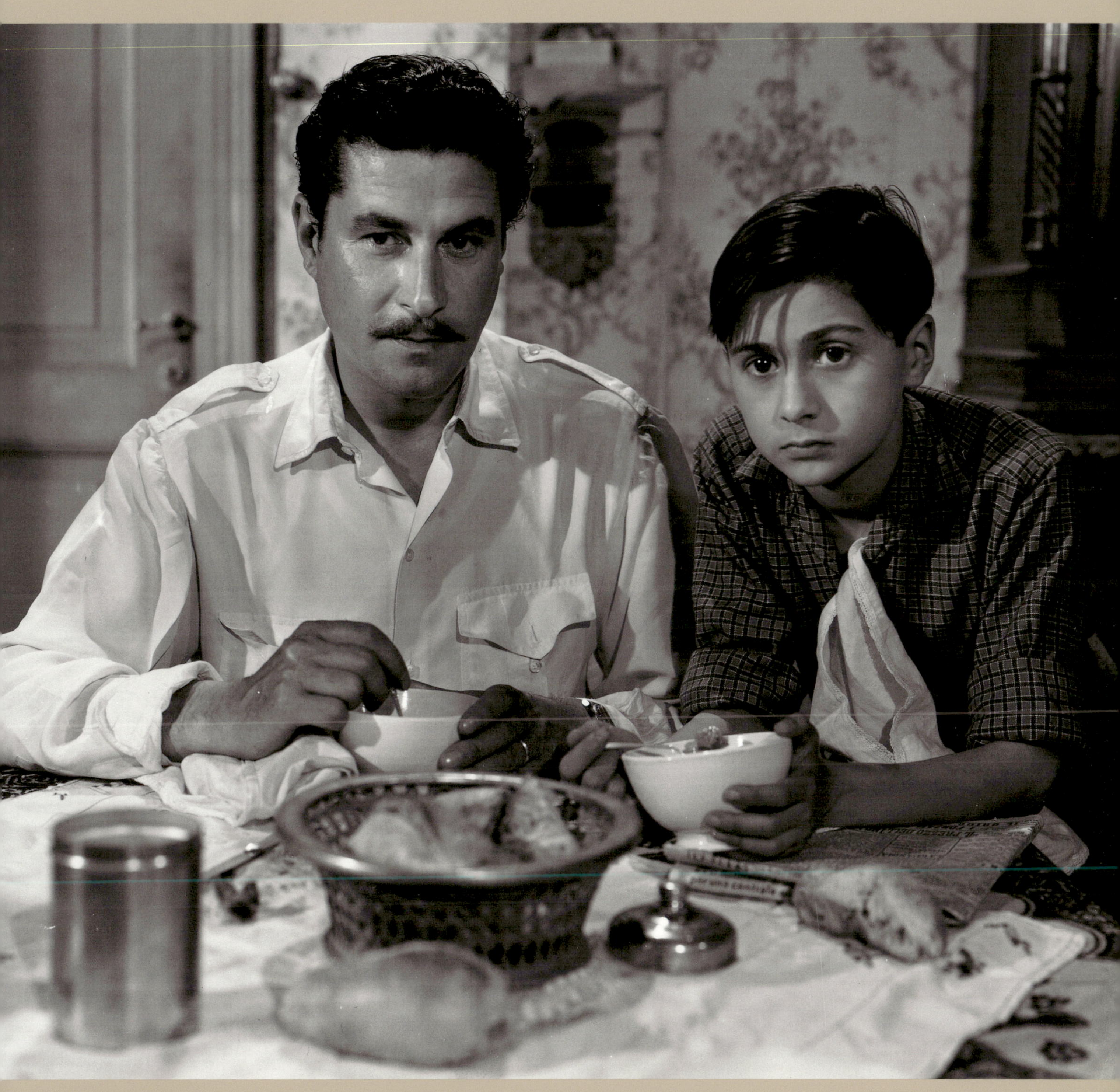

Amedeo Nazzari, "Catene"_1949

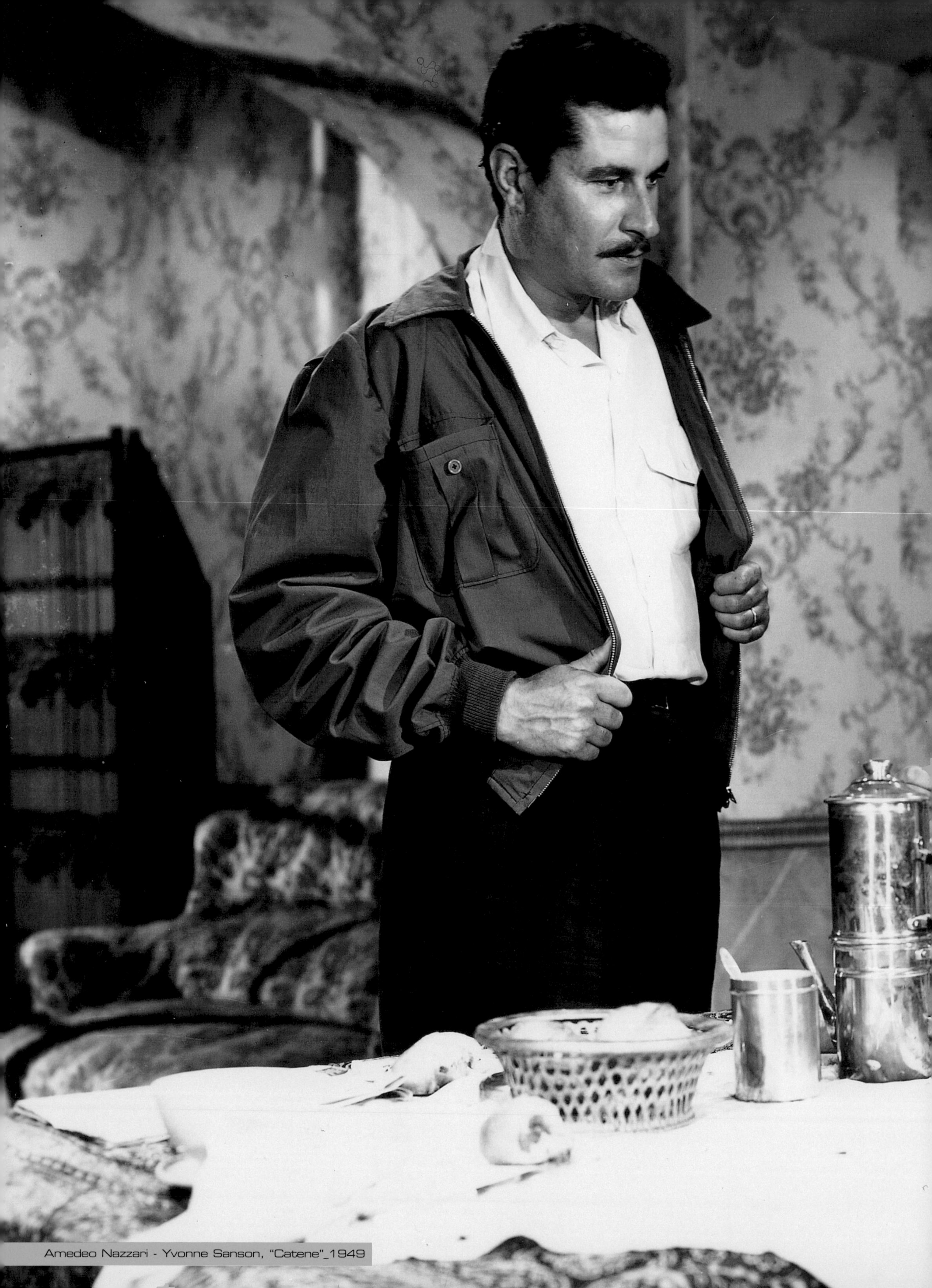

Amedeo Nazzari - Yvonne Sanson, "Catene"_1949

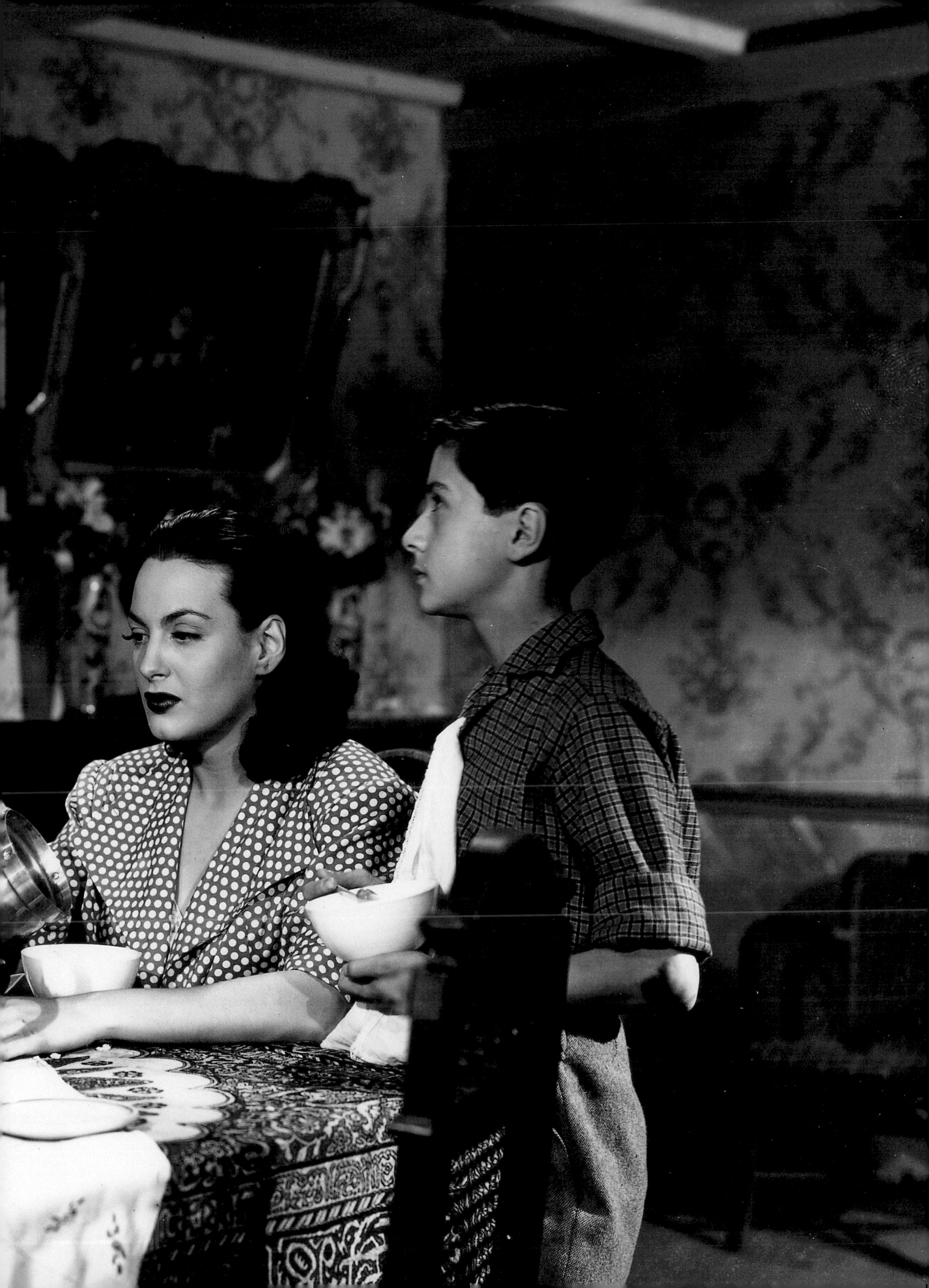

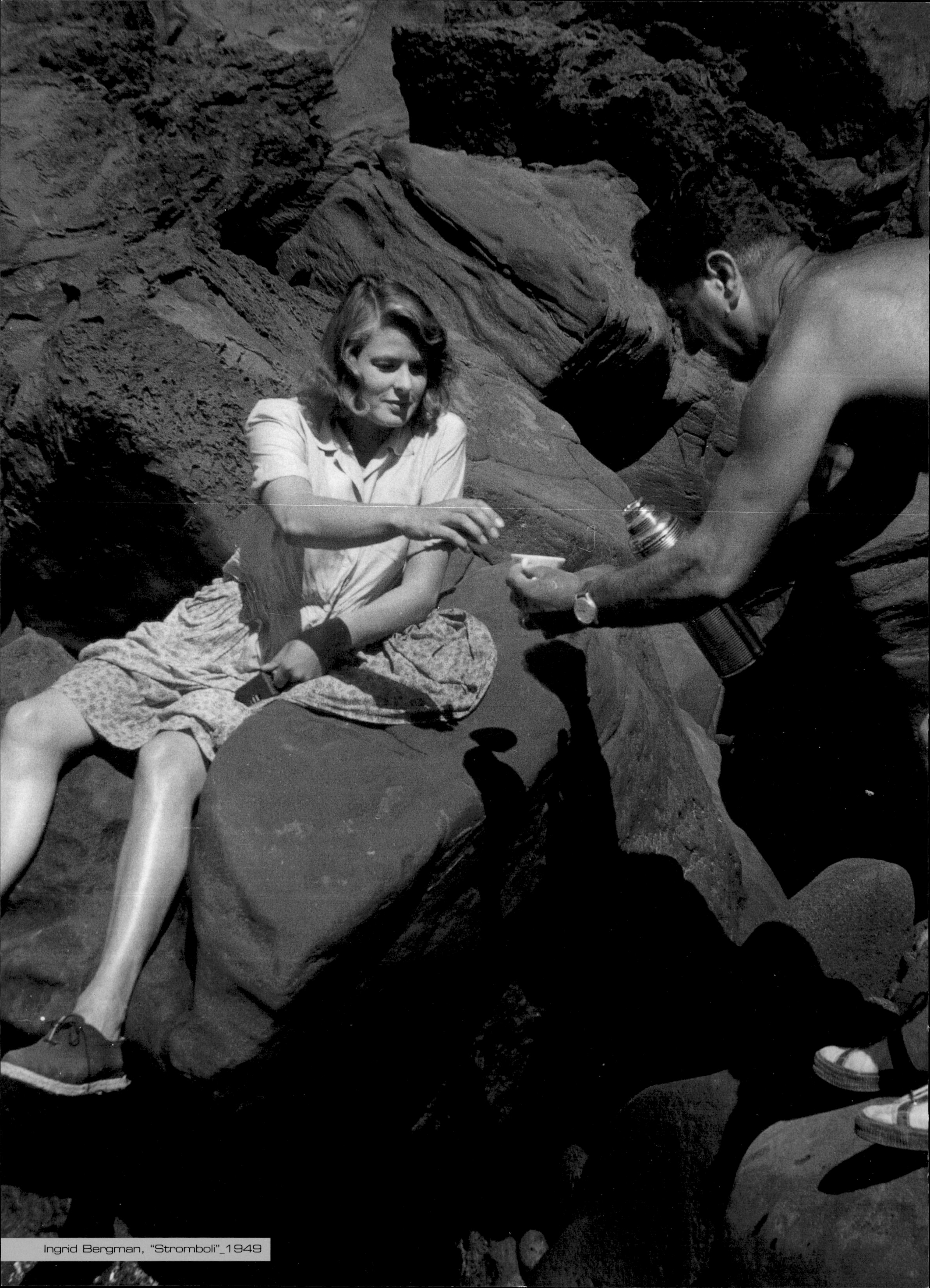

Ingrid Bergman, "Stromboli"_1949

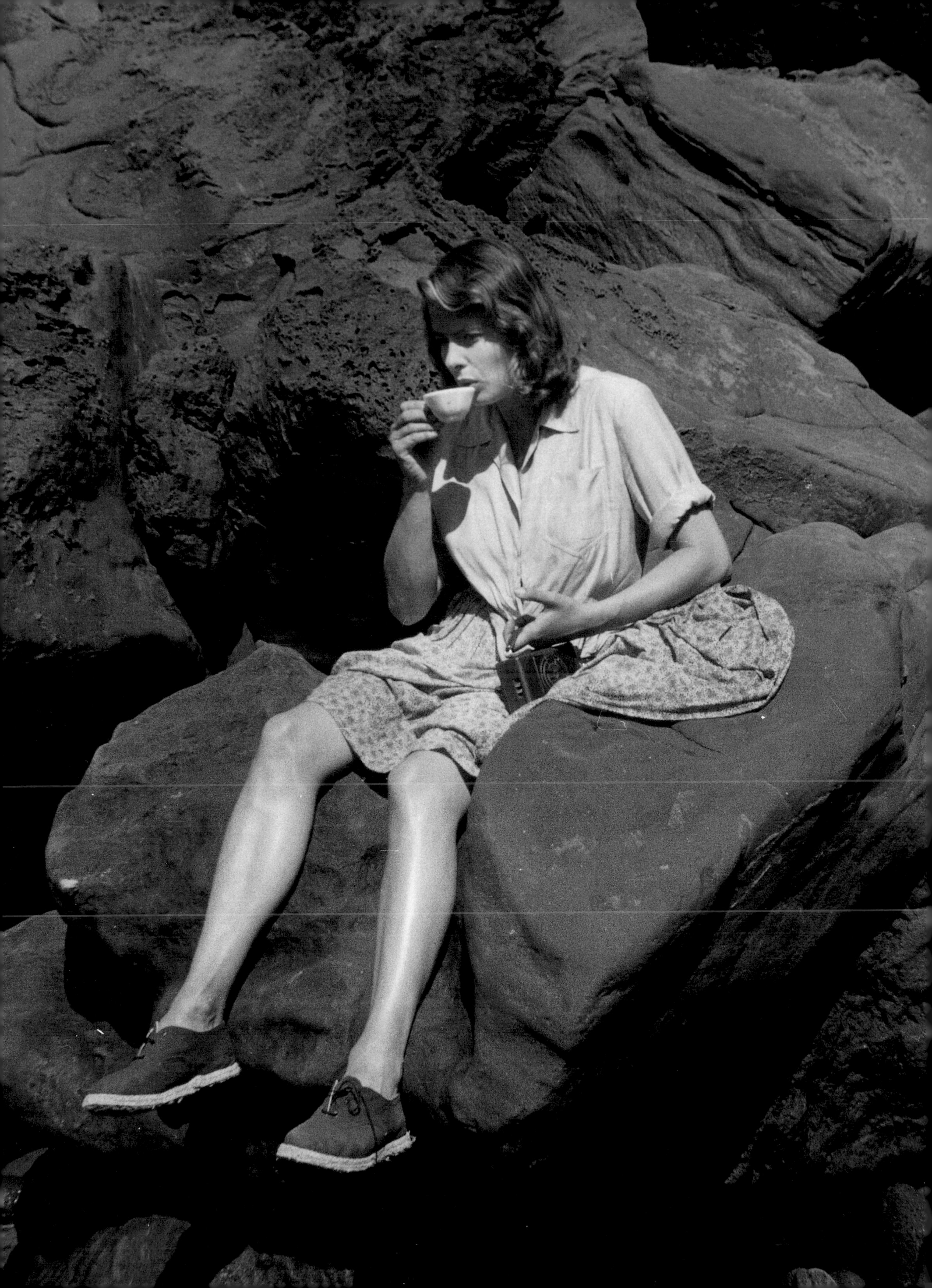

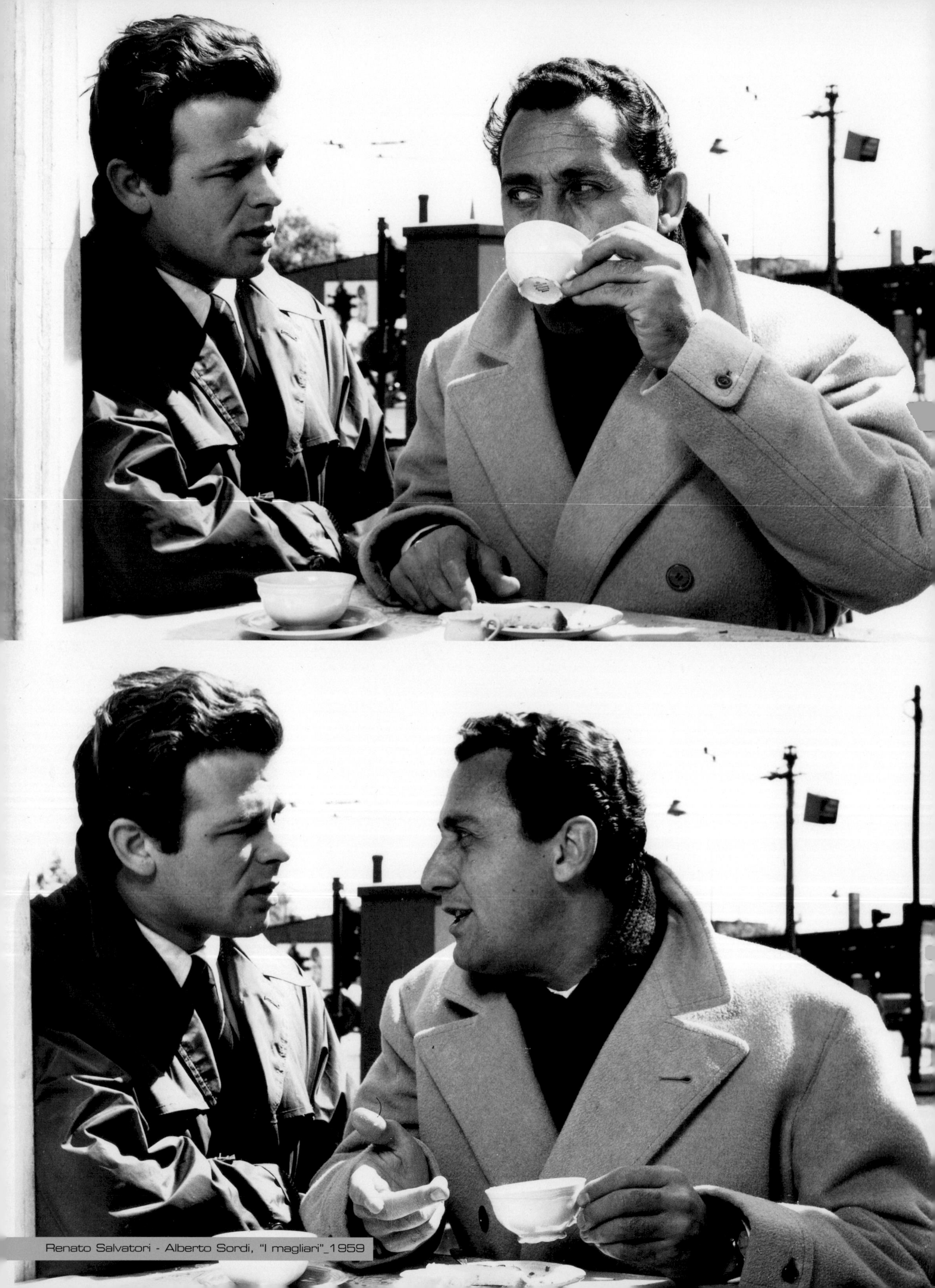

Renato Salvatori - Alberto Sordi, "I magliari"_1959

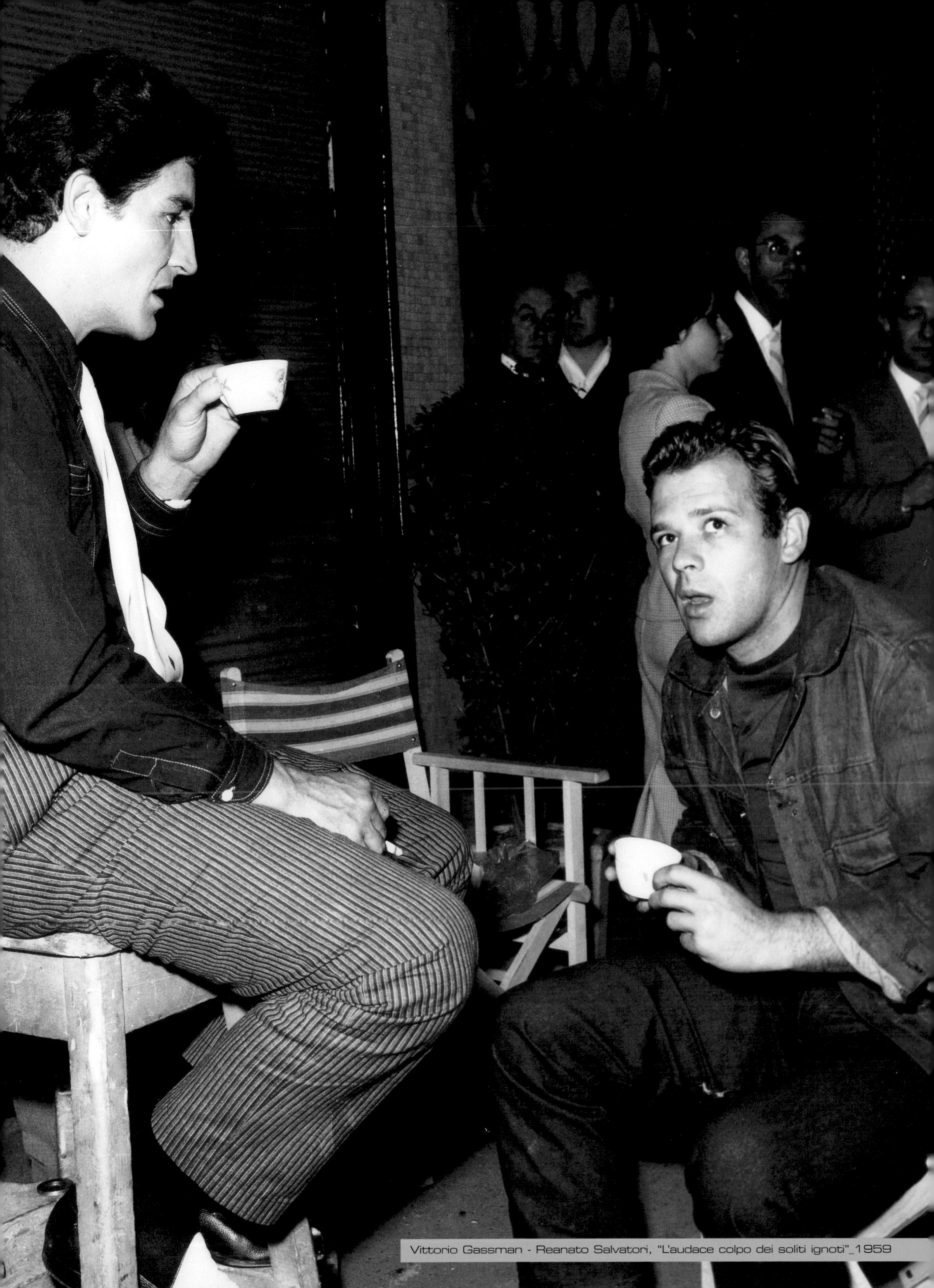

Vittorio Gassman - Reanato Salvatori, "L'audace colpo dei soliti ignoti"_1959

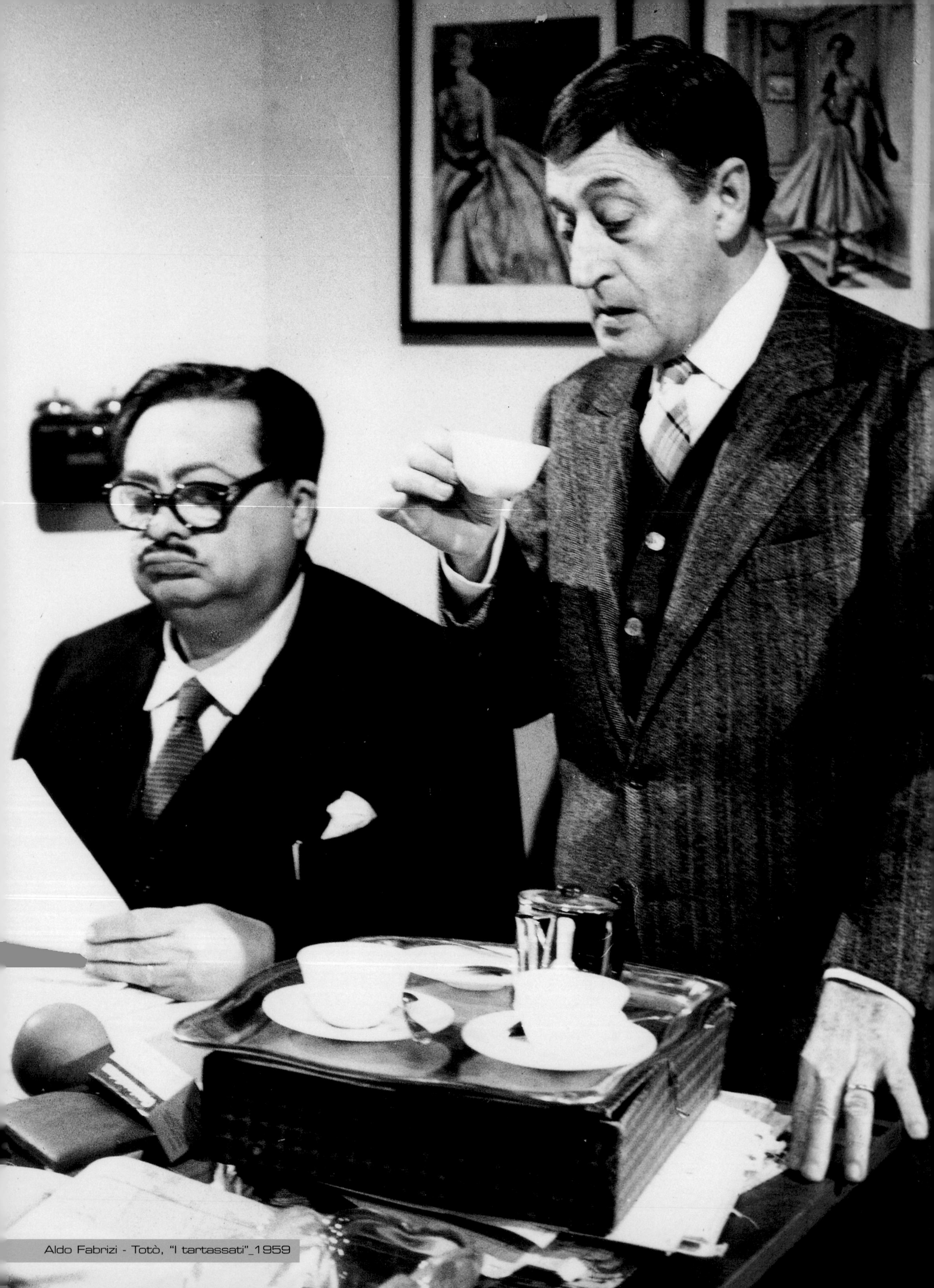

Aldo Fabrizi - Totò, "I tartassati"_1959

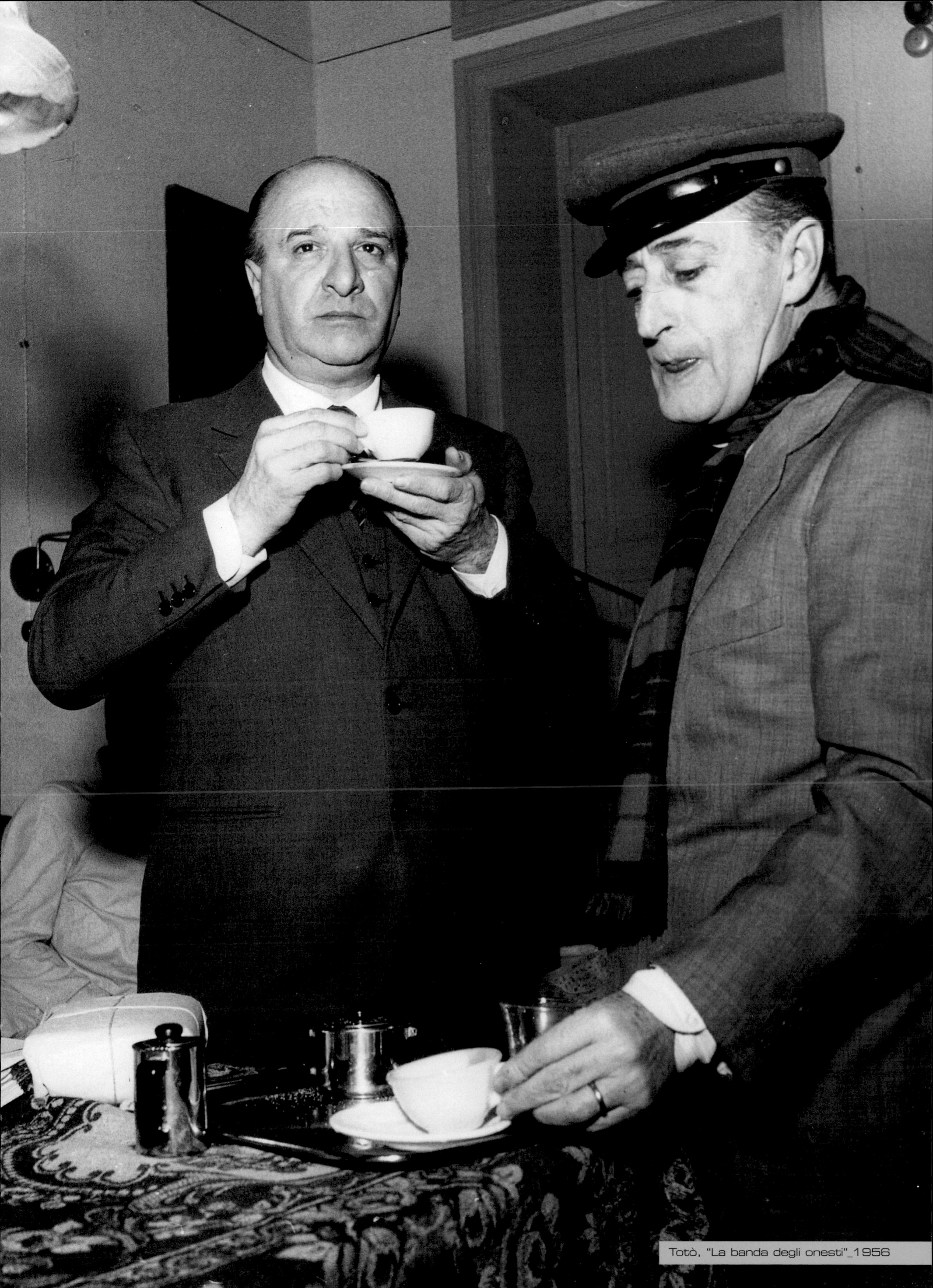

Totò, “La banda degli onesti”_1956

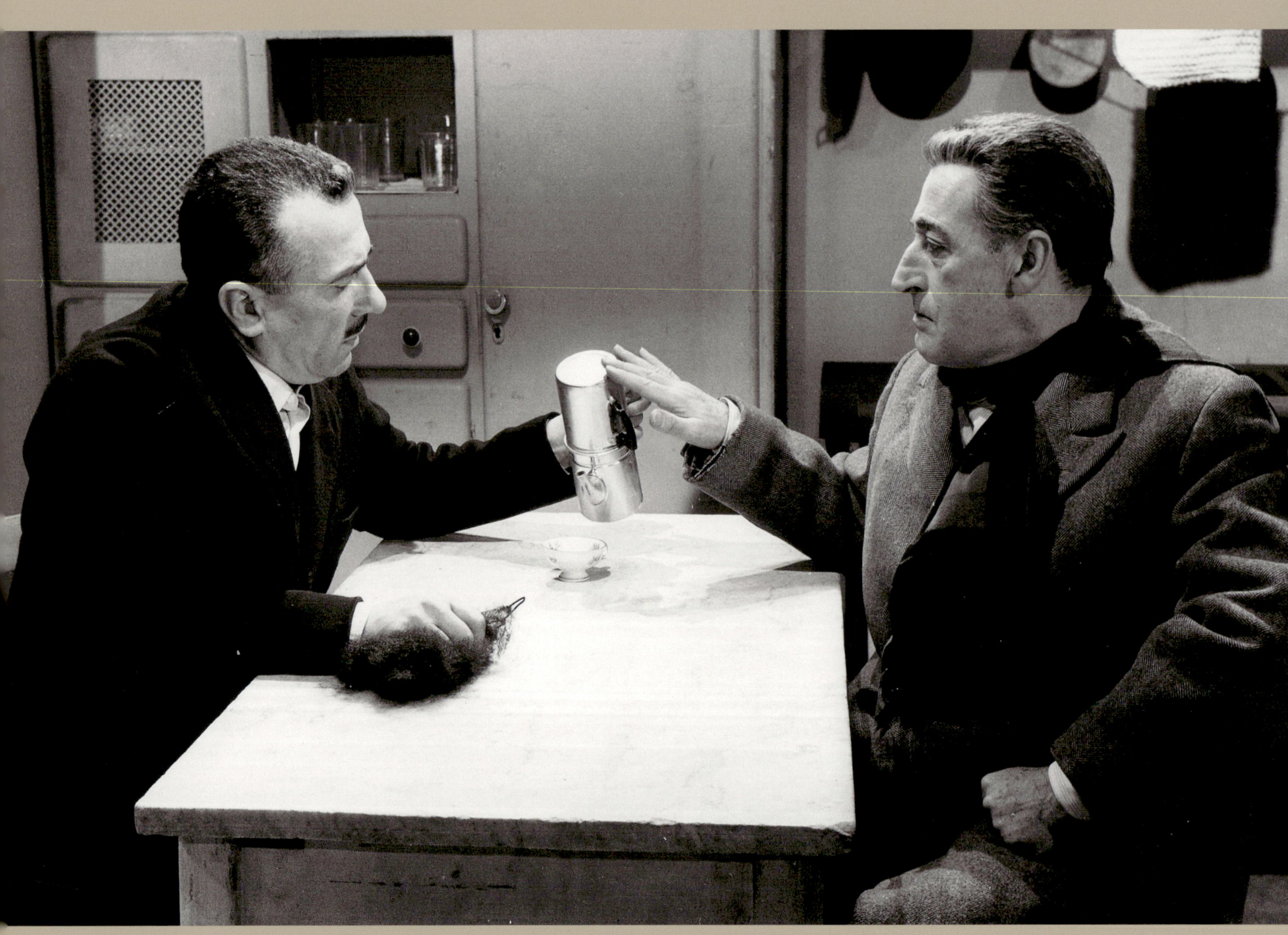

Totò, "La banda degli onesti"_1956

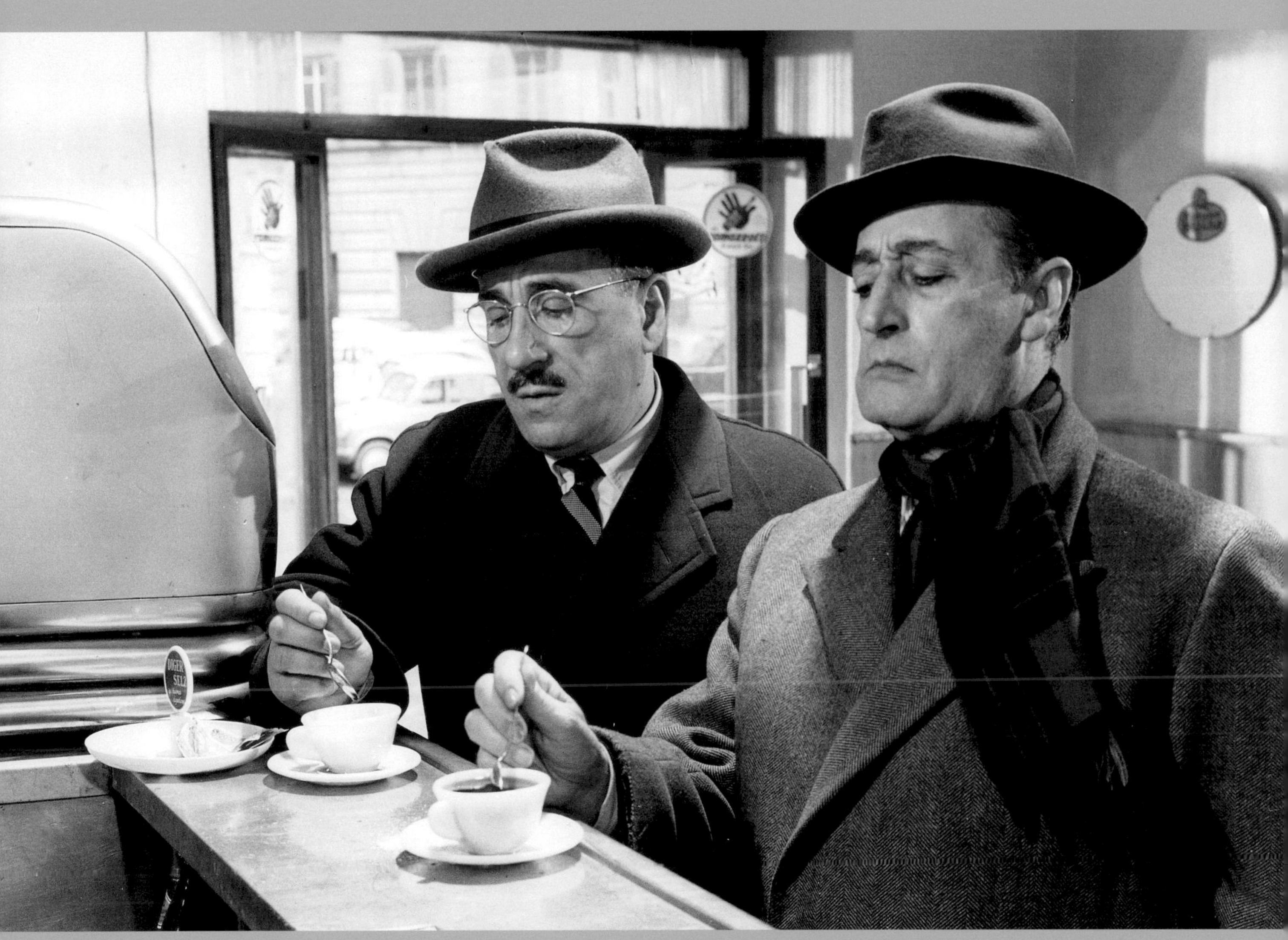

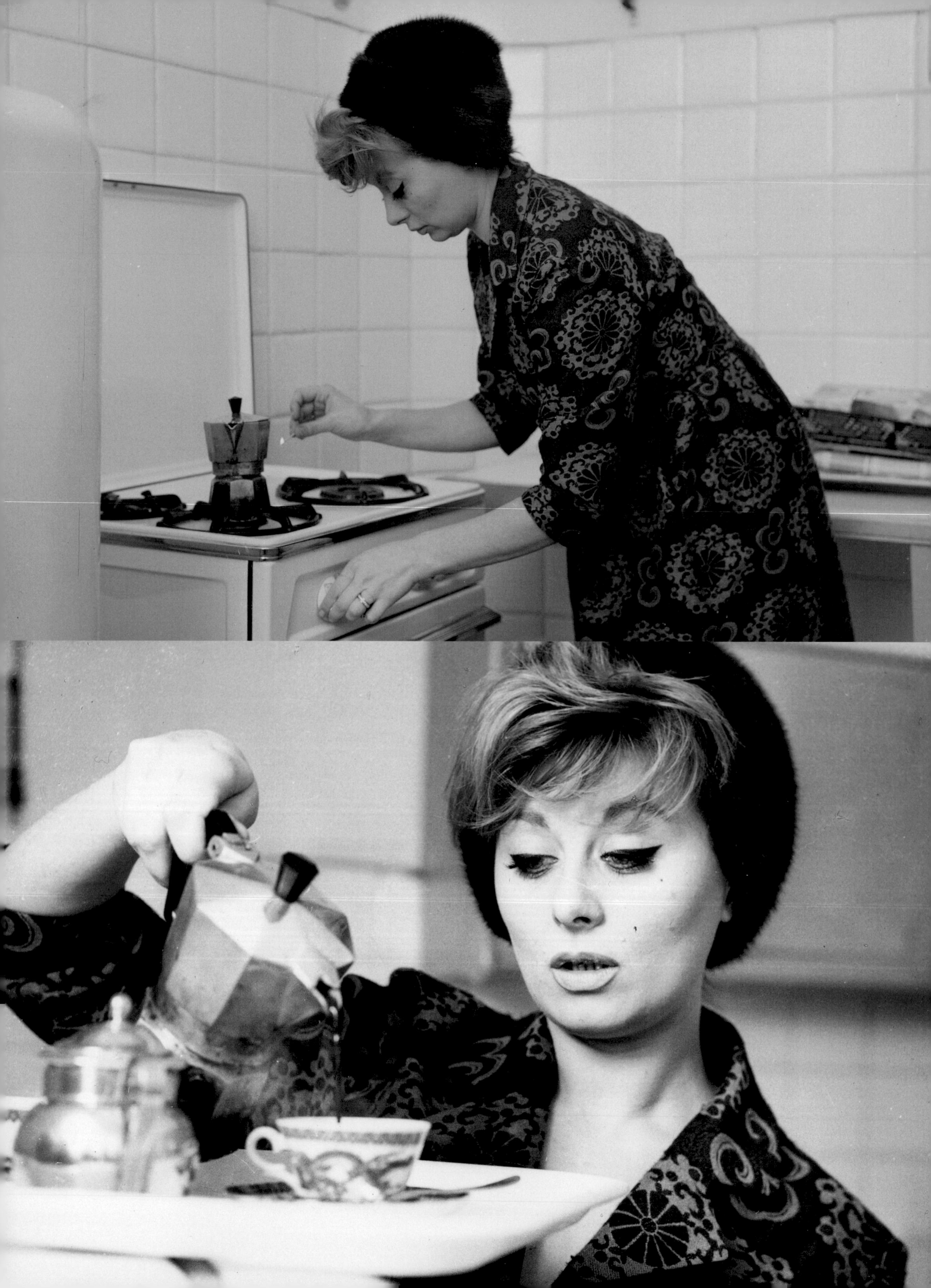

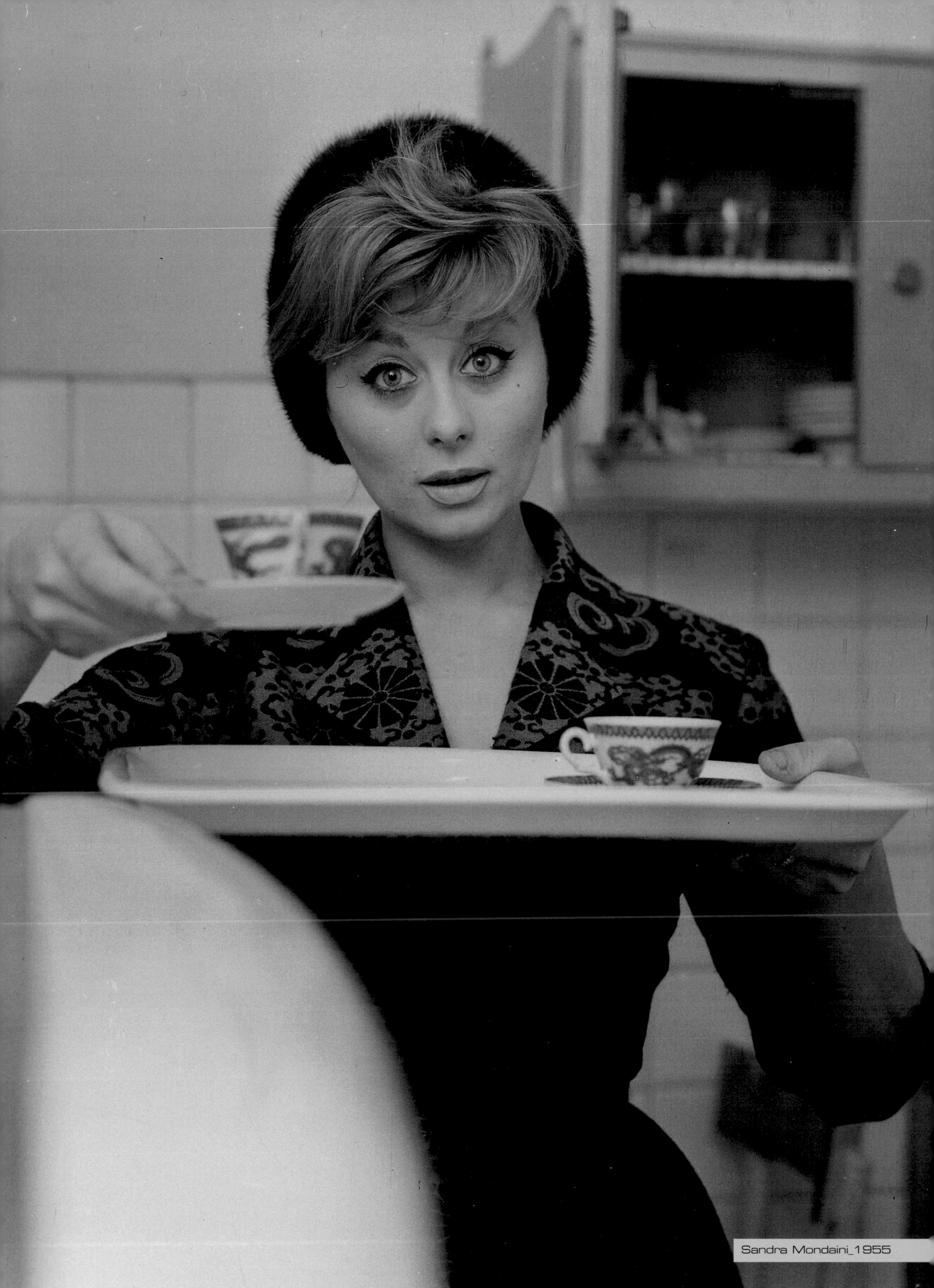
Sandra Mondaini_1955

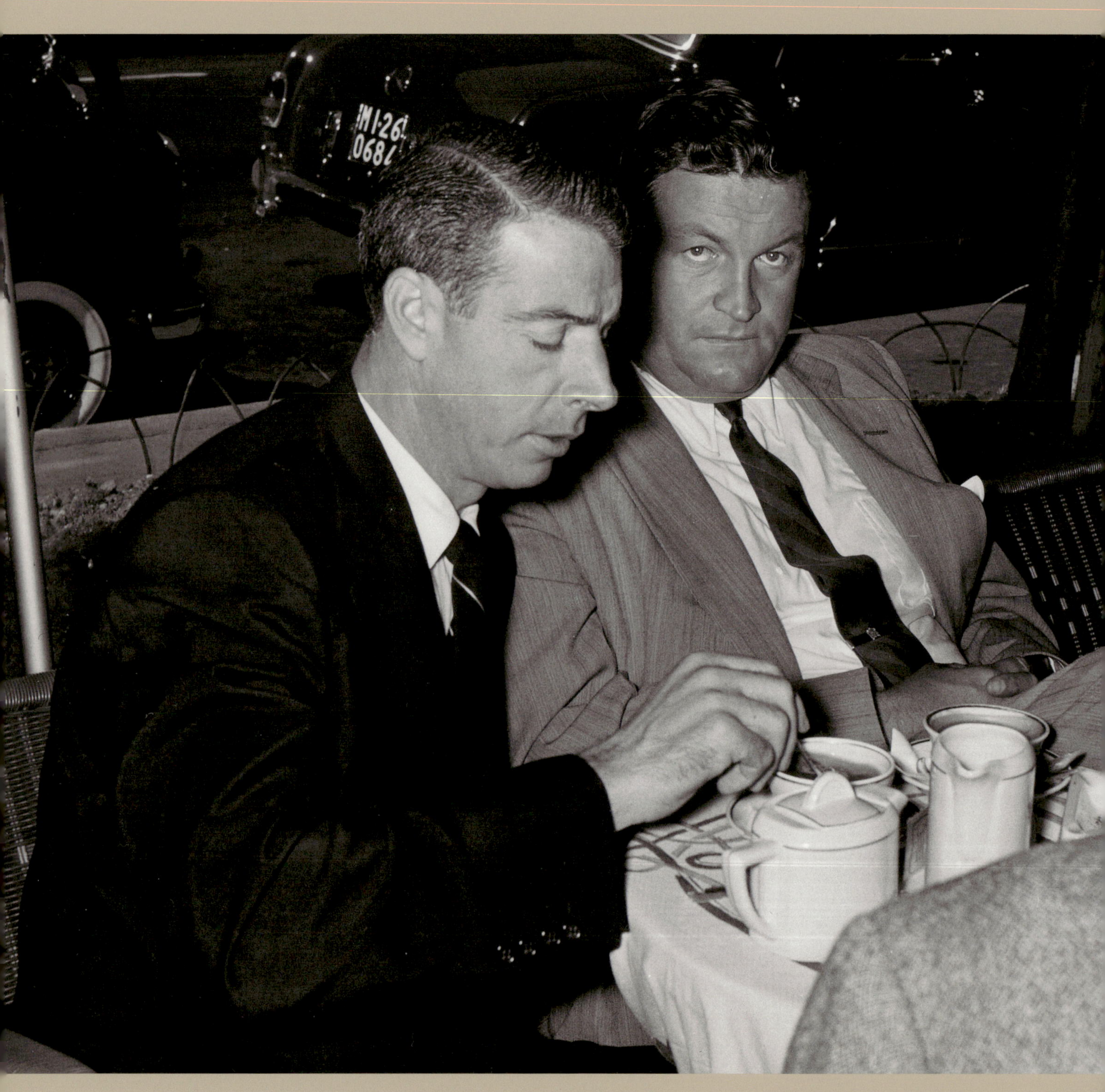

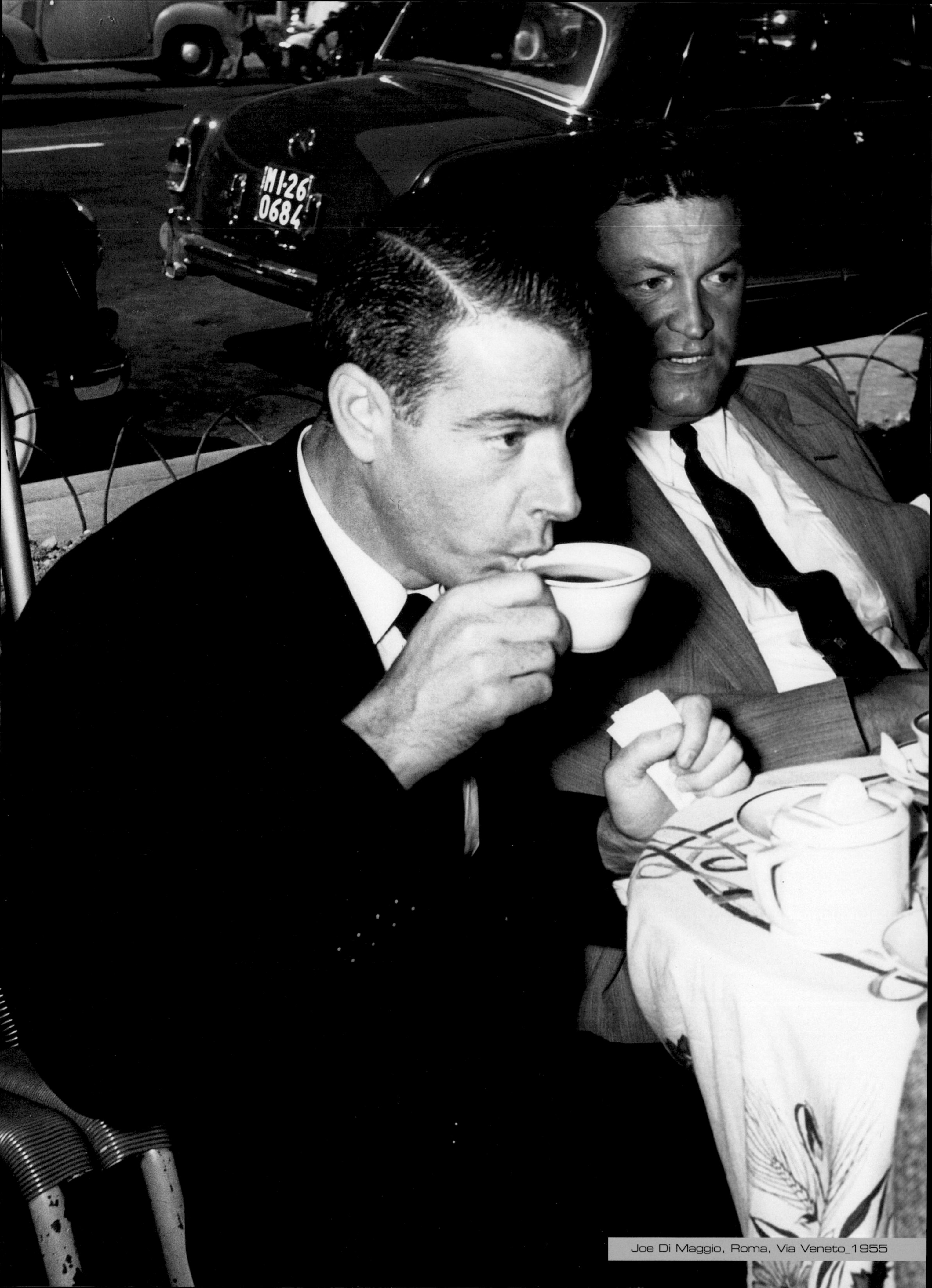

Joe Di Maggio, Roma, Via Veneto_1955

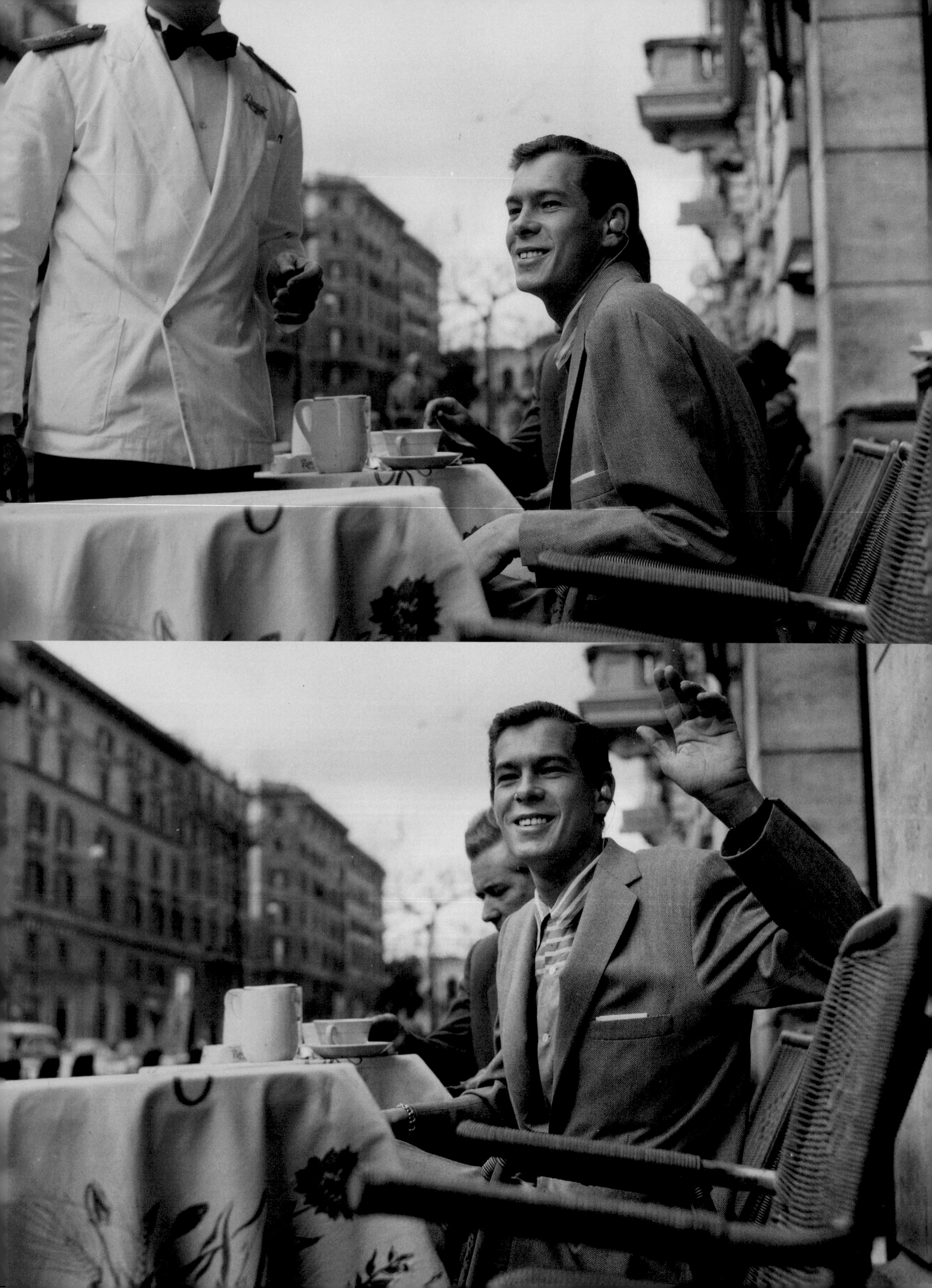

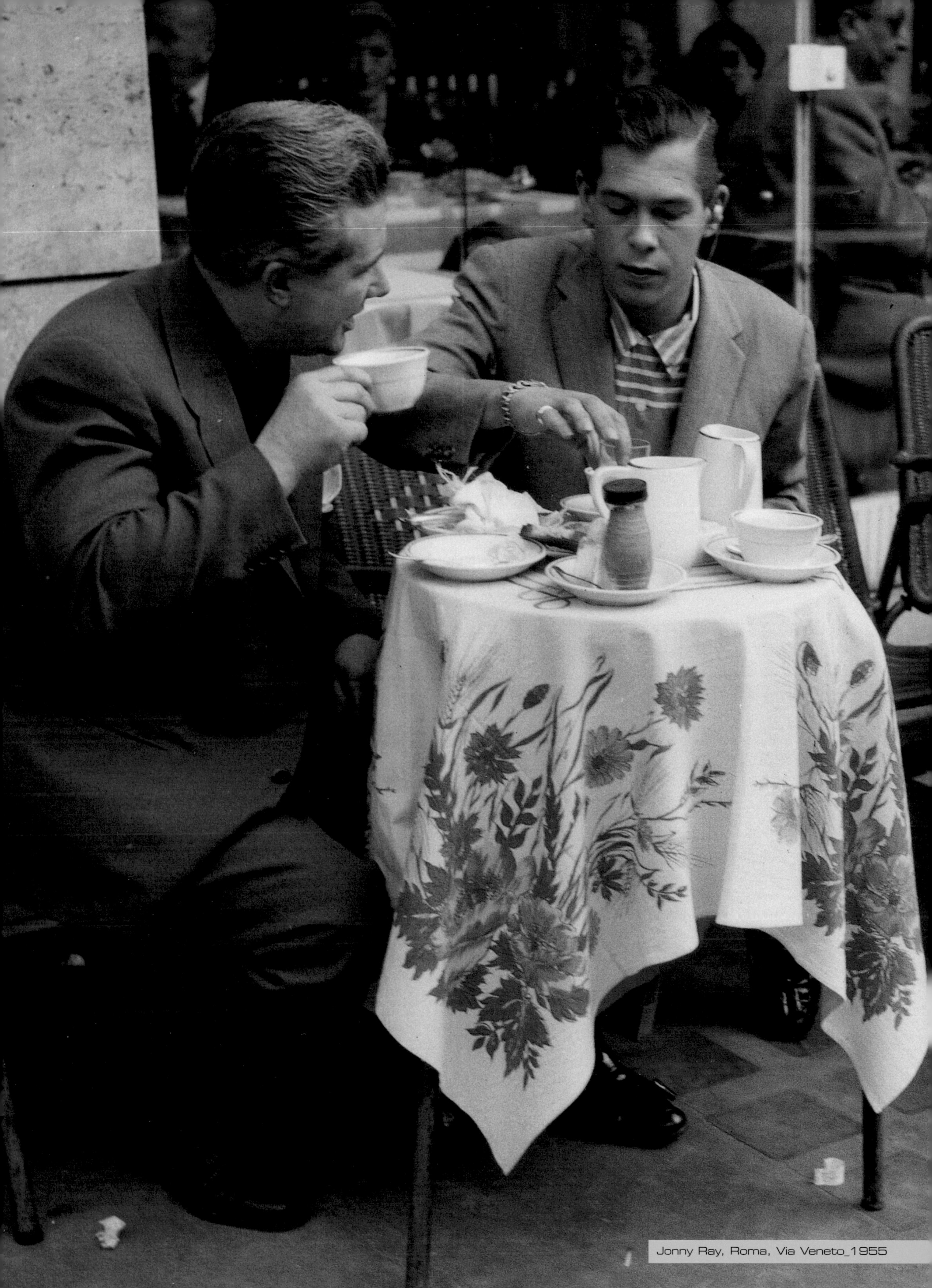

Jonny Ray, Roma, Via Veneto_1955

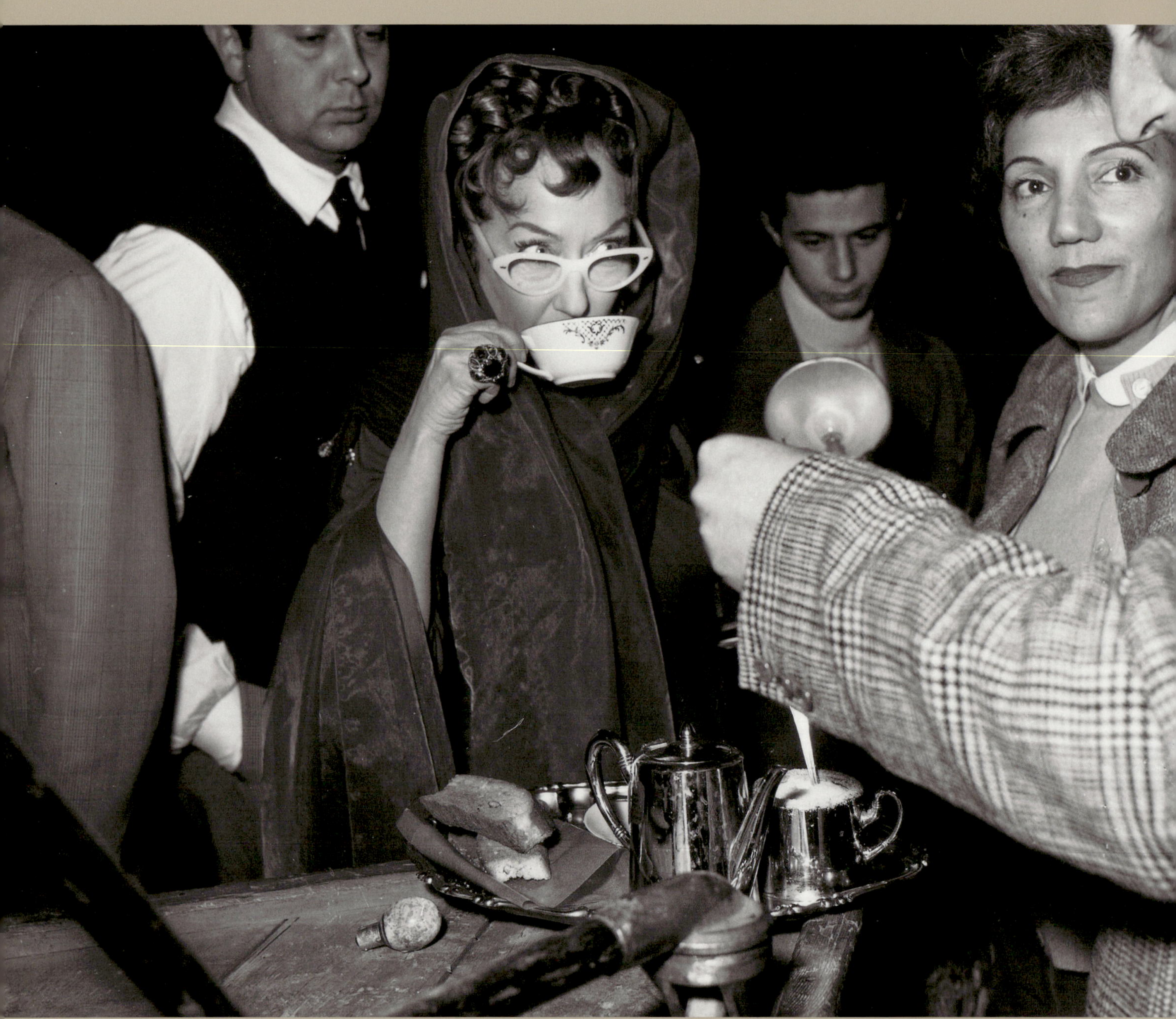

Gloria Swanson, "Mio figlio Nerone"_1956

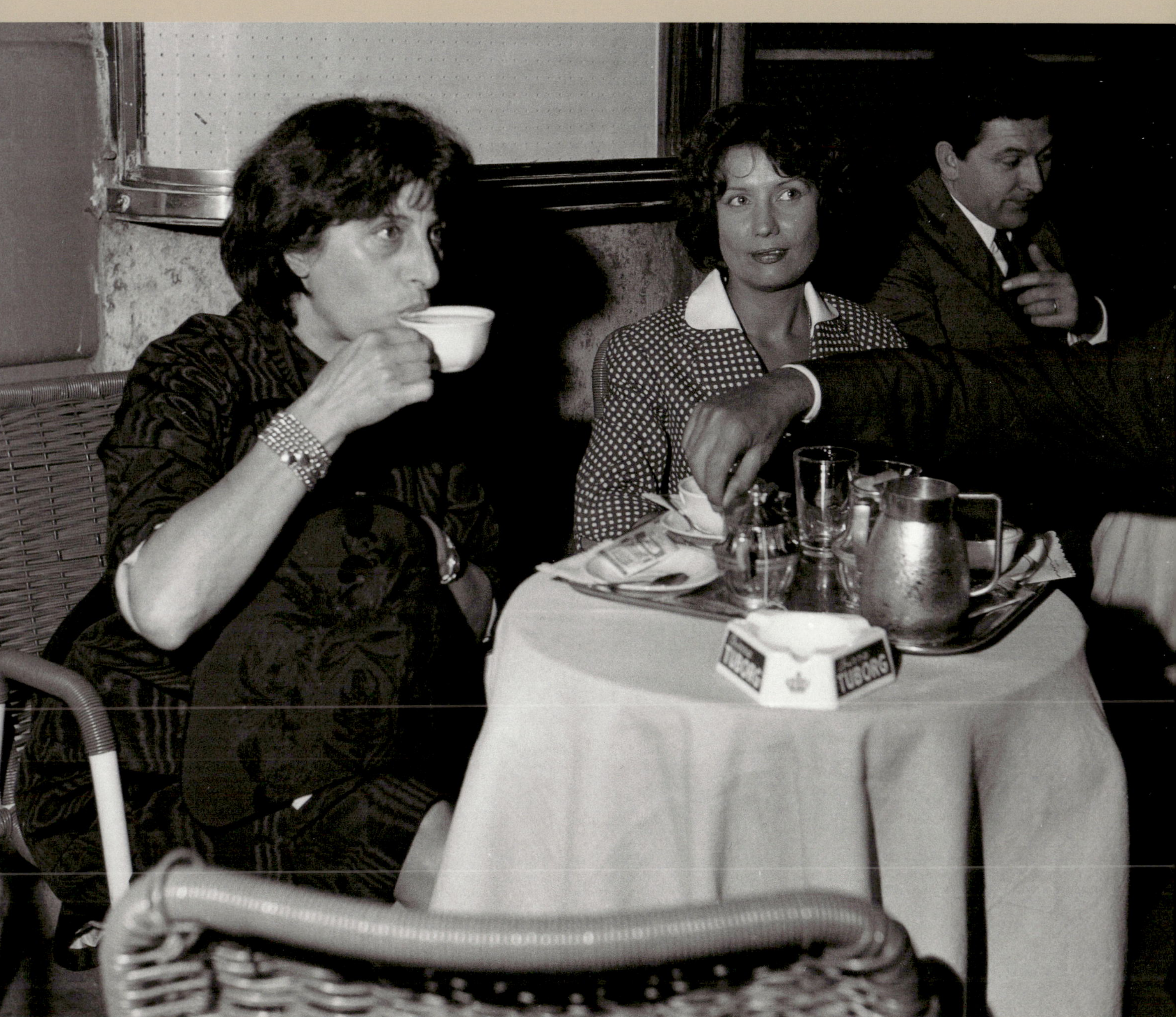

Anna Magnani, Roma, Via Veneto_1960

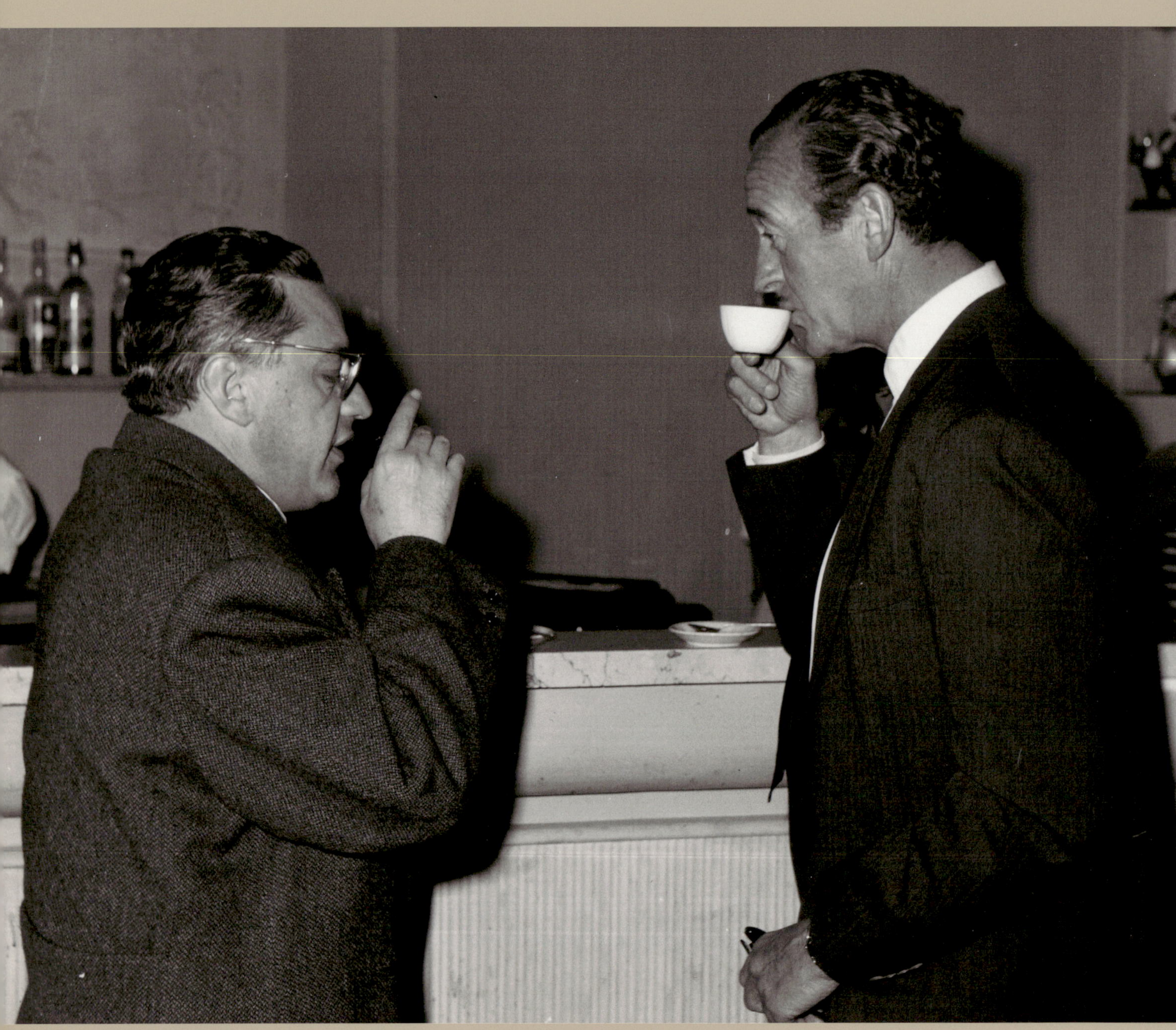

Dino De Laurentis - David Niven, "I due nemici"_1961

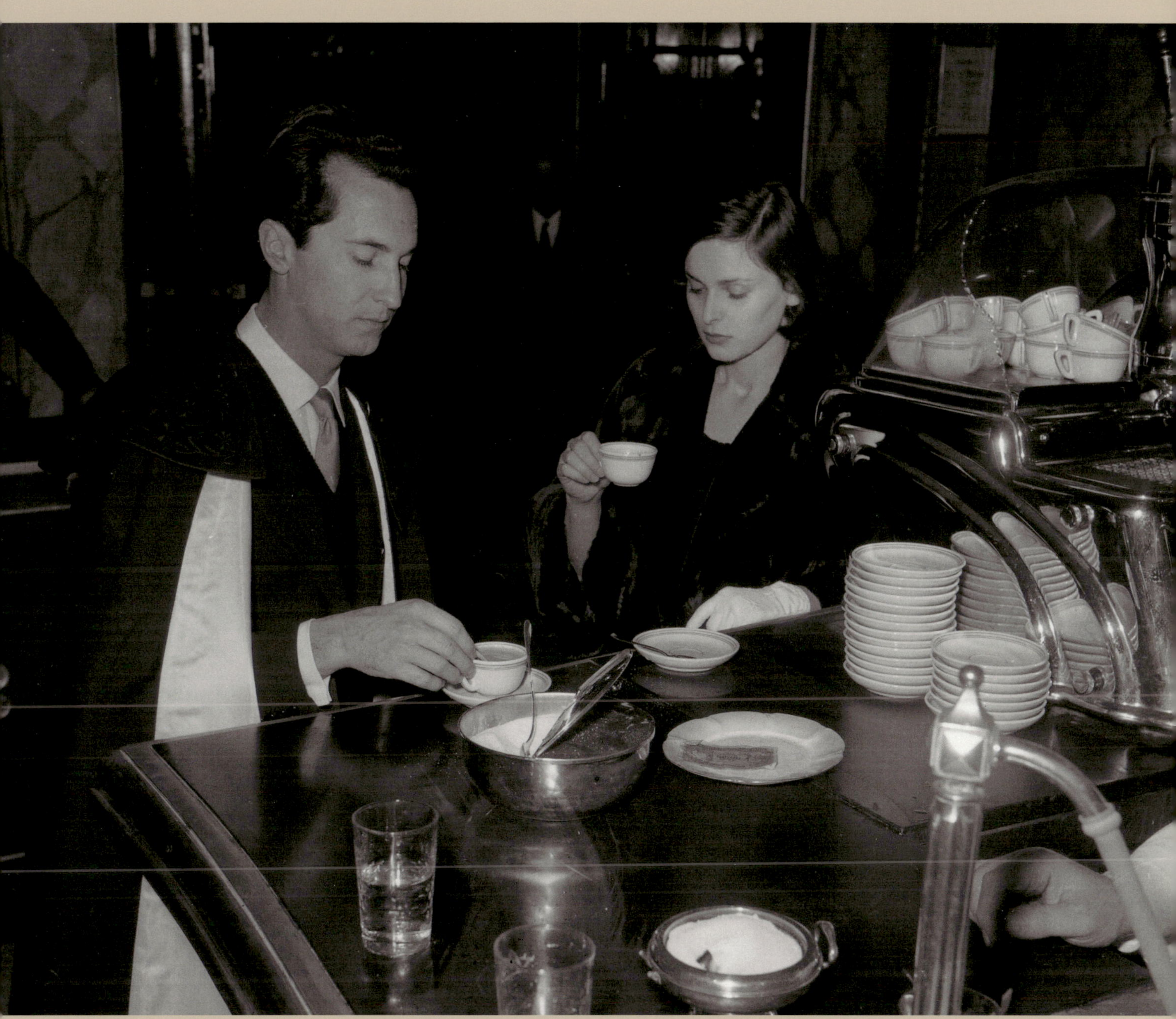

Luis Miguel Dominguìn - Lucia Bosè_1955

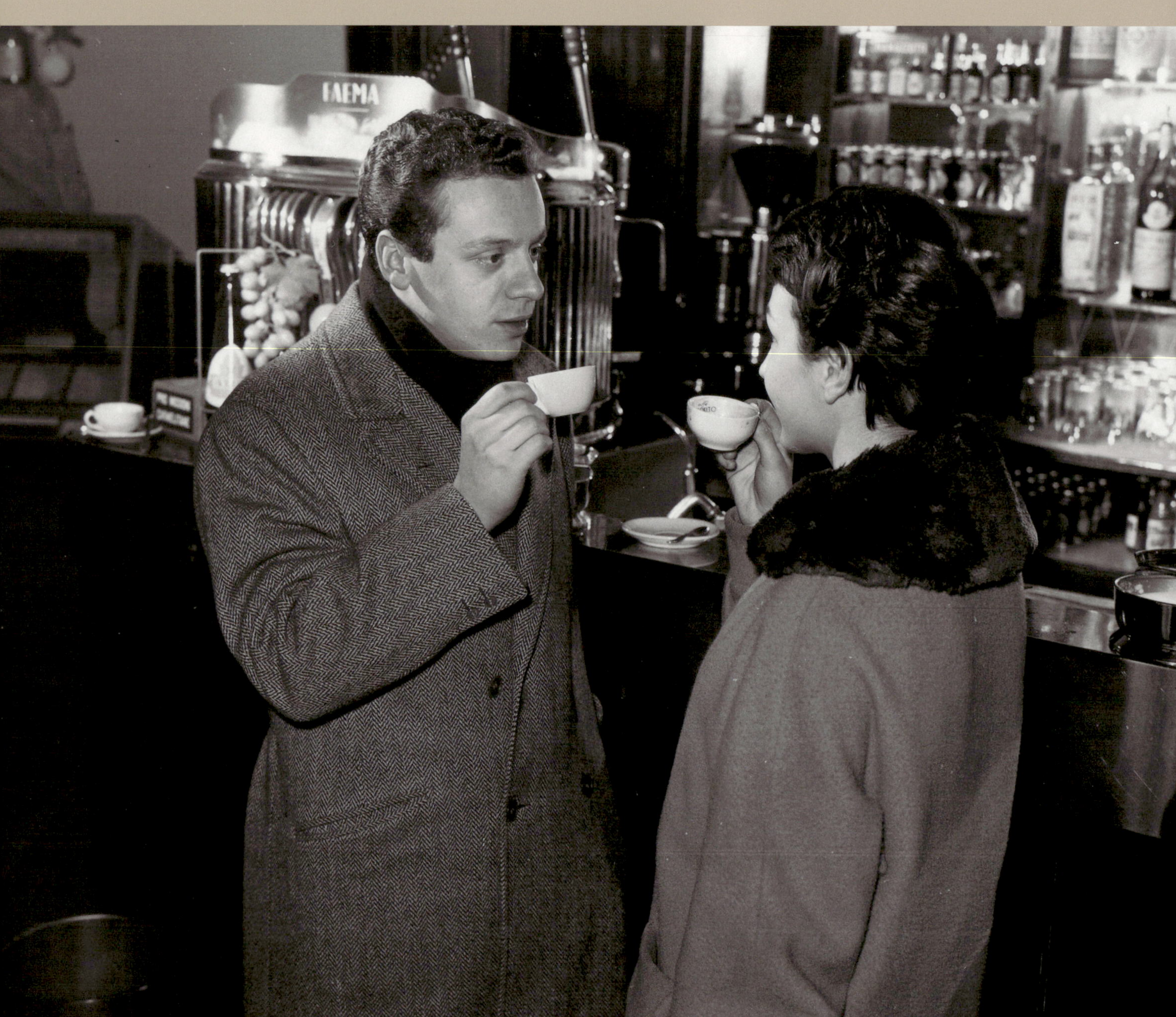

Johnny Dorelli_1959

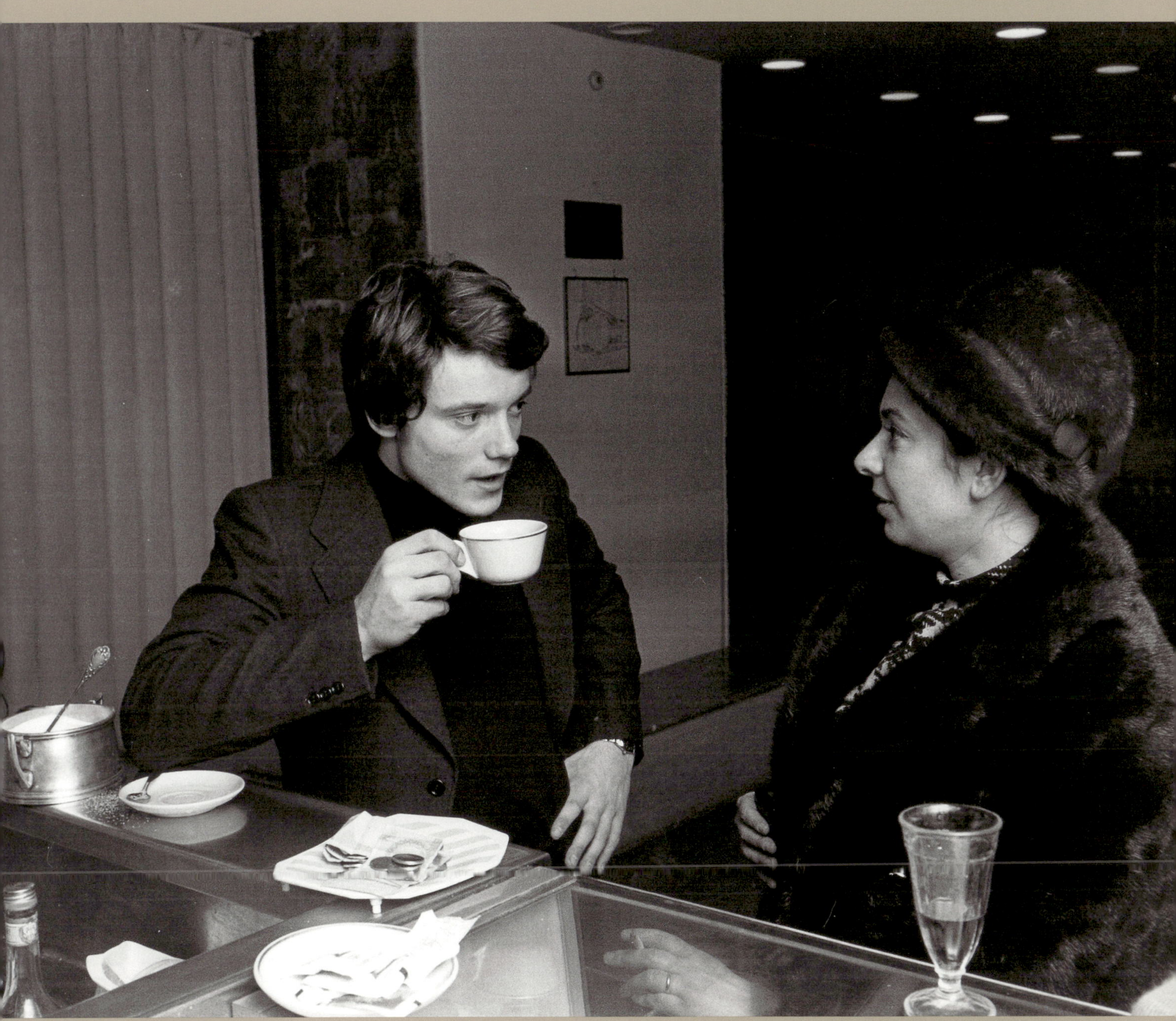

Massimo Ranieri_1970

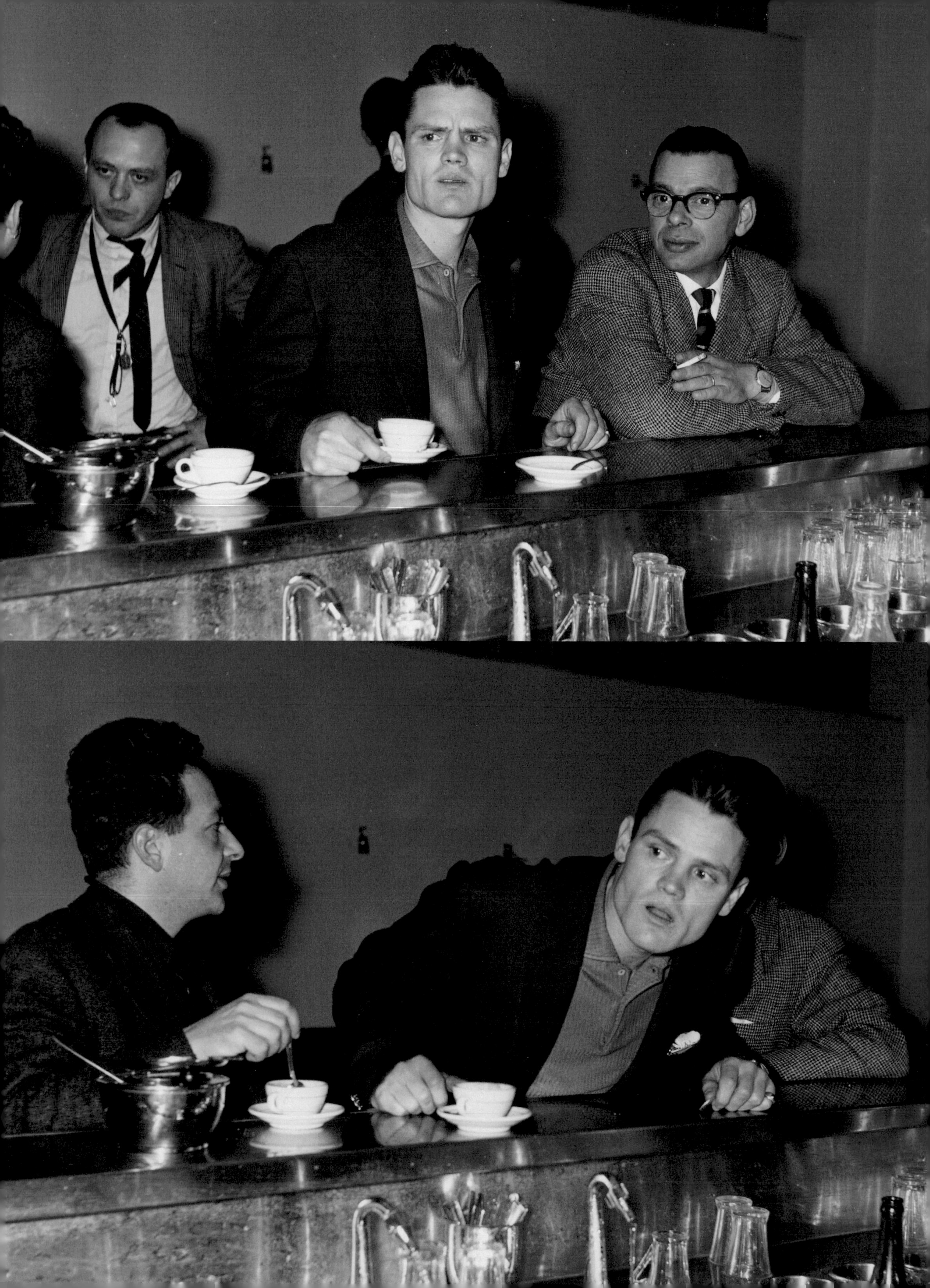

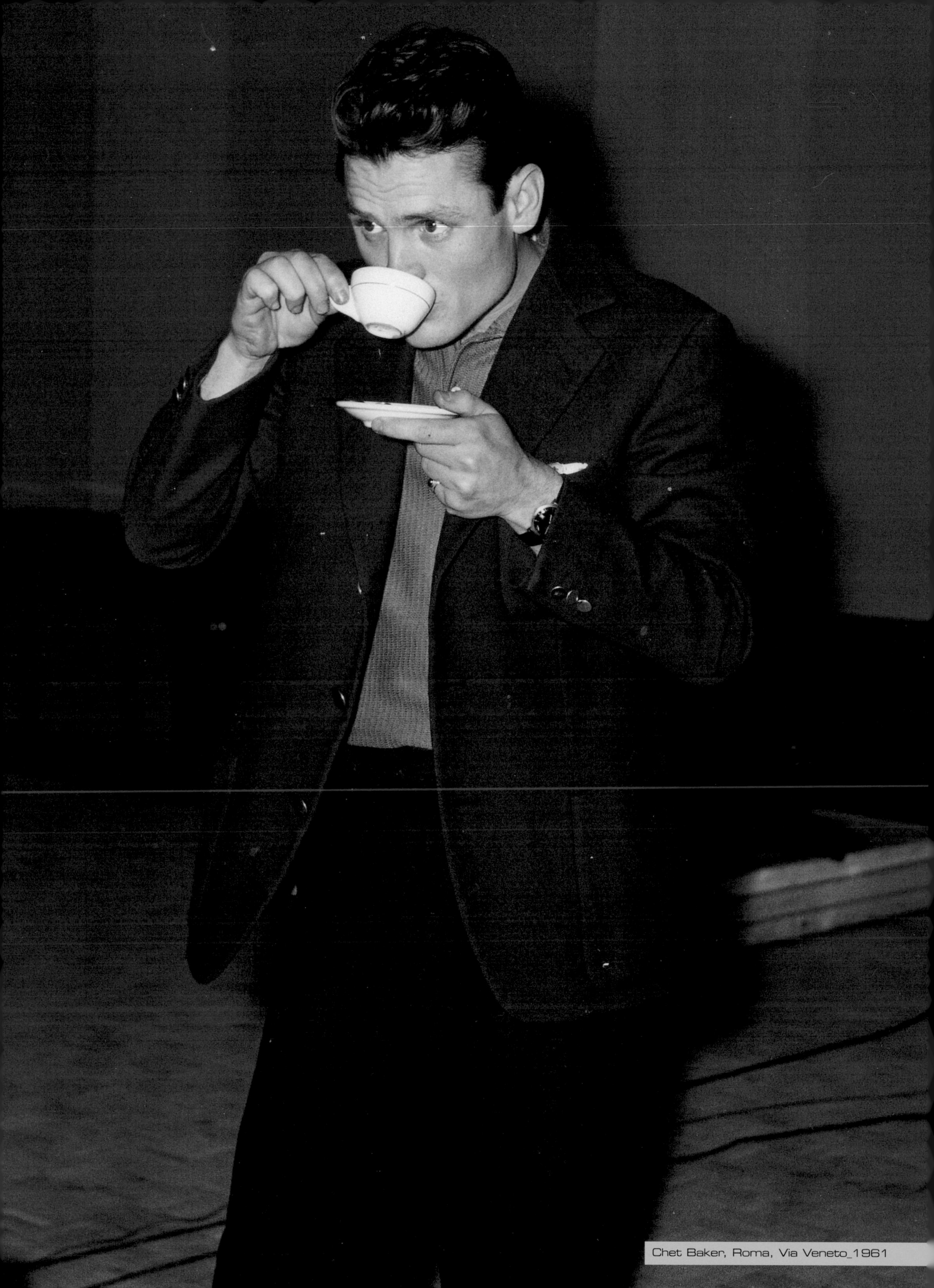

Chet Baker, Roma, Via Veneto_1961

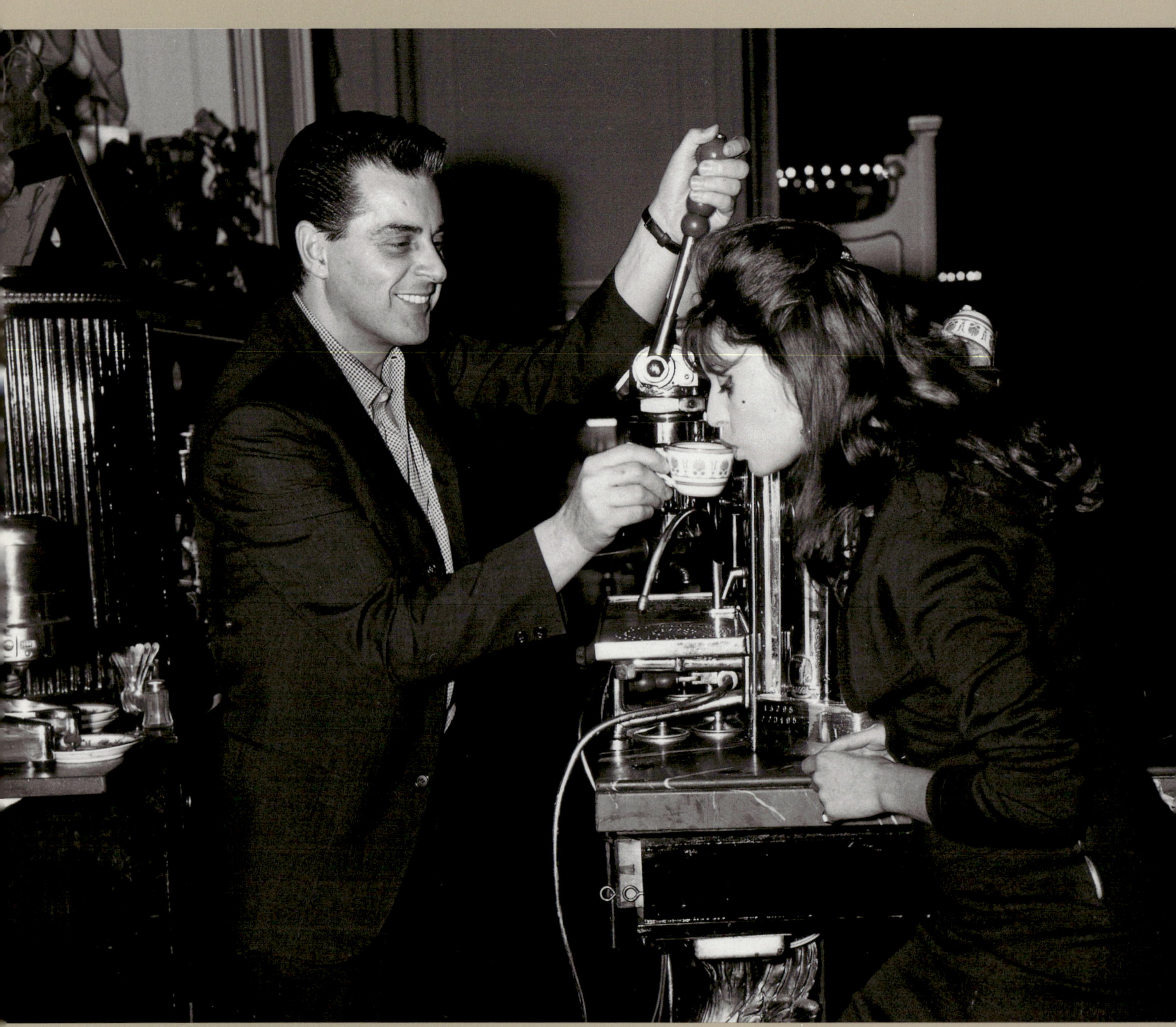

Johnny Desmond - Yvonne Monlaur, Roma, Via Veneto_1959

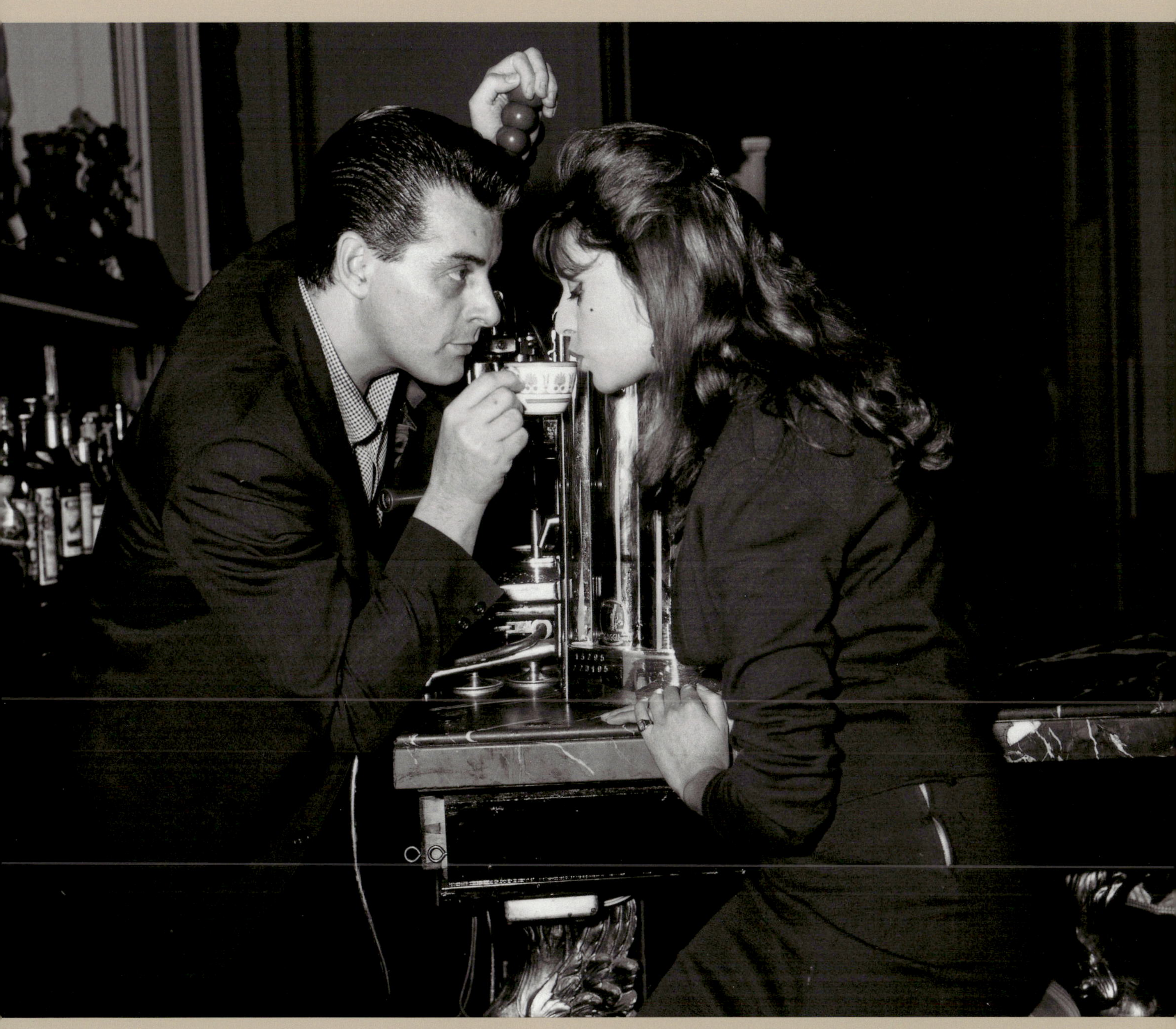

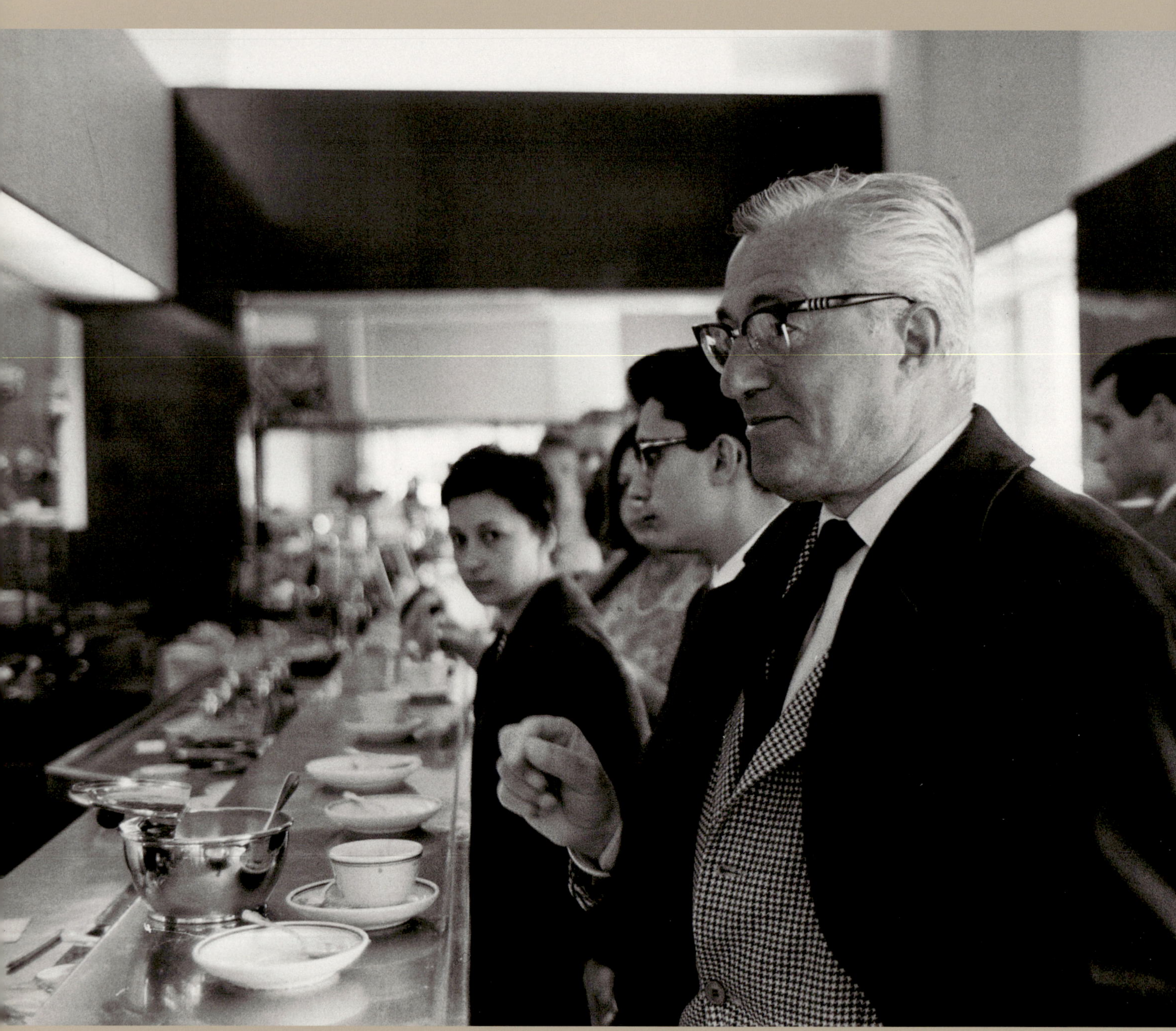

Vittorio De Sica, Roma, Via Veneto_1952

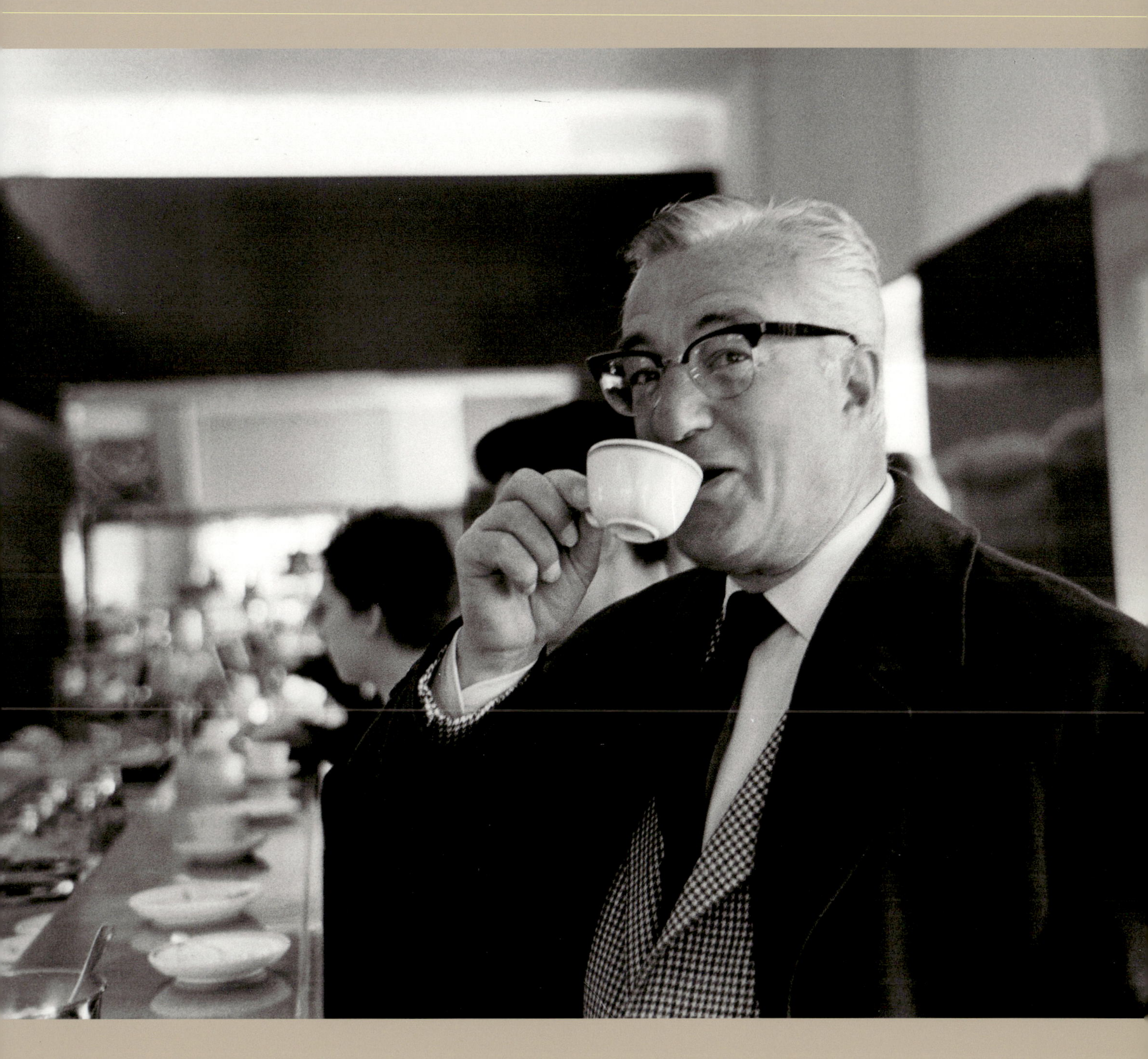

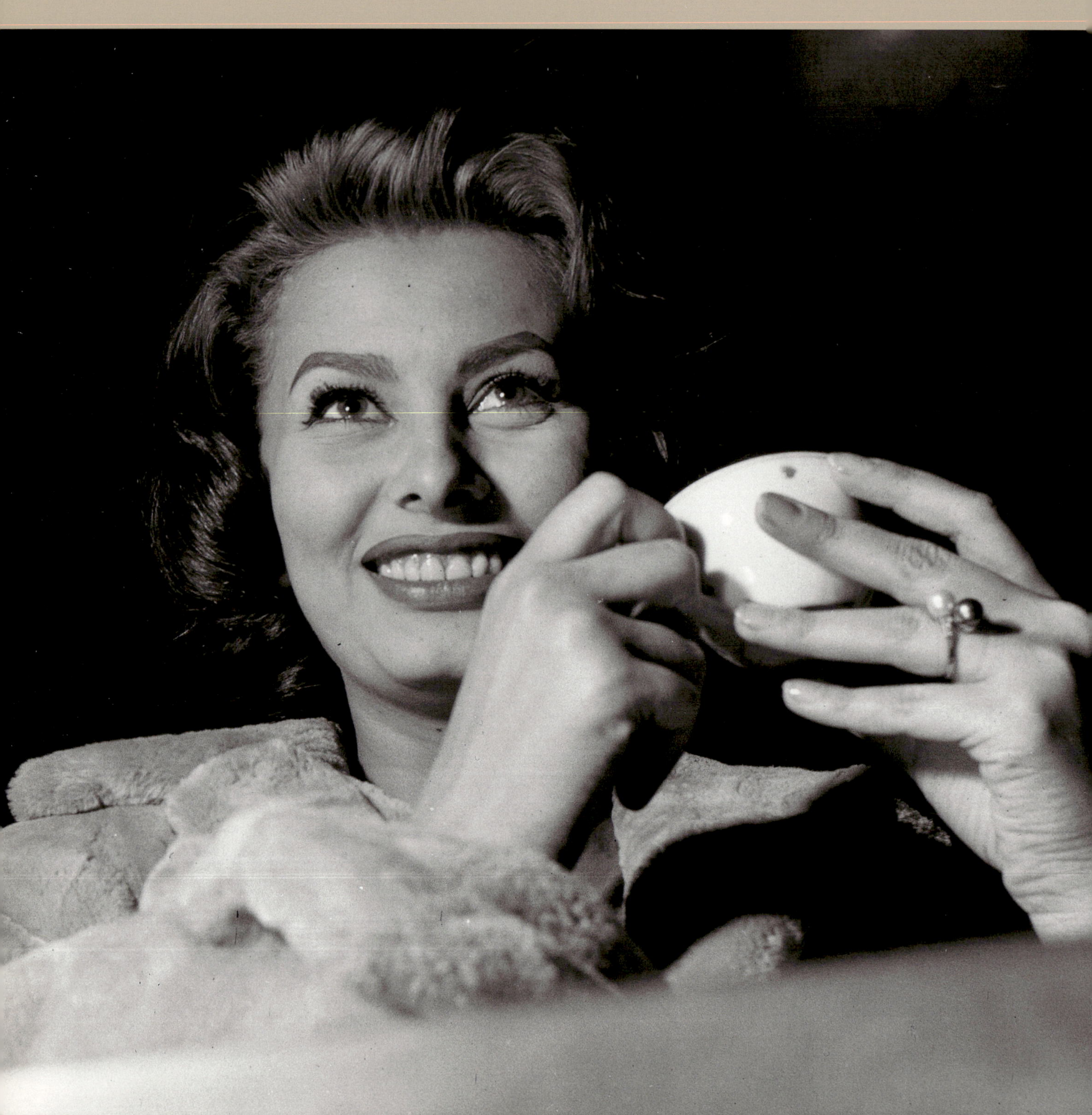

Sophia Loren, Roma, Via Veneto_1956

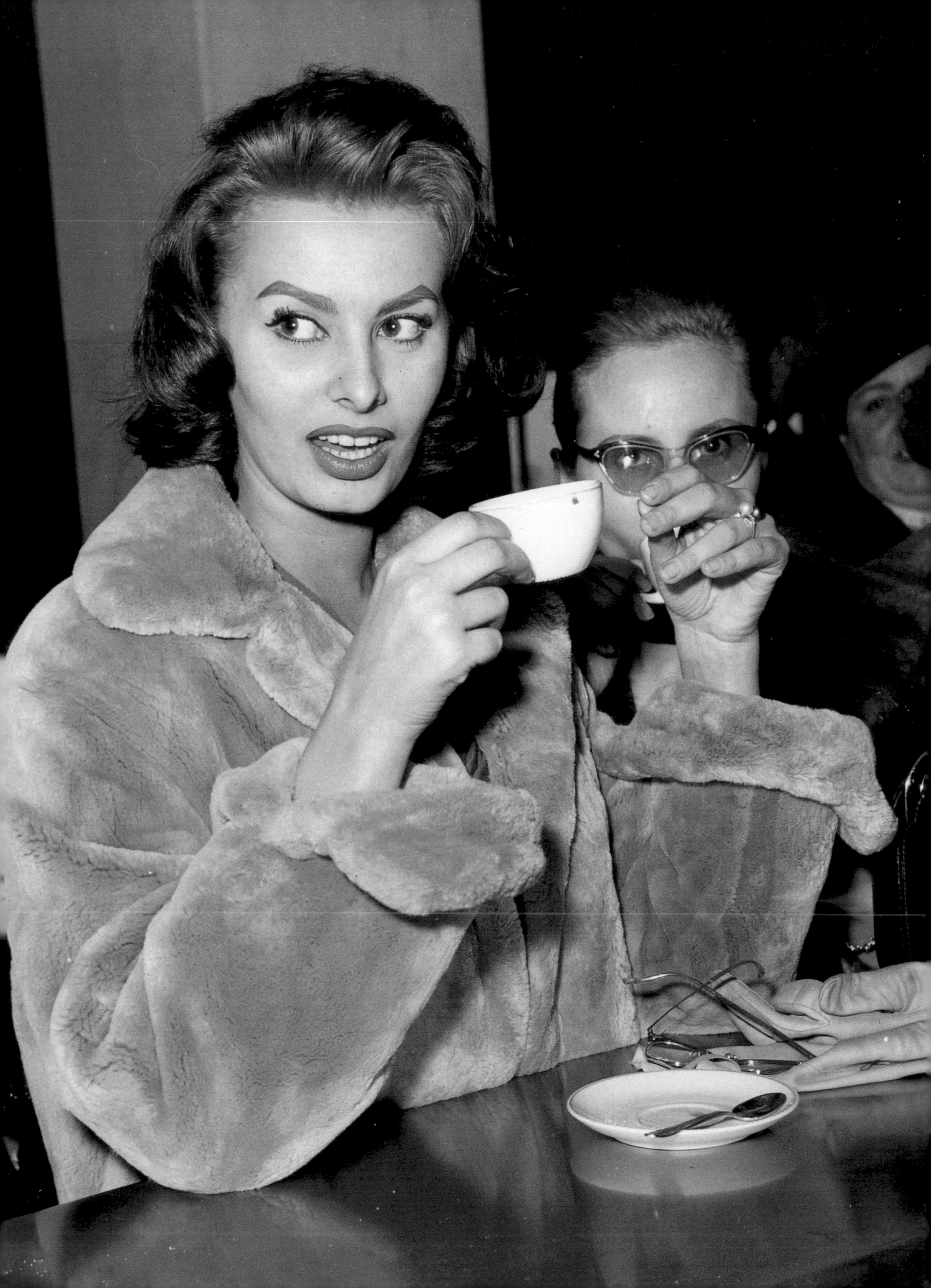

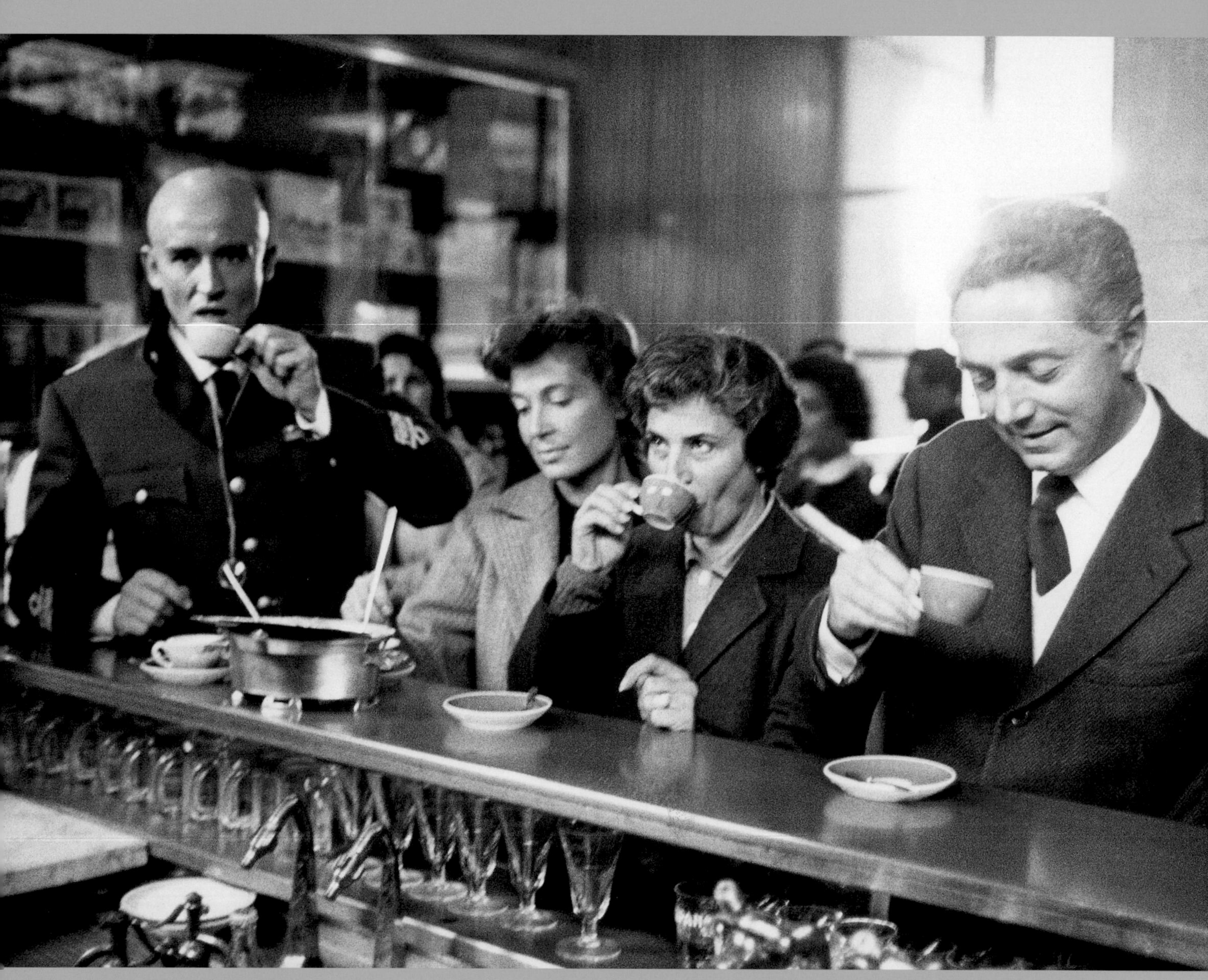

Vittorio Gassman, "Il mattatore"_1959

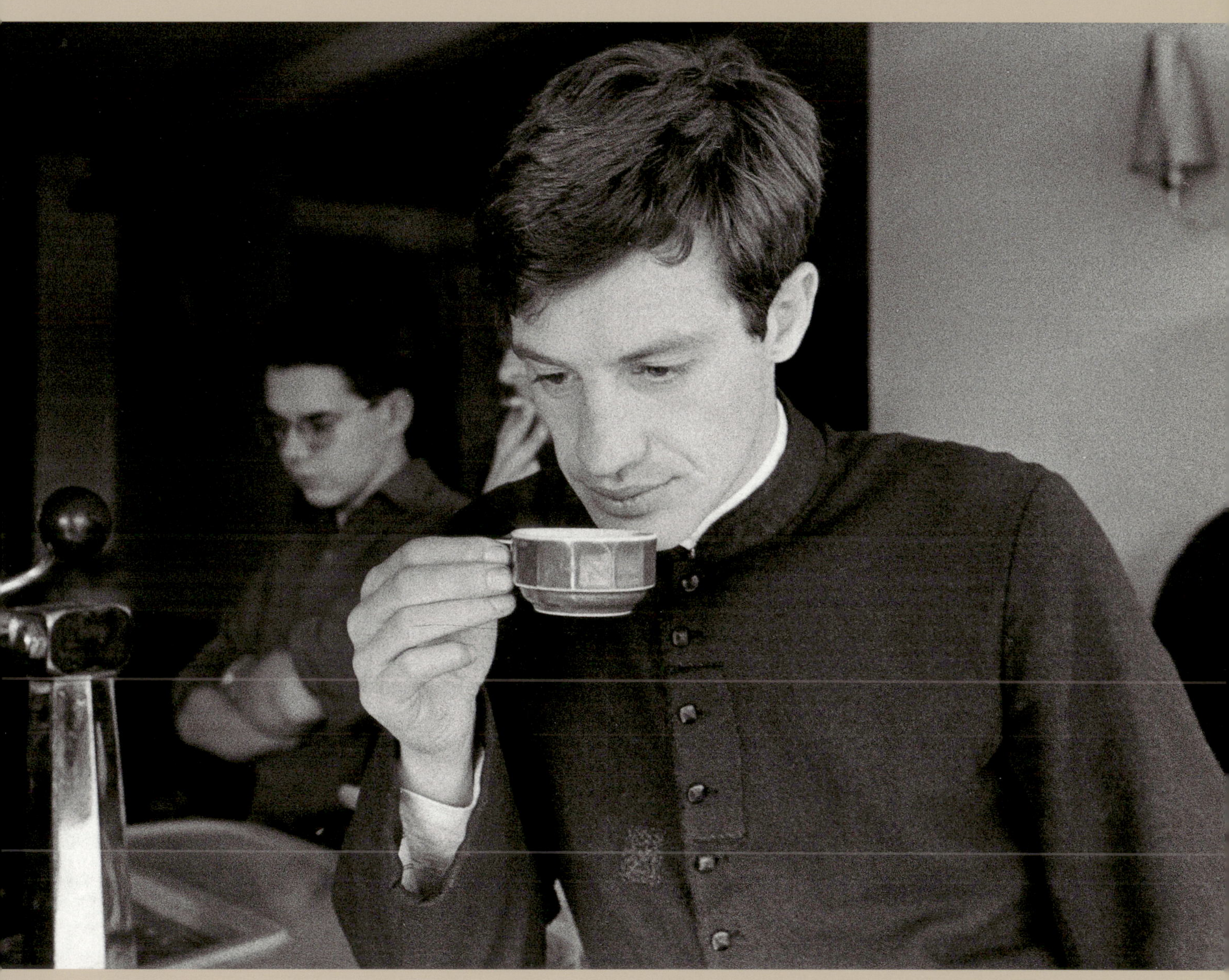

Jean Paul Belmondo, "Léon Morin, prete"_1961

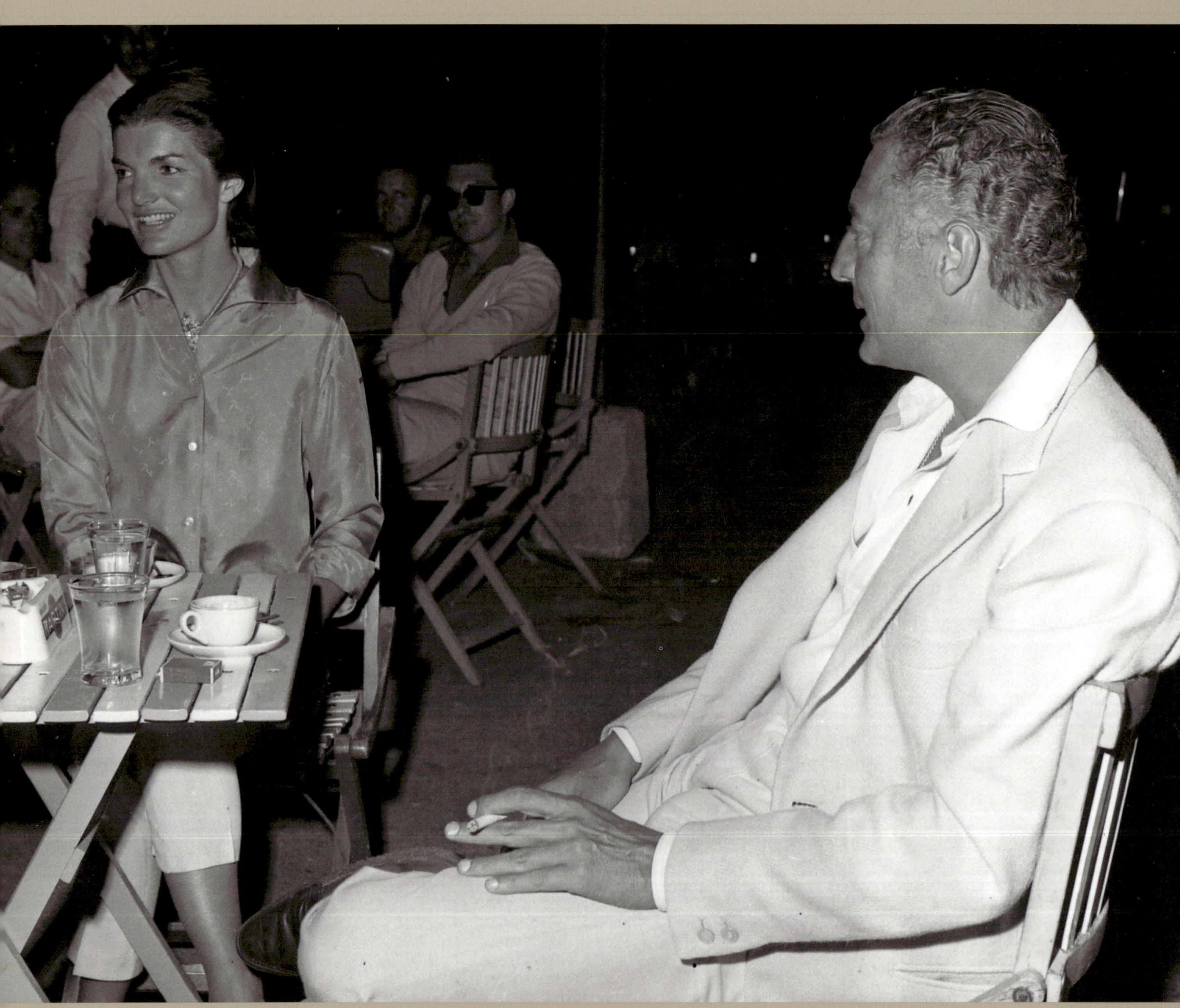

Jacqueline Kennedy - Gianni Agnelli, Roma_1963

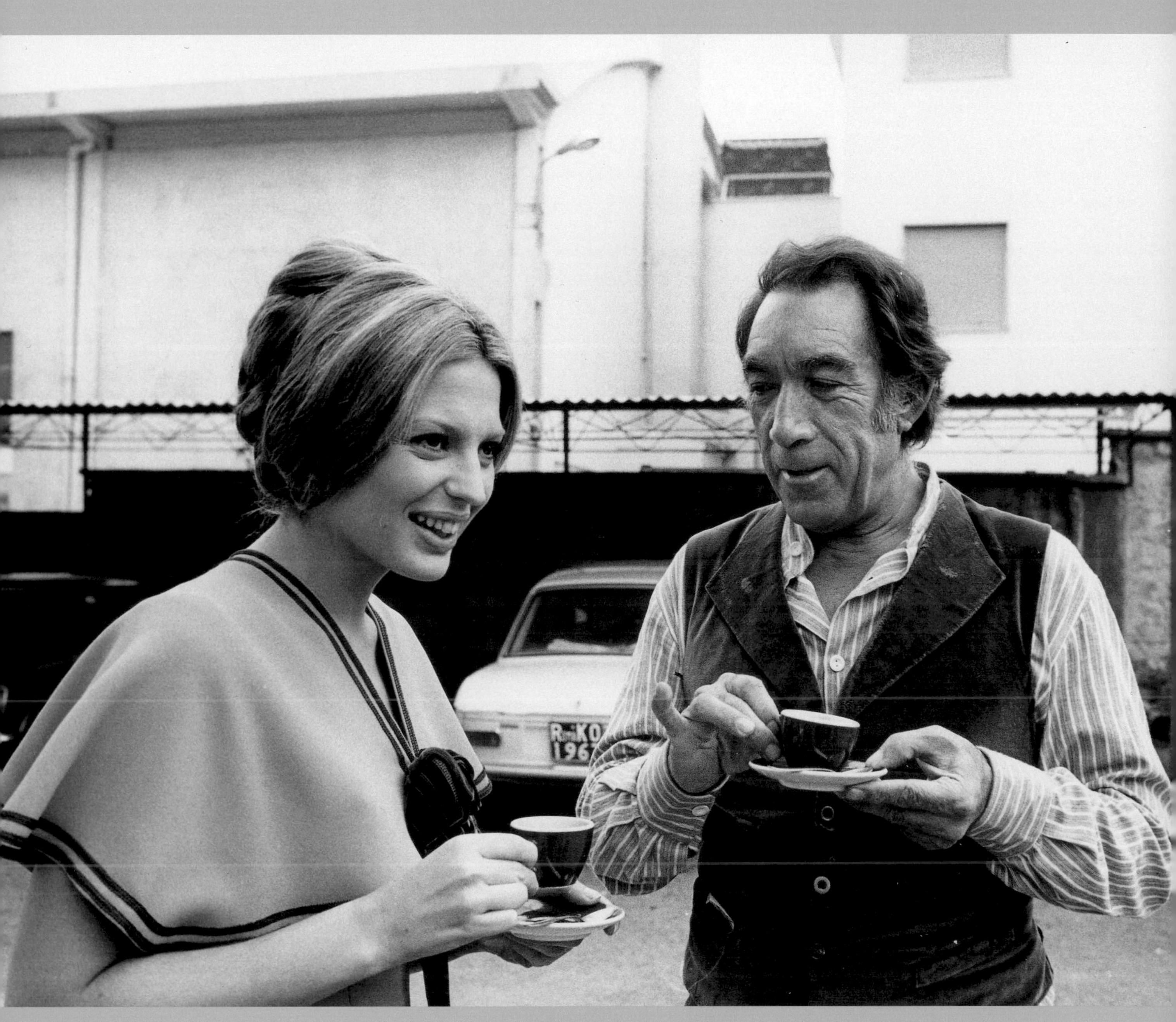

Anthony Quinn - Ira Fürstenberg, "Los amigos"_1973

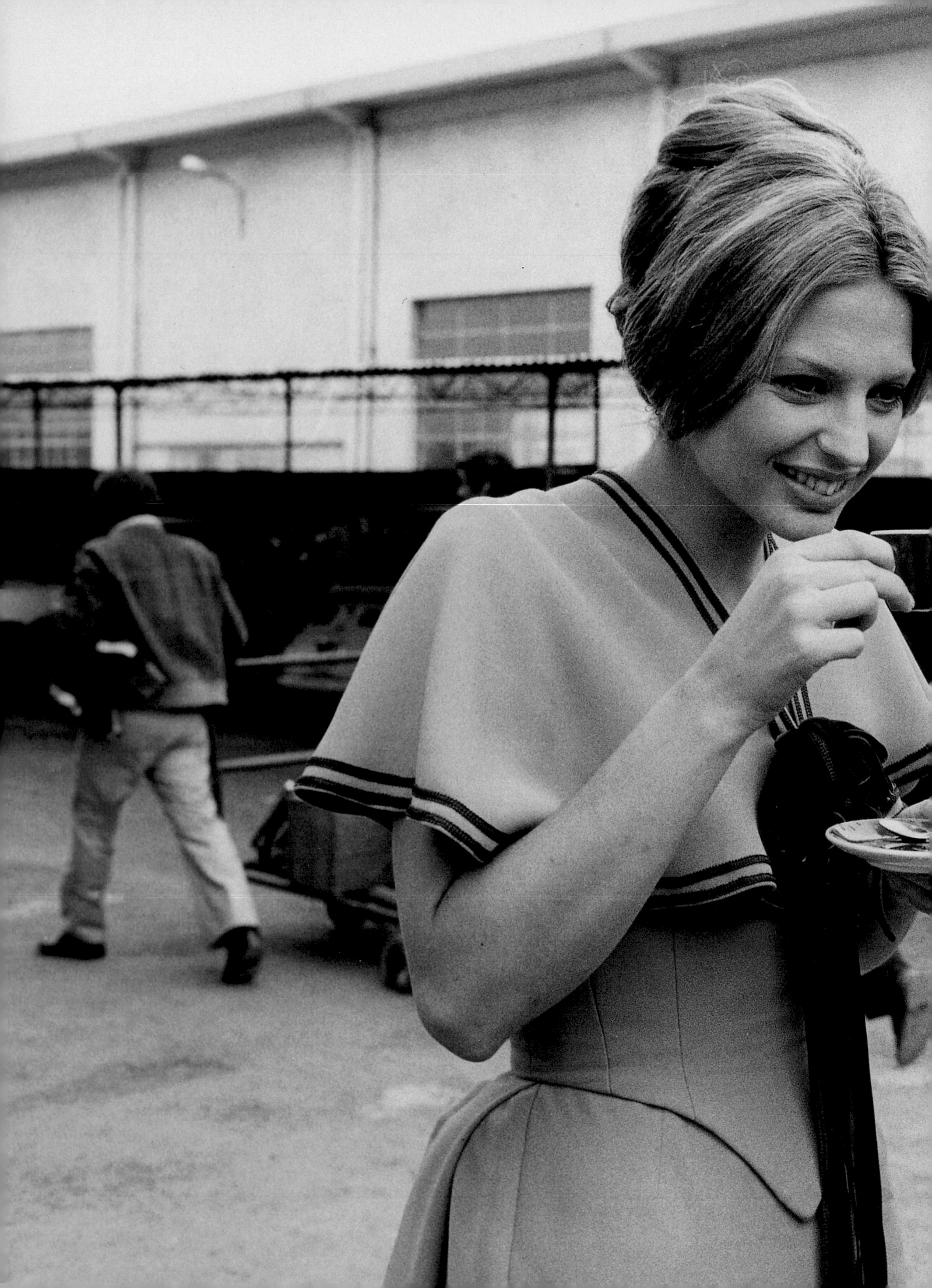

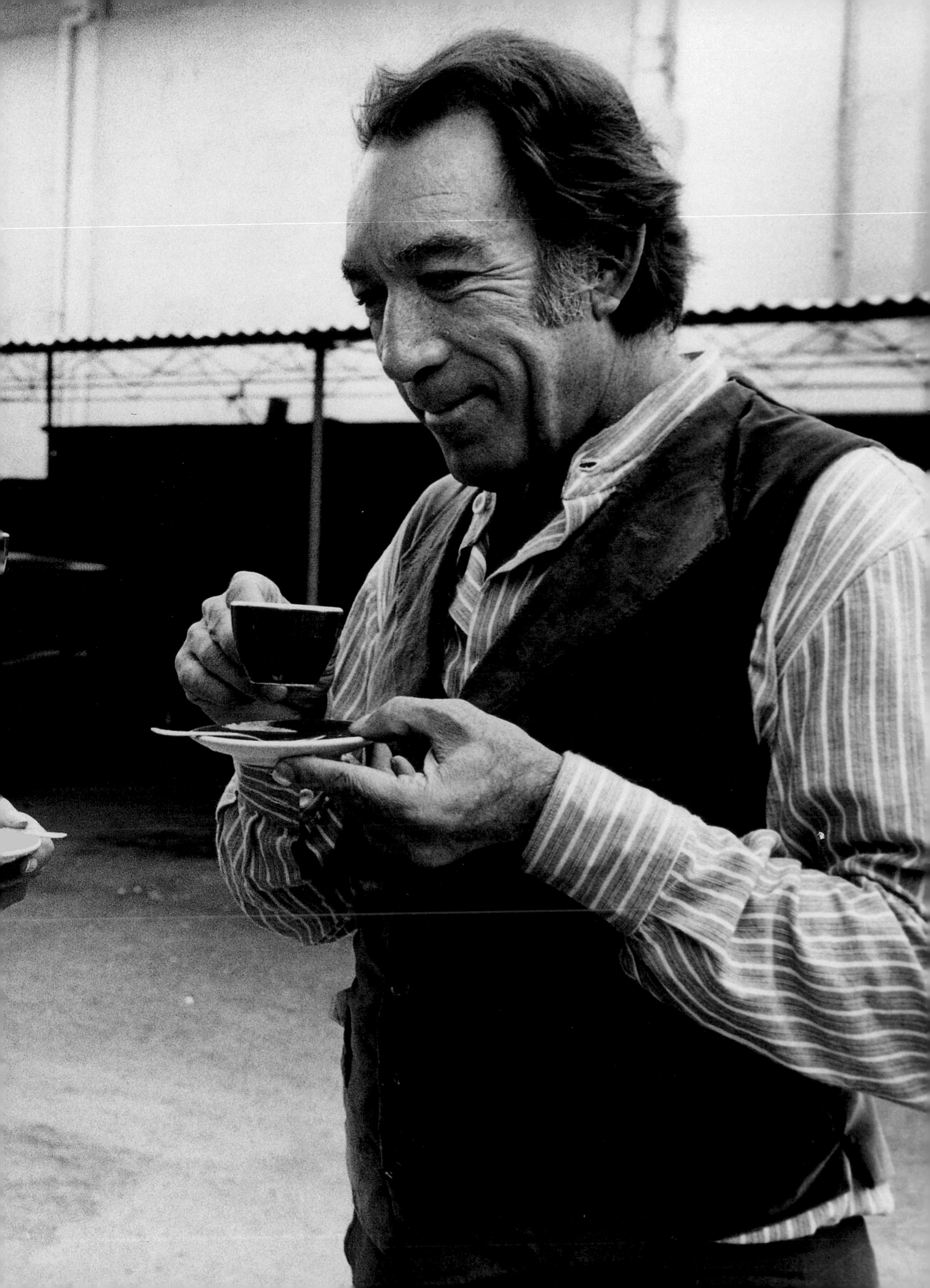

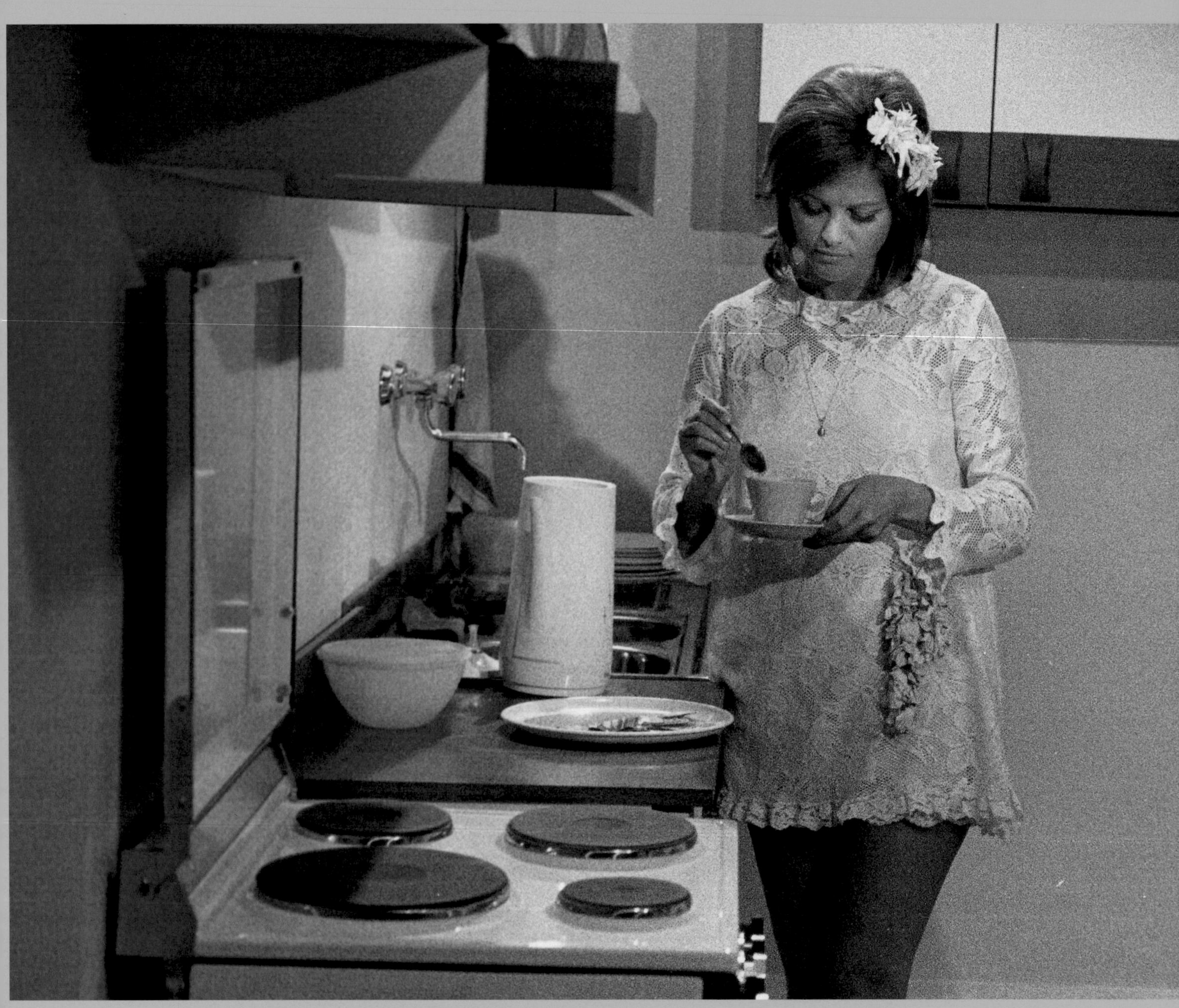

Claudia Cardinale, "Bello, onesto, emigrato Australia sposerebbe compaesana illibata"_1971

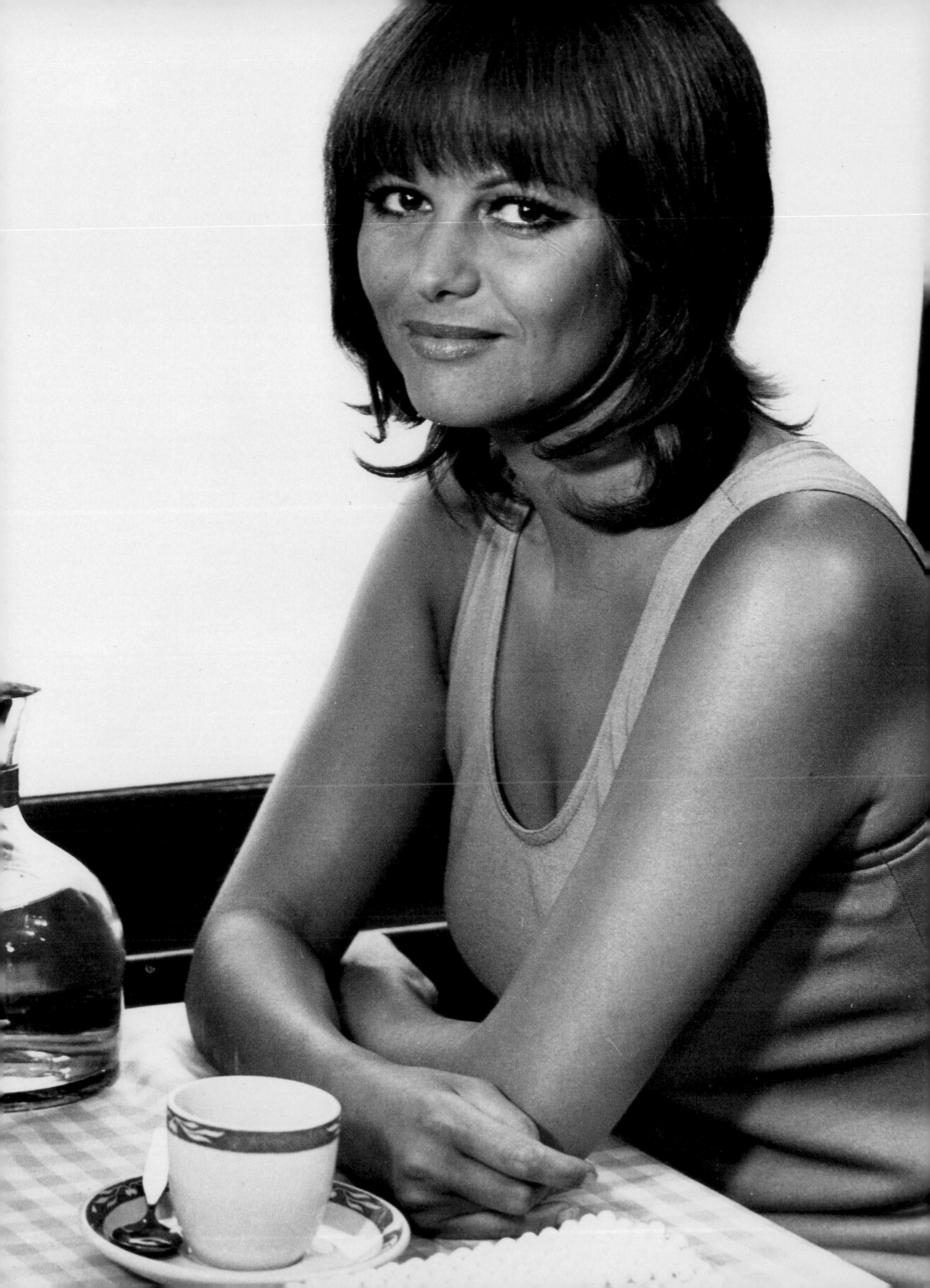

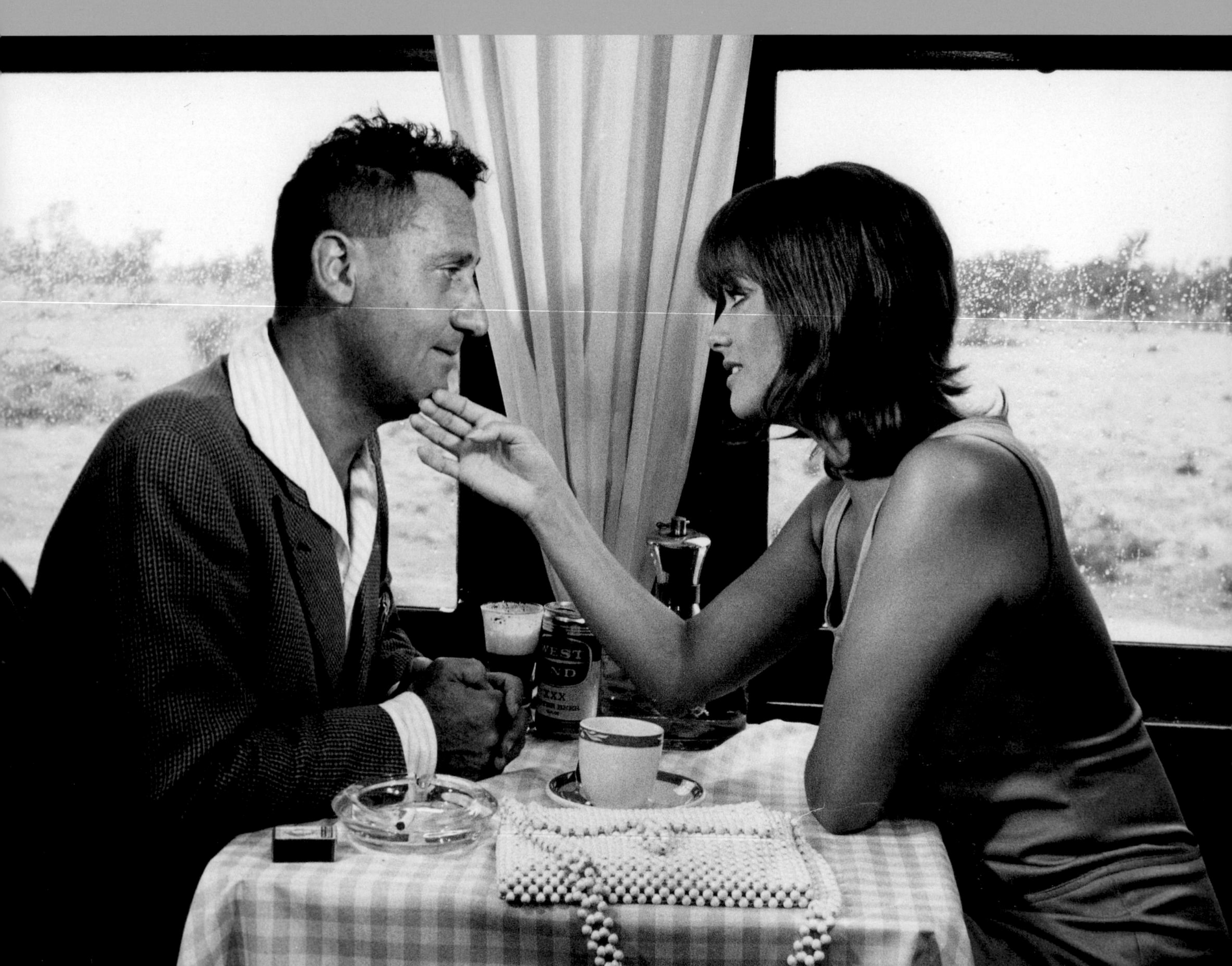

Alberto Sordi - Claudia Cardinale, "Bello, onesto, emigrato Australia sposerebbe compaesana illibata"_1971

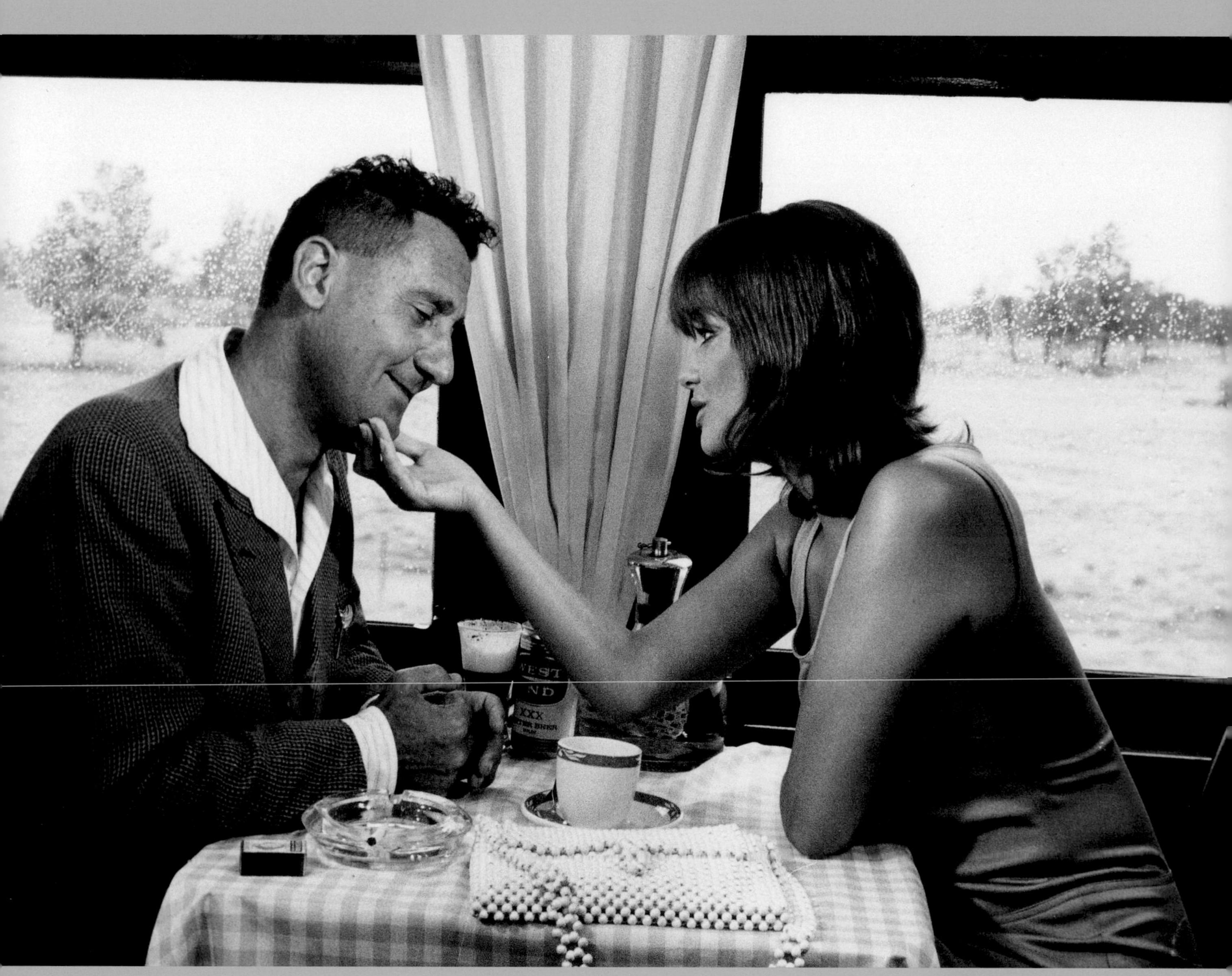

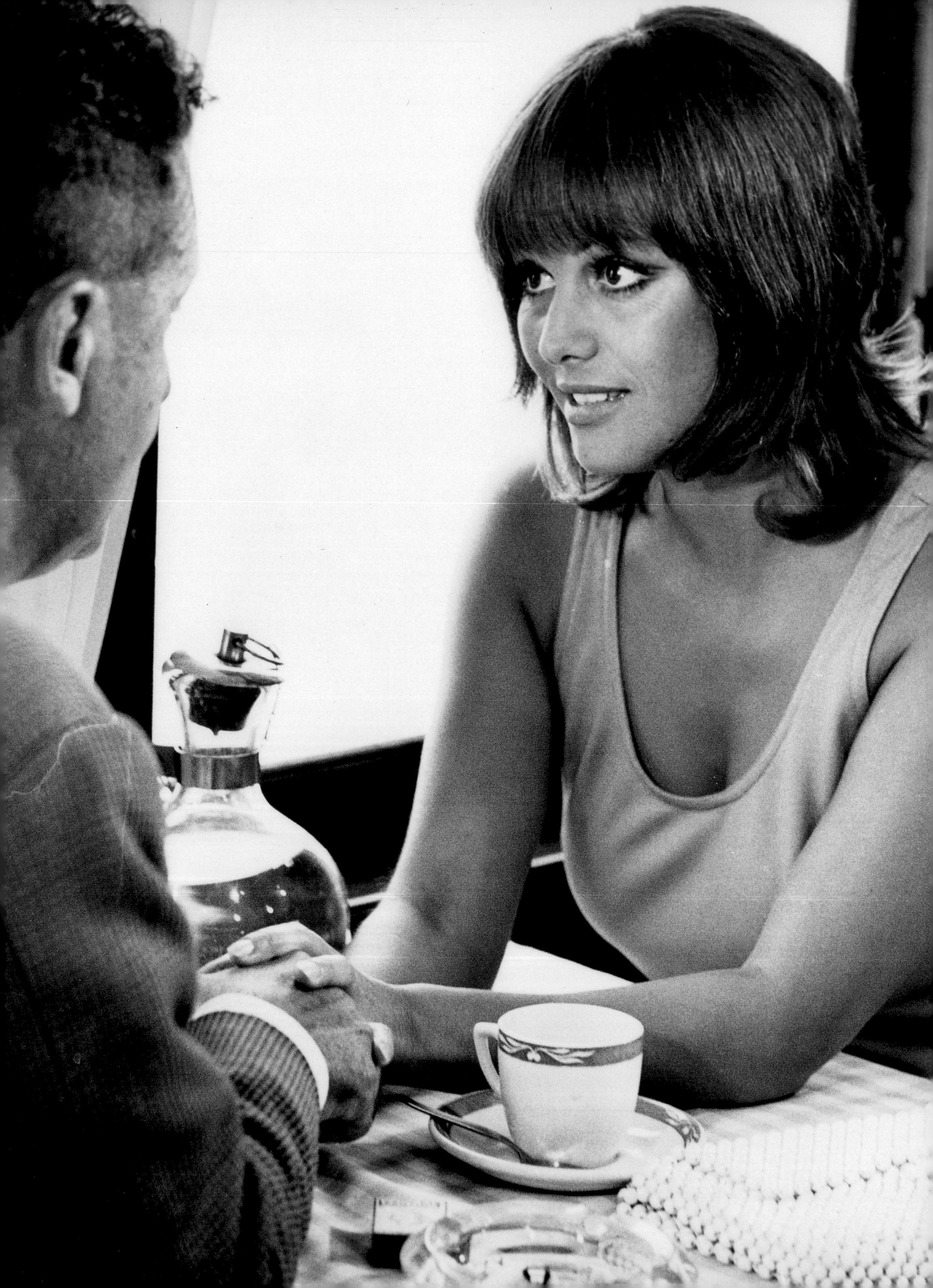

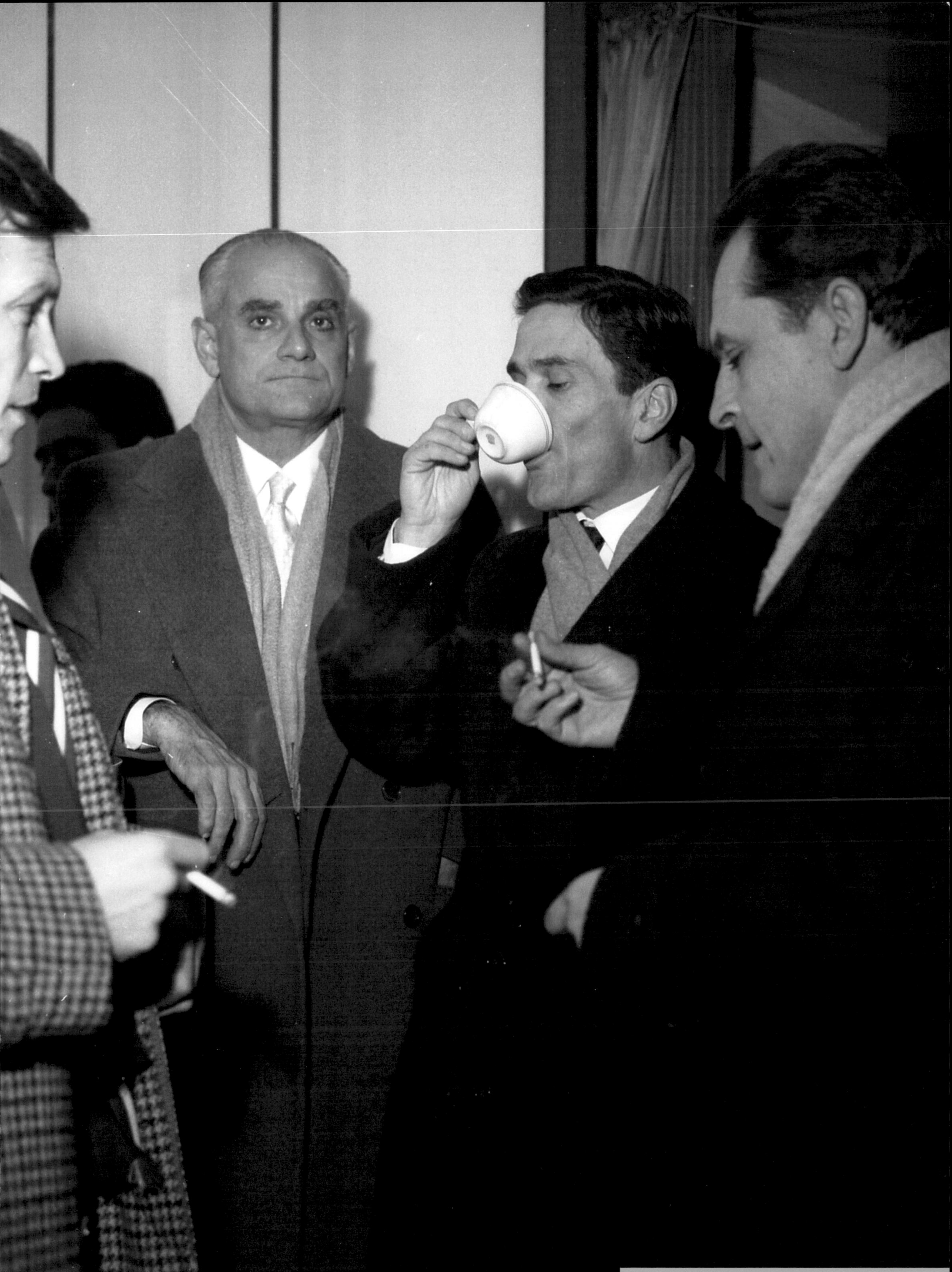

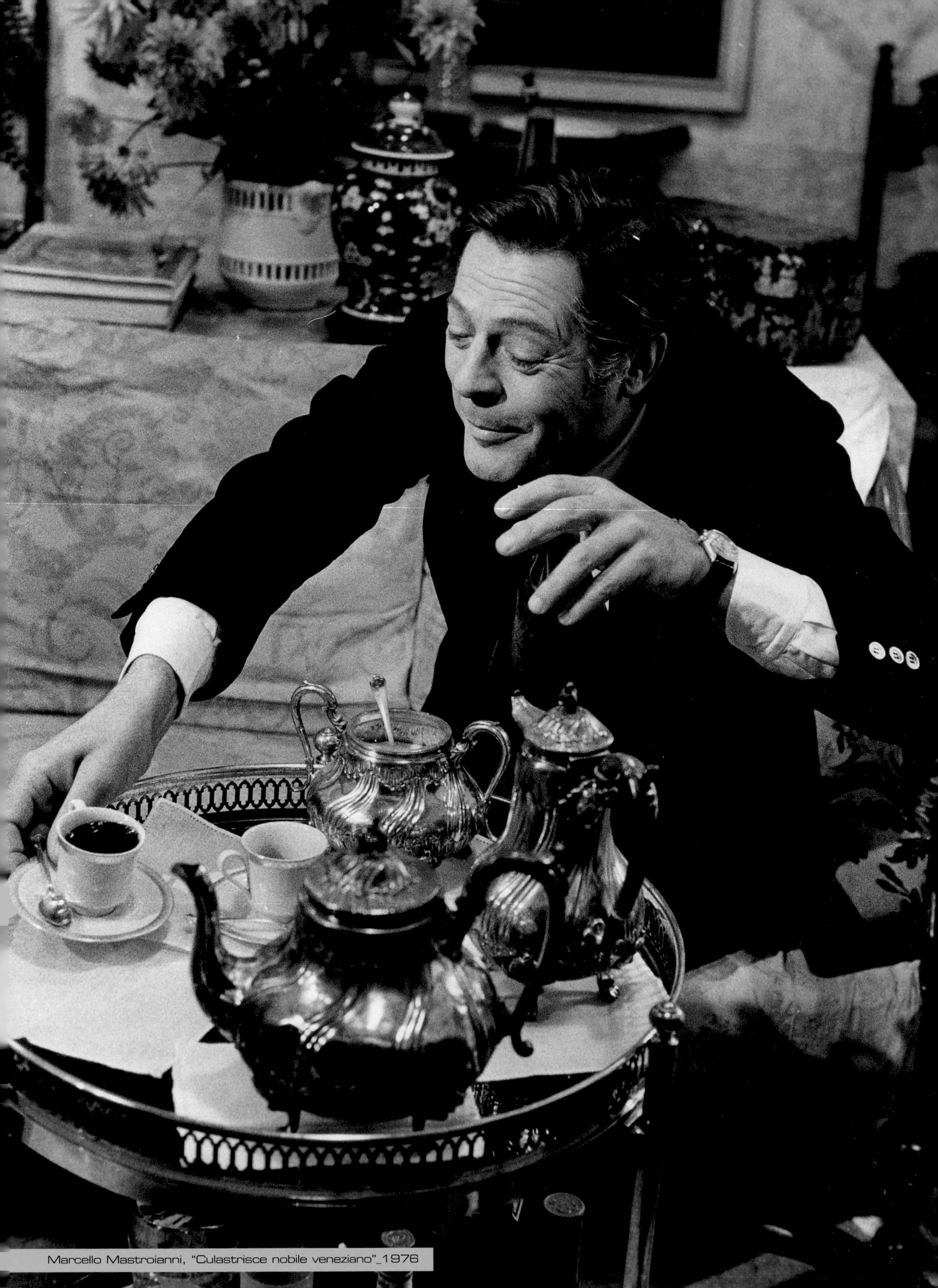

Marcello Mastroianni, "Culastrisce nobile veneziano"_1976

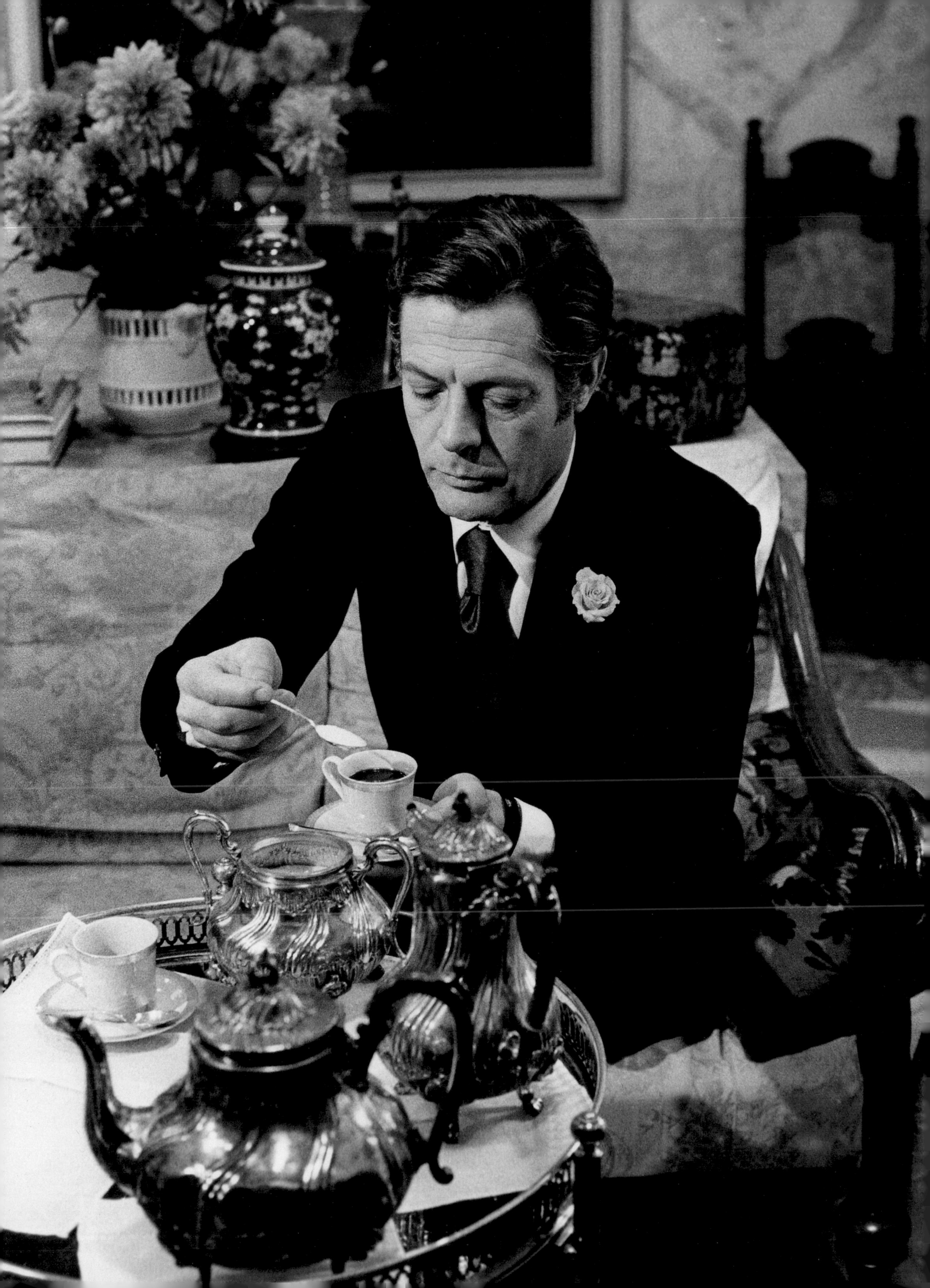

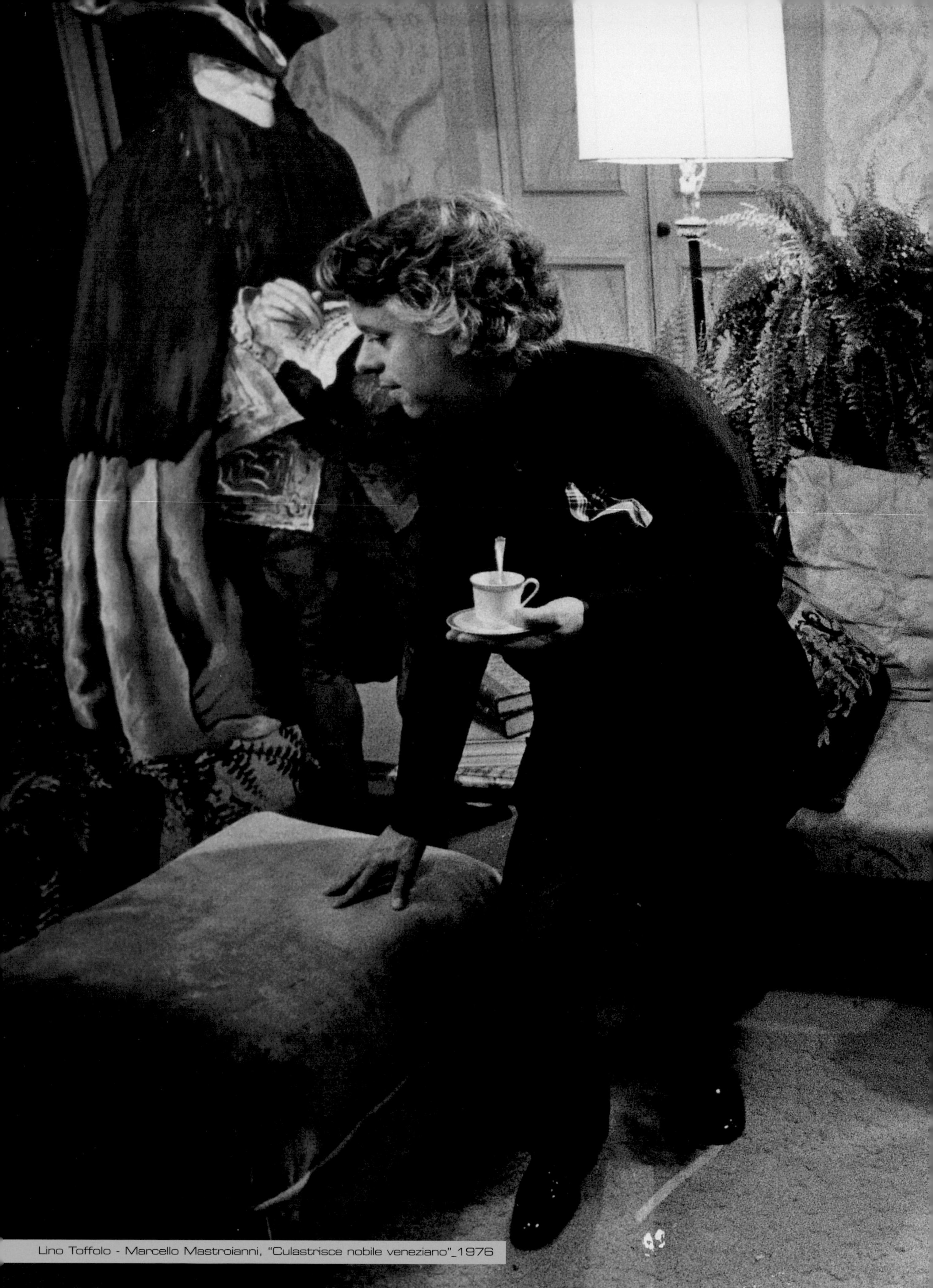

Lino Toffolo - Marcello Mastroianni, "Culastrisce nobile veneziano"_1976

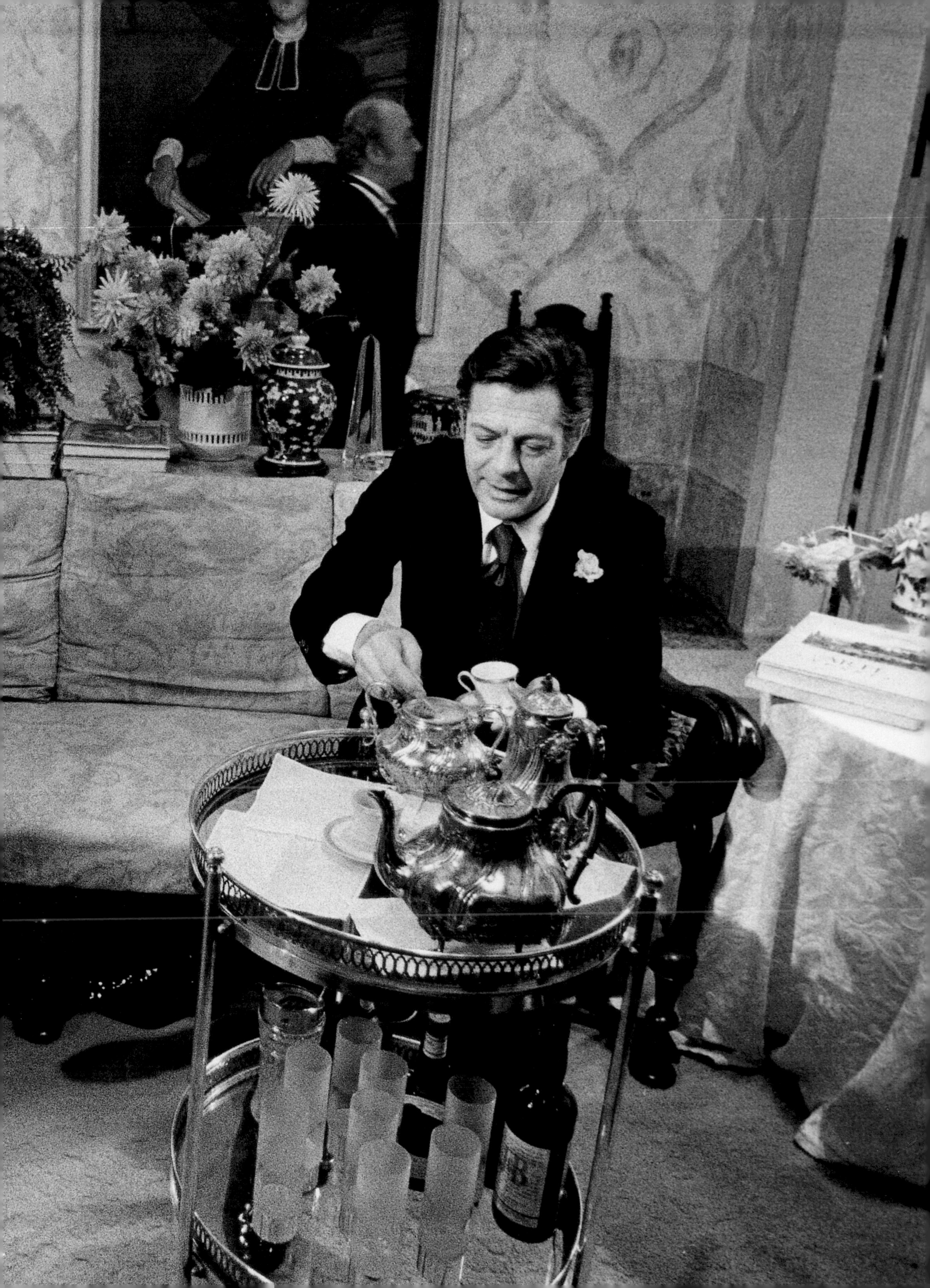

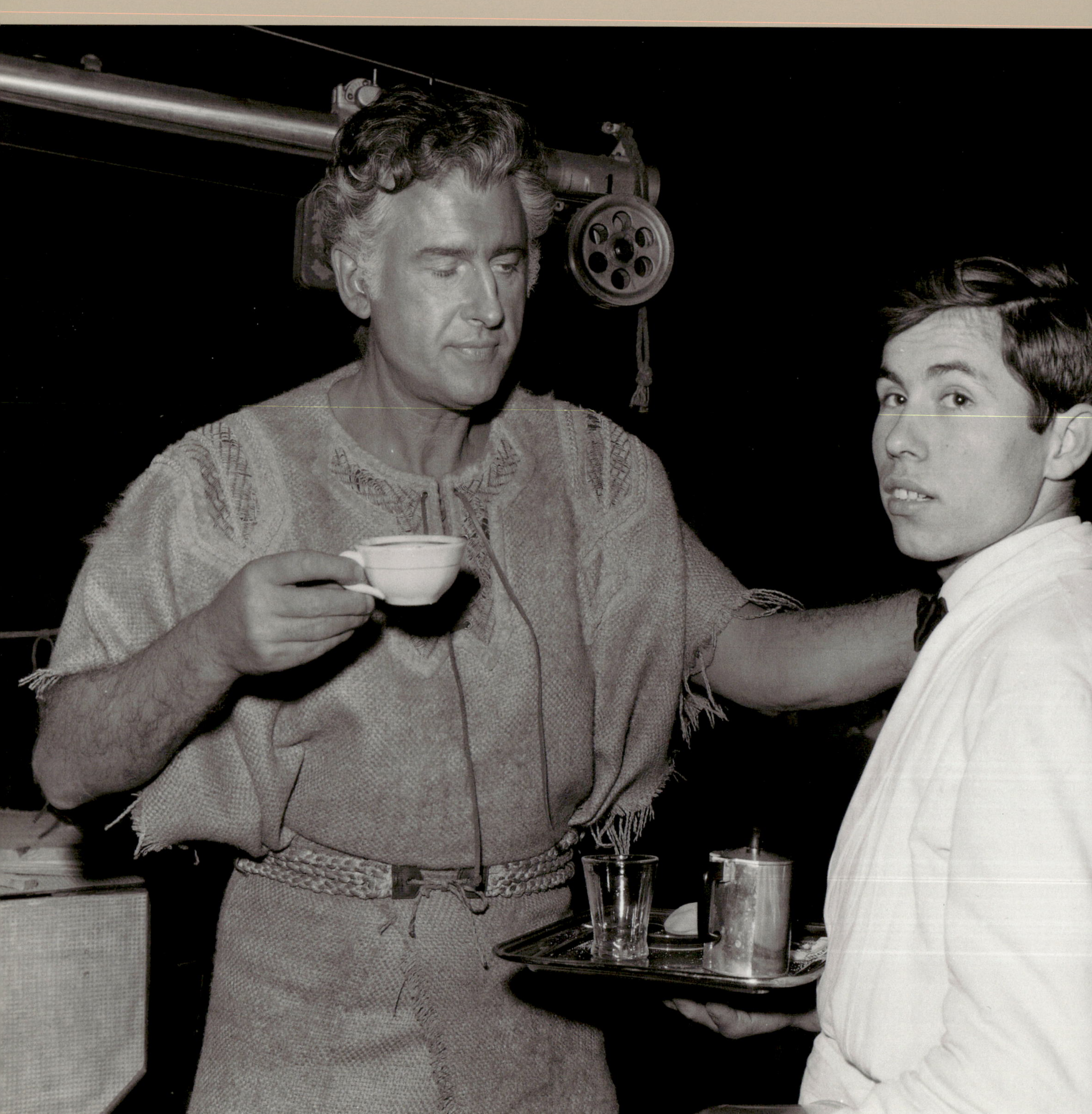

Stewart Granger, "Sodoma e Gomorra"_1961

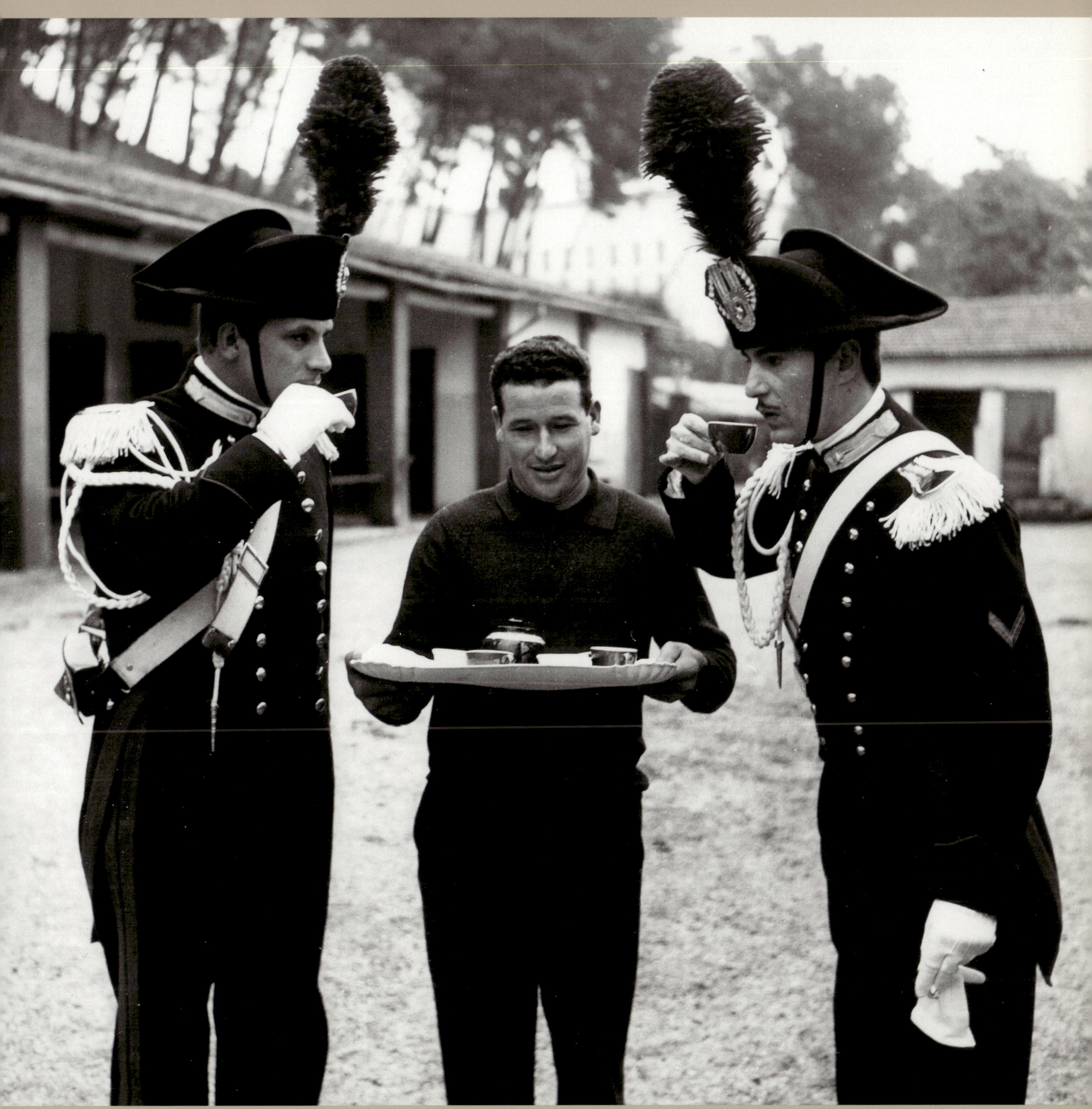

Maurizio Arena - Nino Manfredi, "Il carabiniere a cavallo"_1962

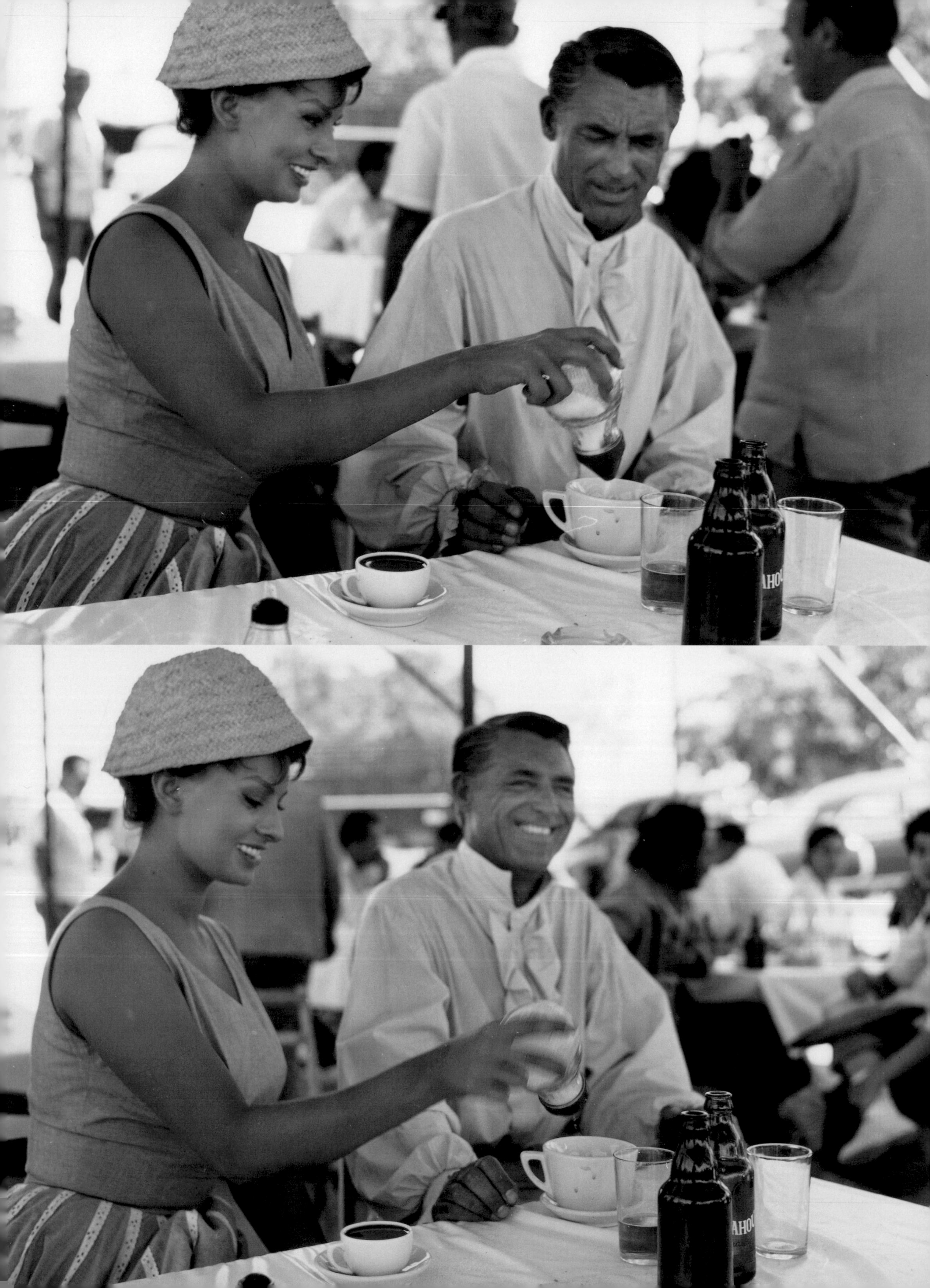

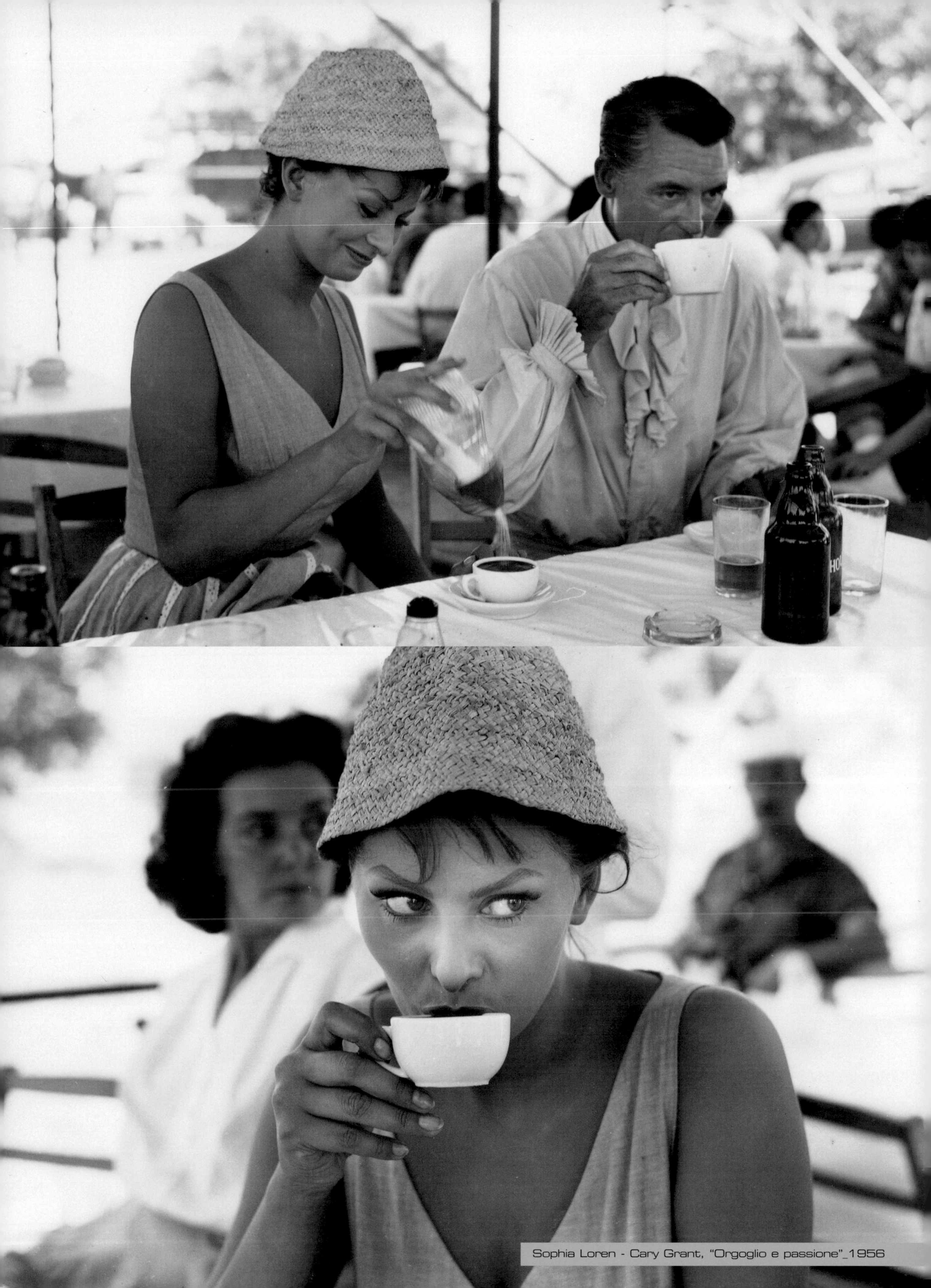

Sophia Loren - Cary Grant, "Orgoglio e passione"_1956

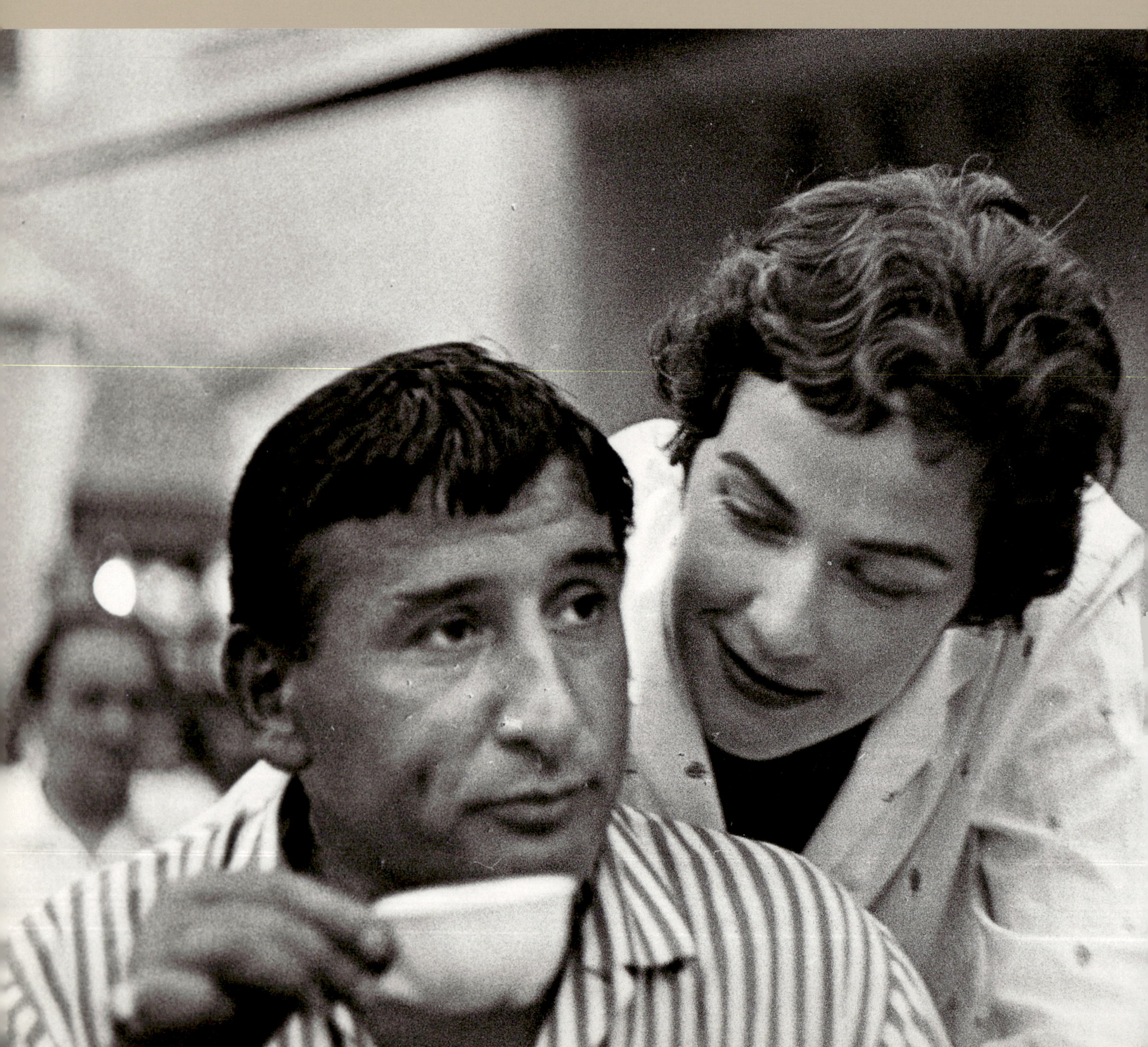

Renato Rascel - Huguette Cartier_1958

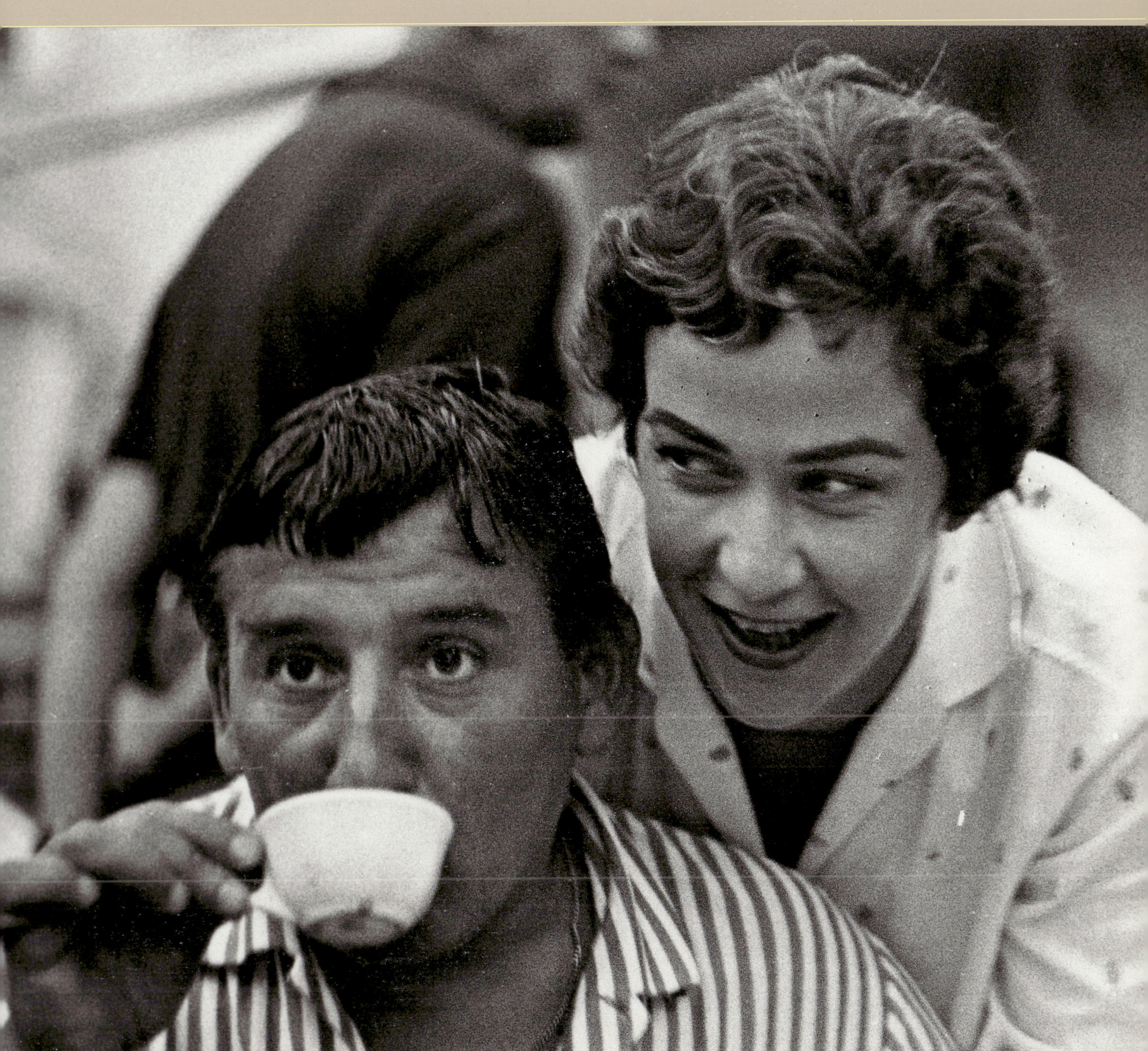

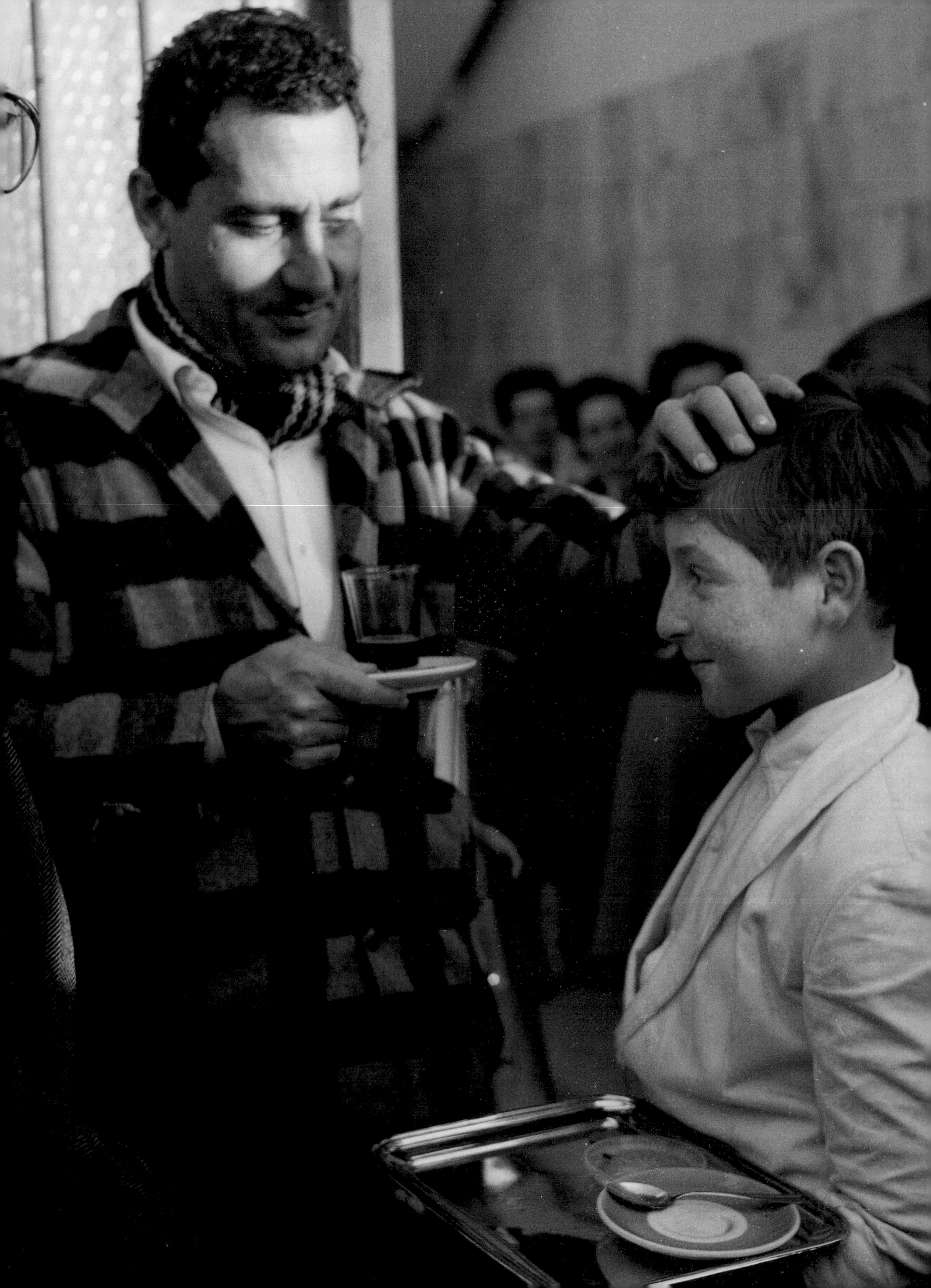

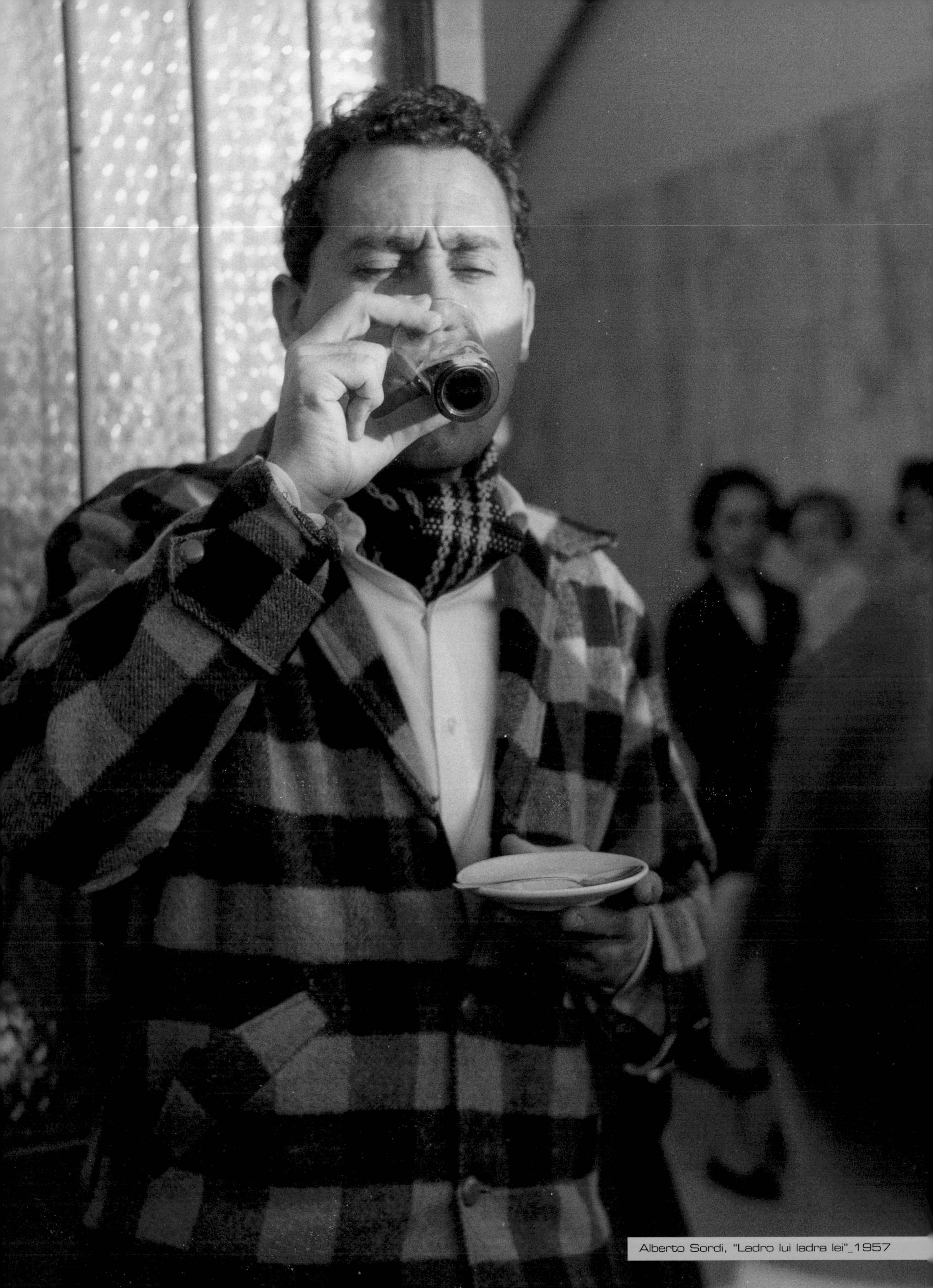

Alberto Sordi, "Ladro lui ladra lei"_1957

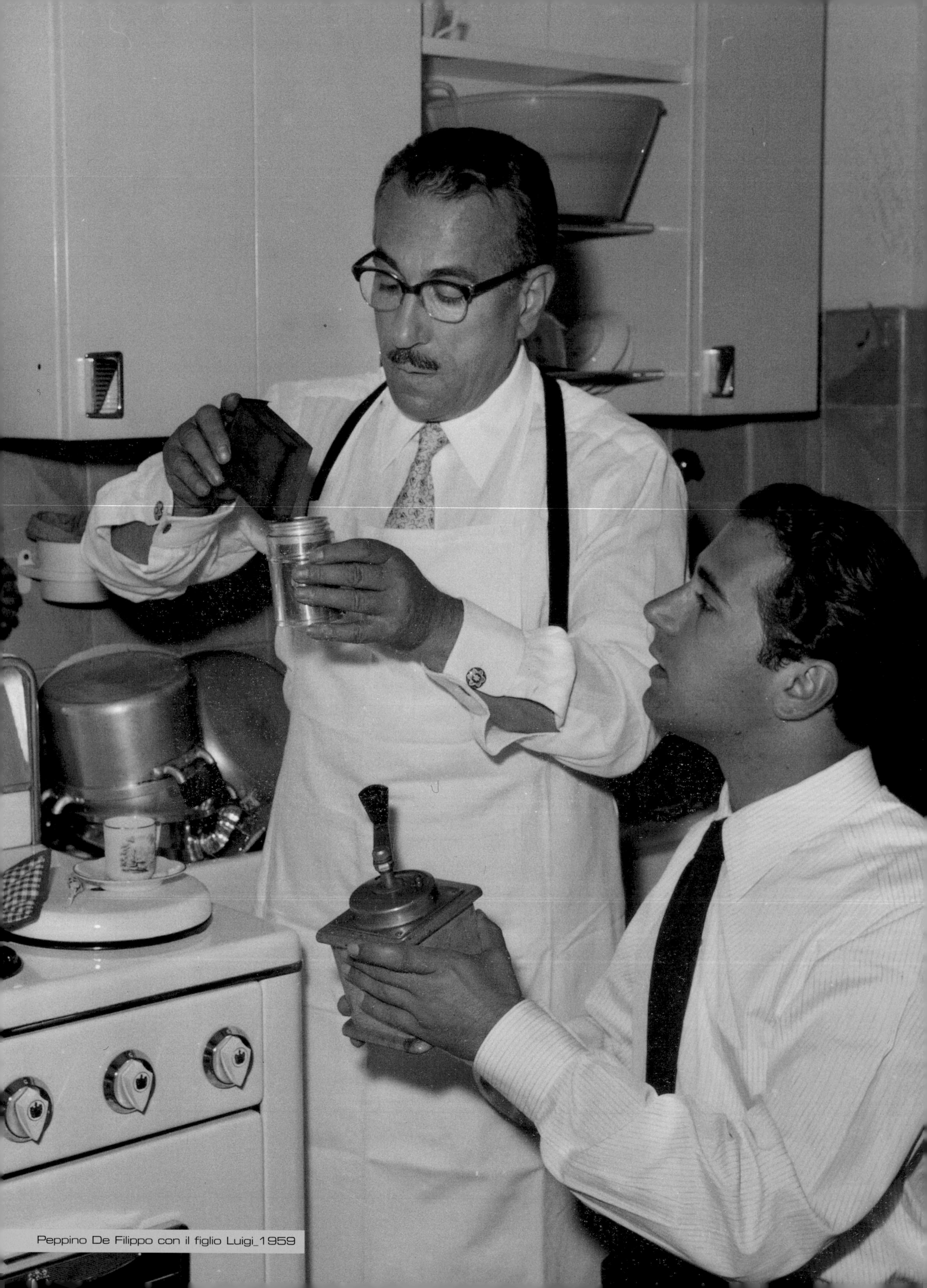

Peppino De Filippo con il figlio Luigi_1959

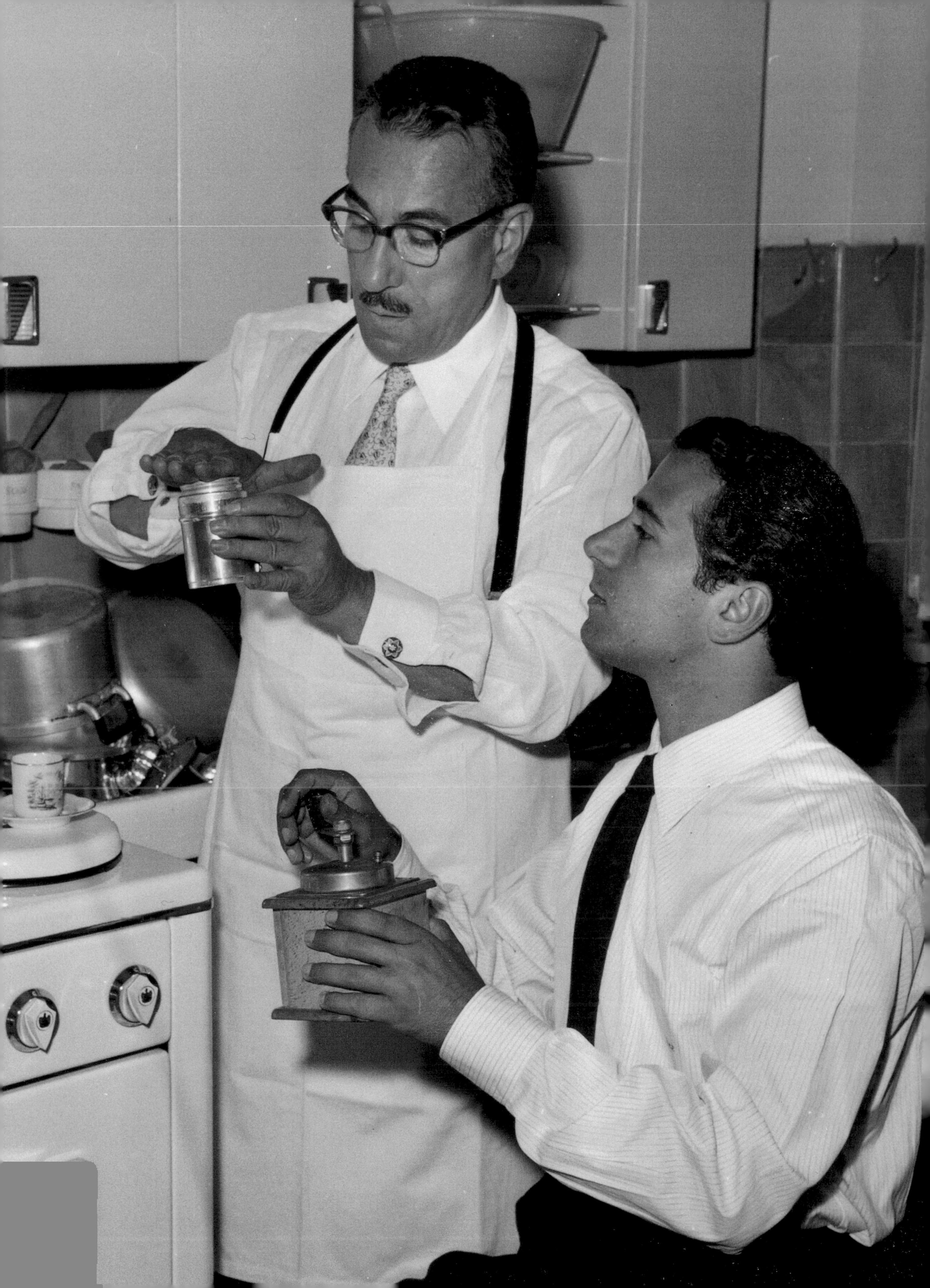

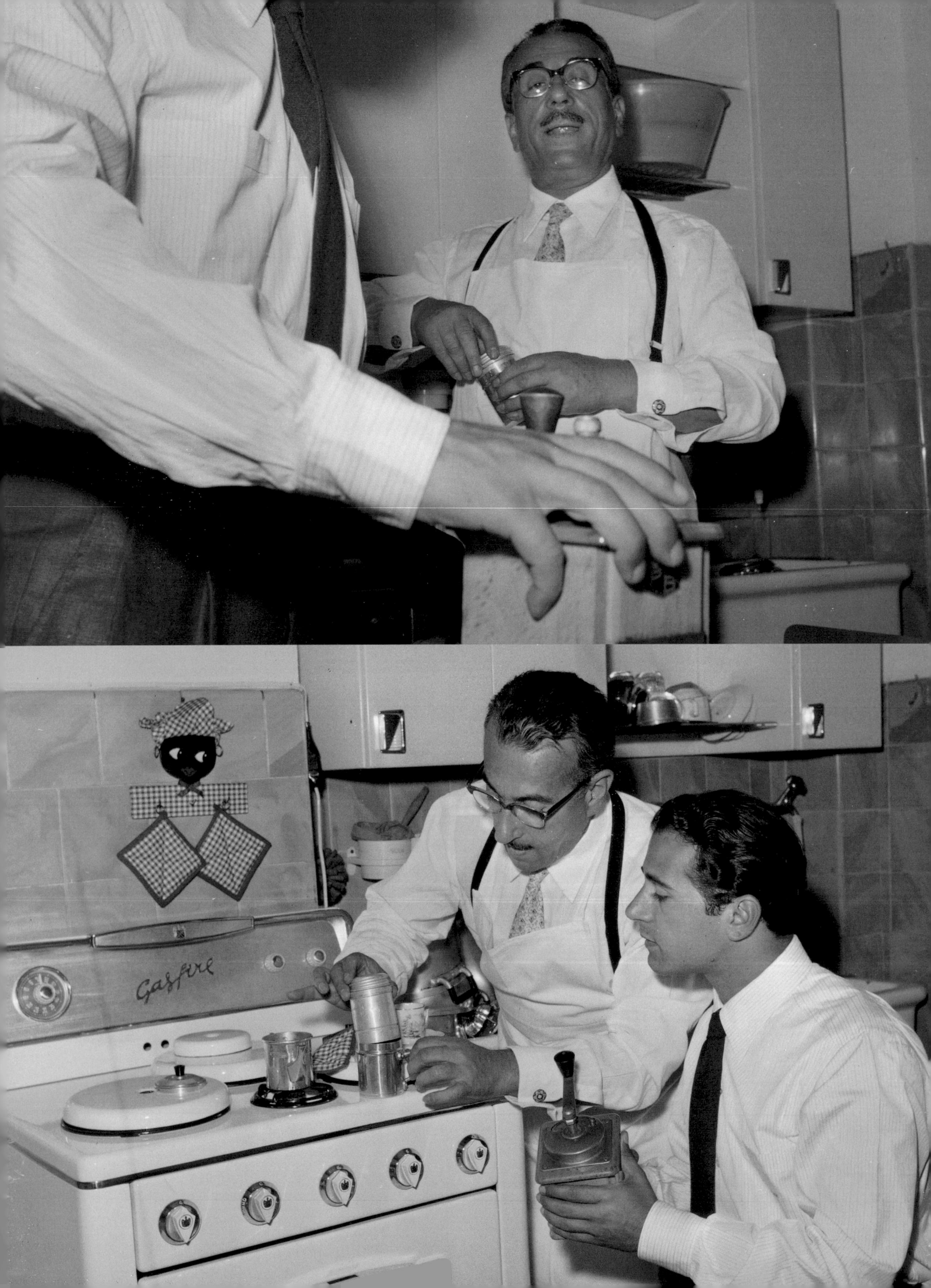
Gasfire

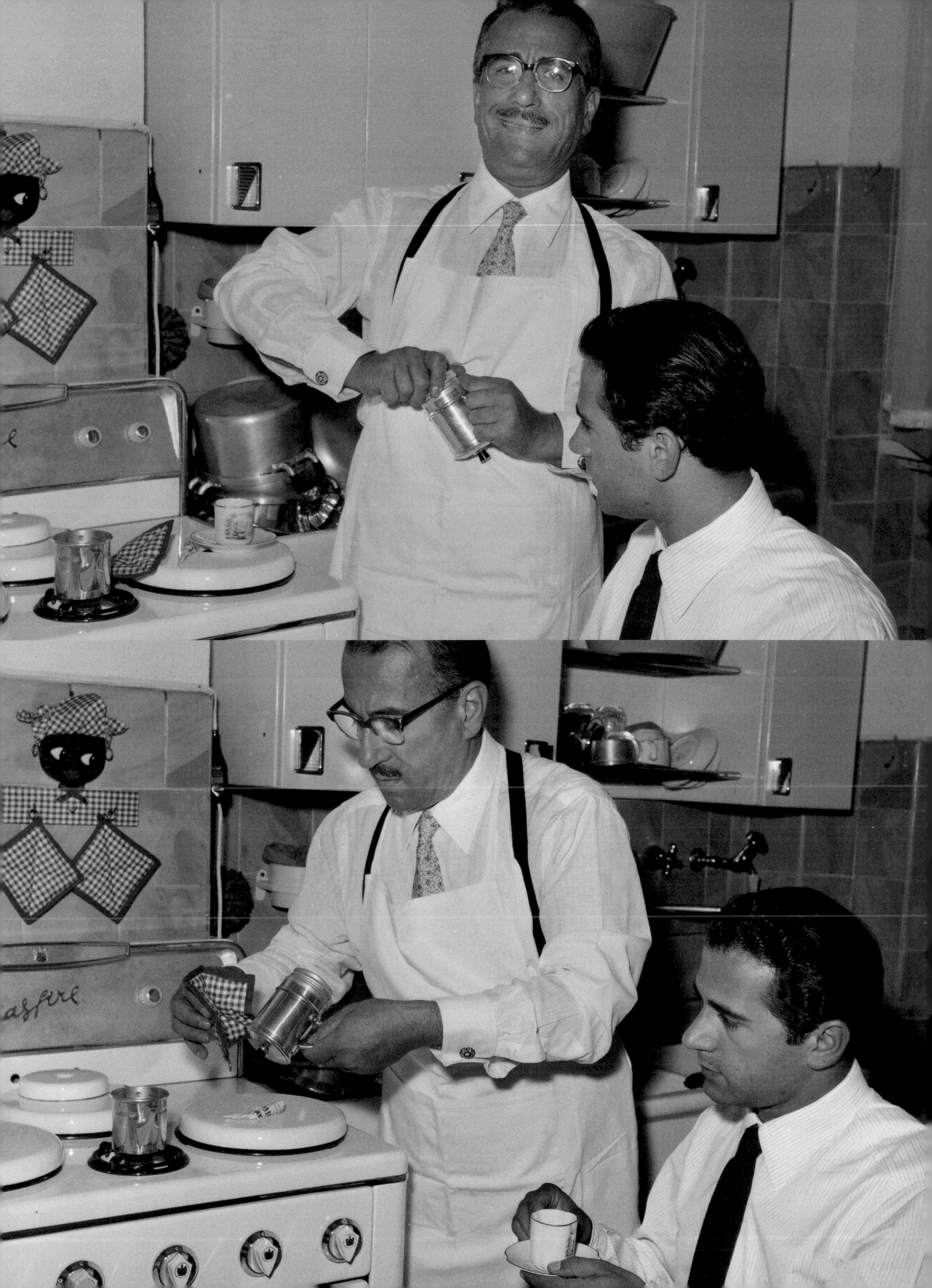

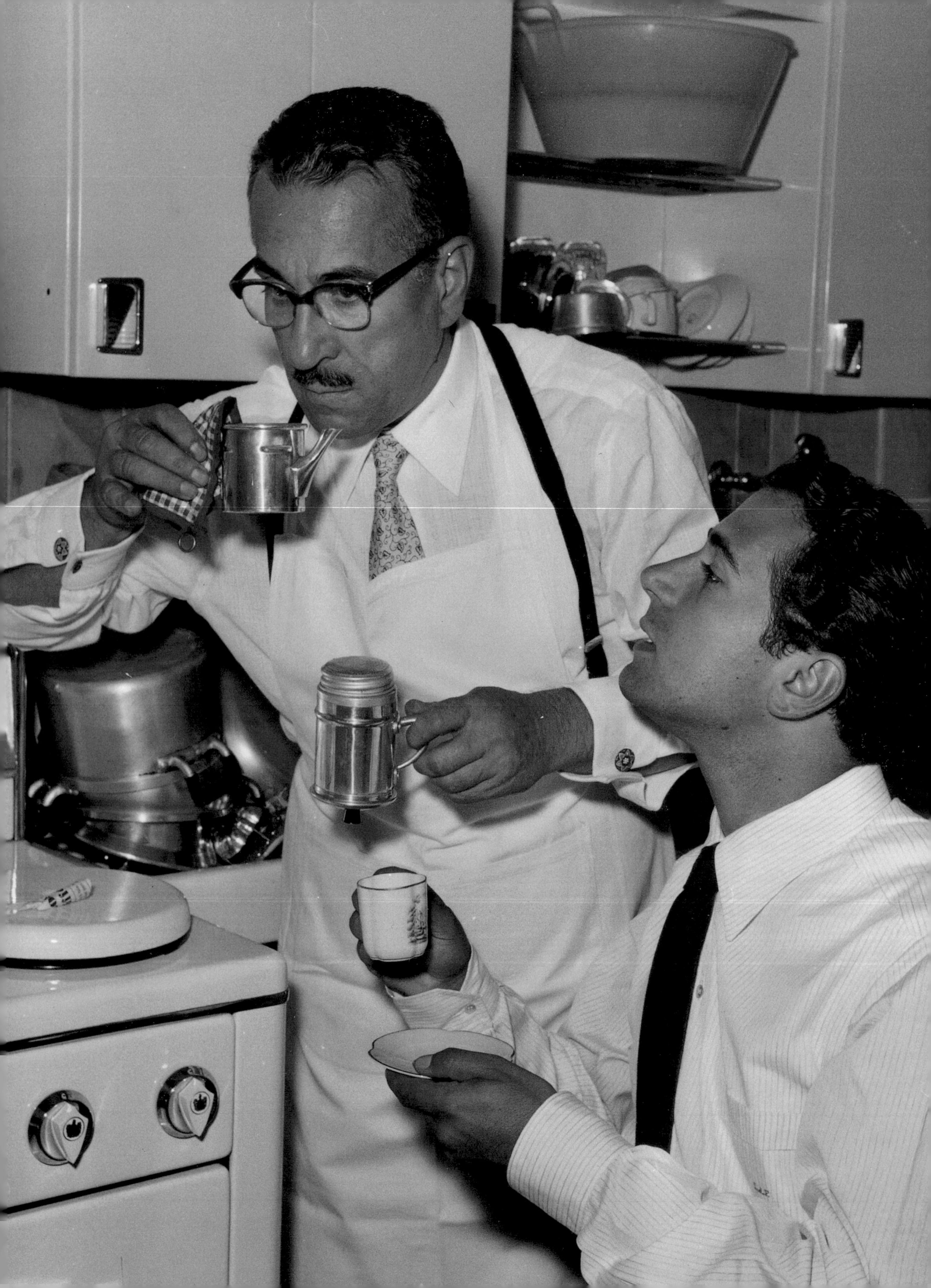

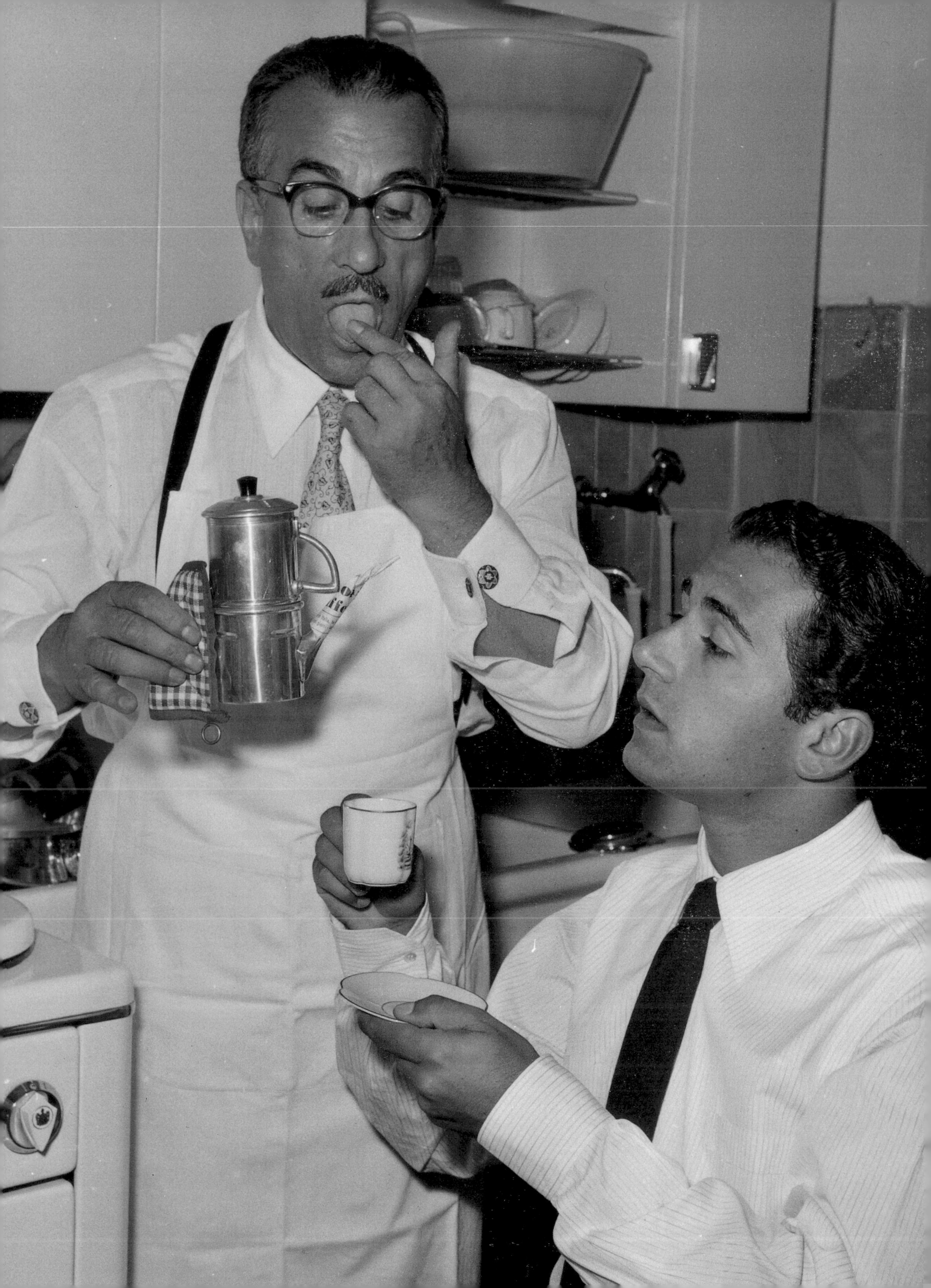

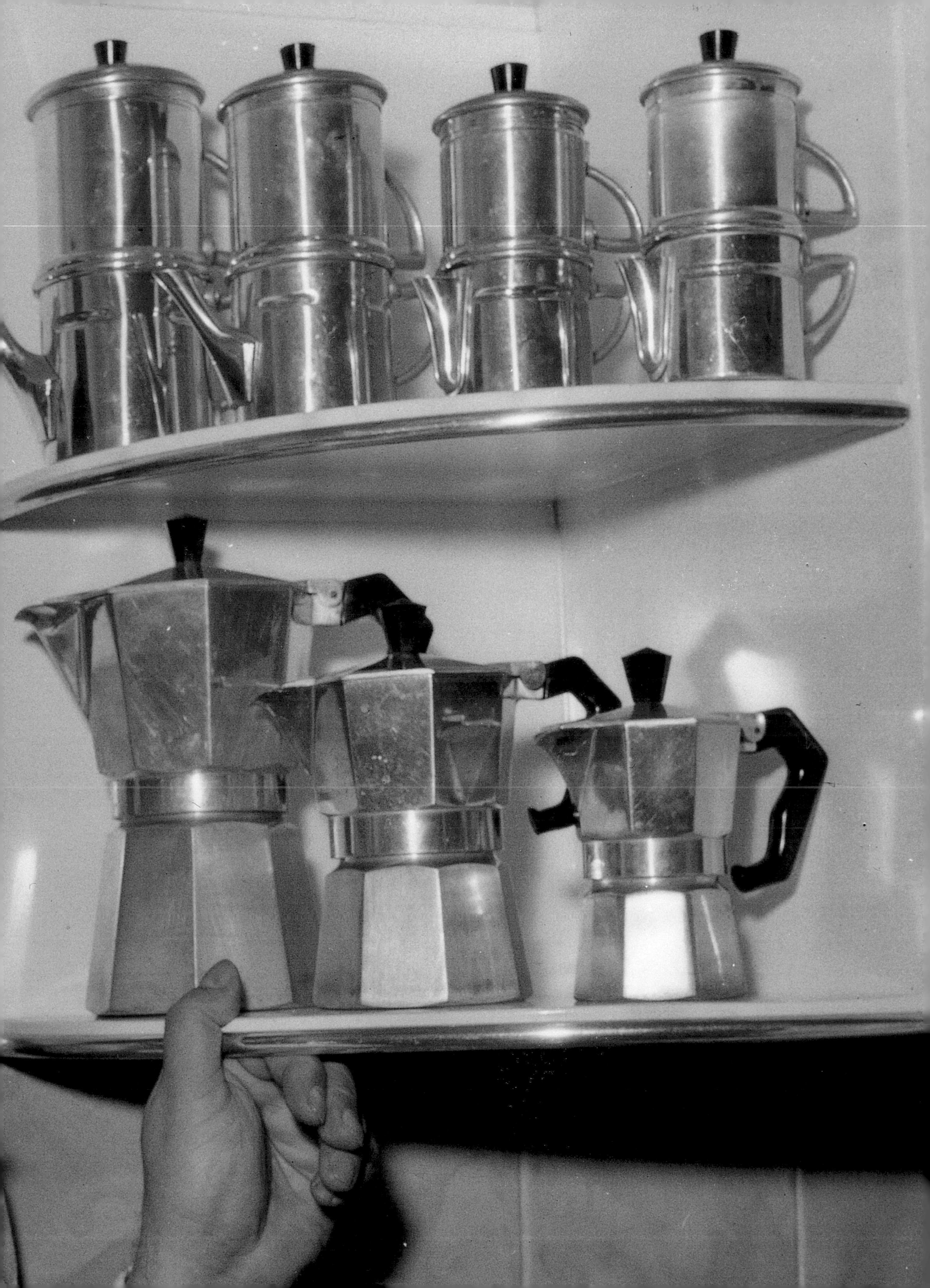

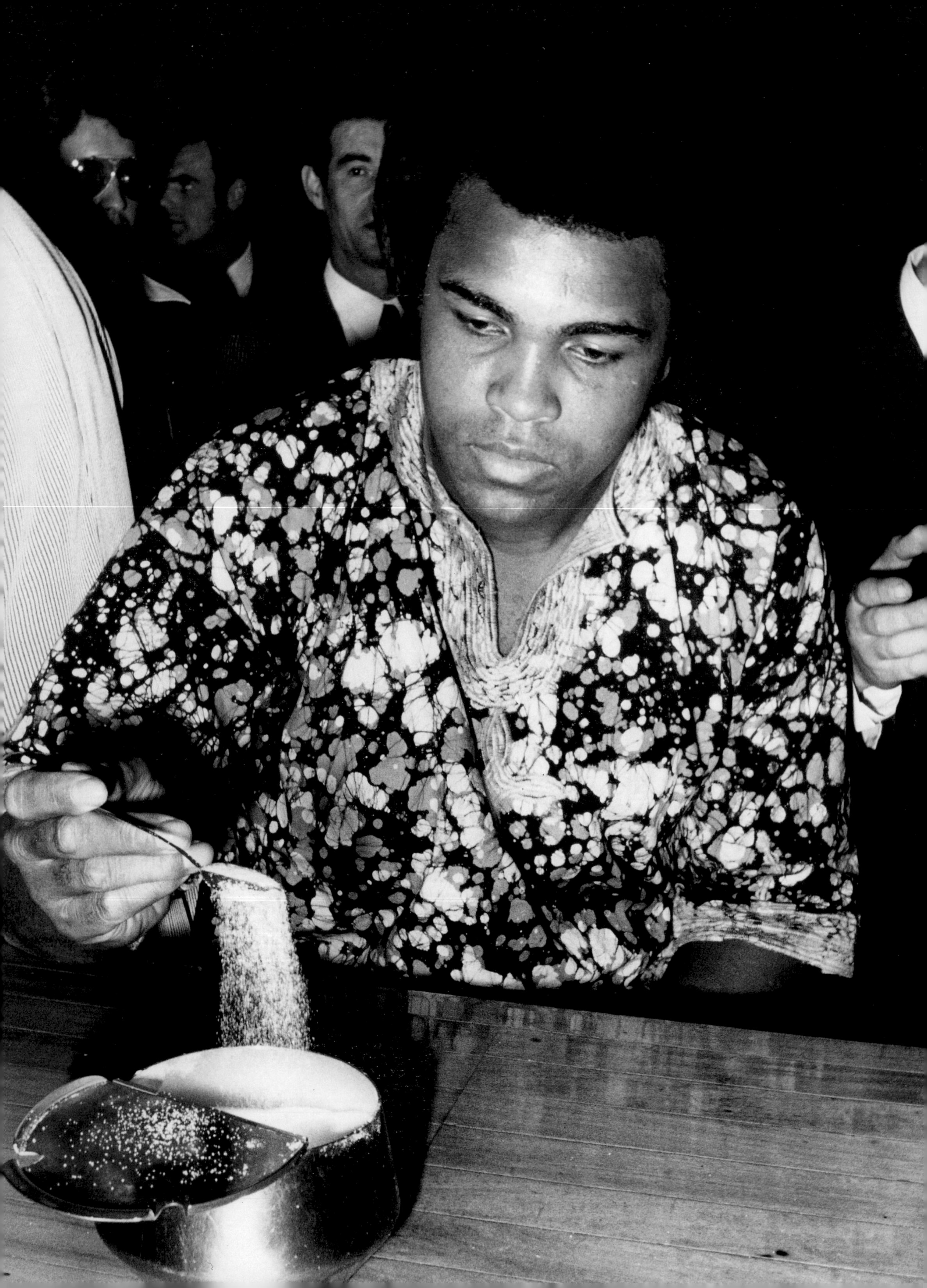

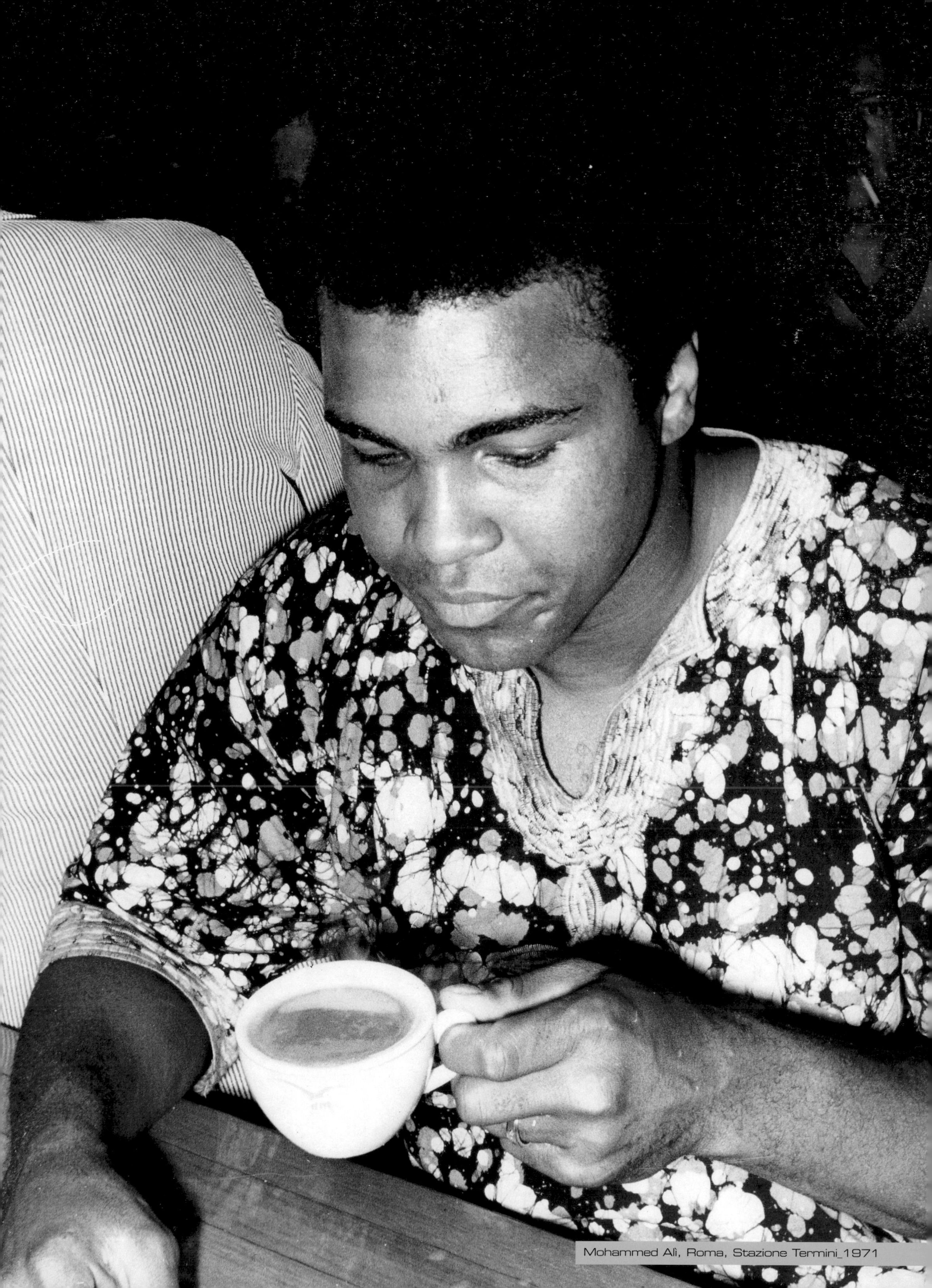

Mohammed Alì, Roma, Stazione Termini_1971

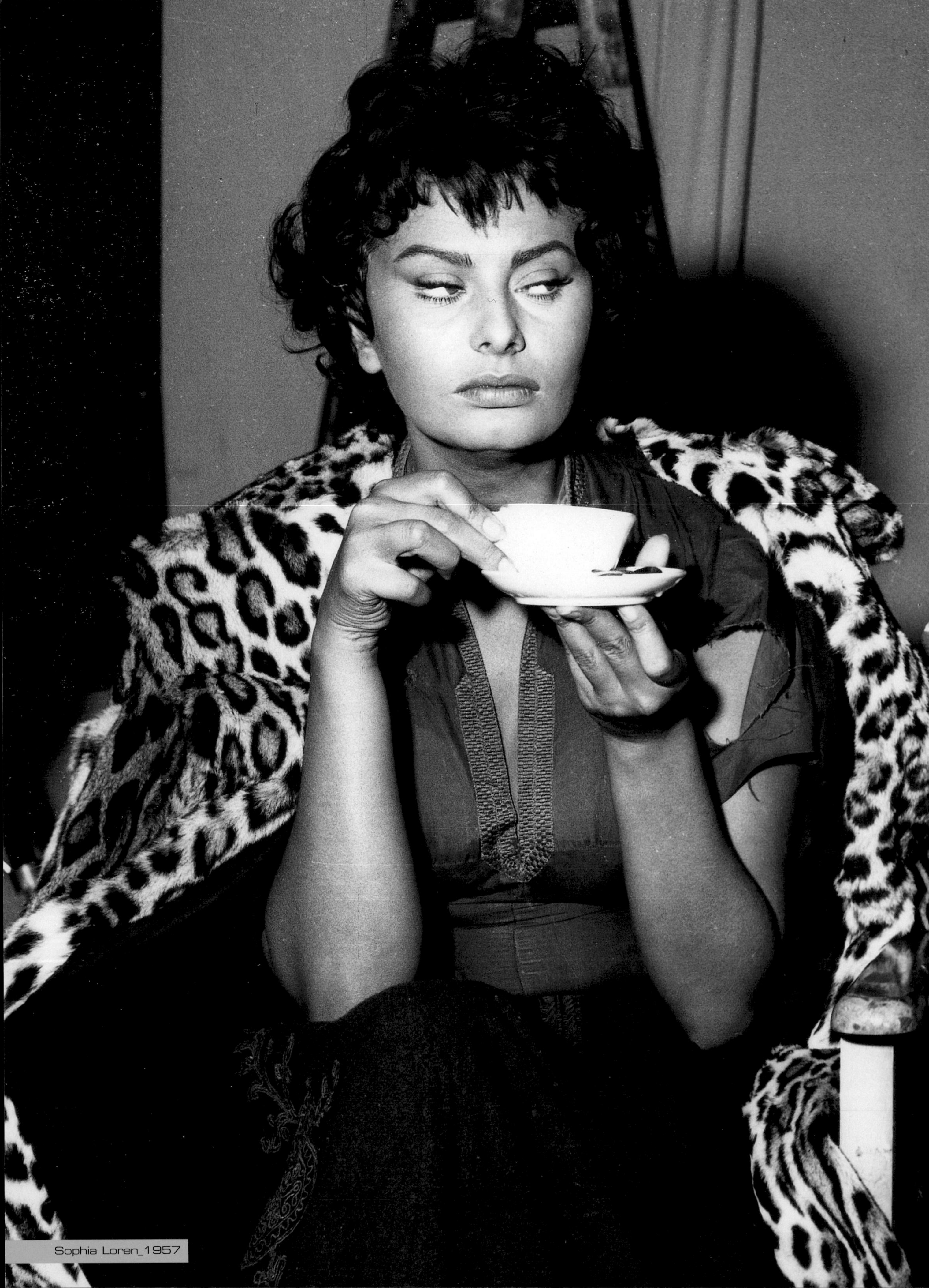

Sophia Loren_1957

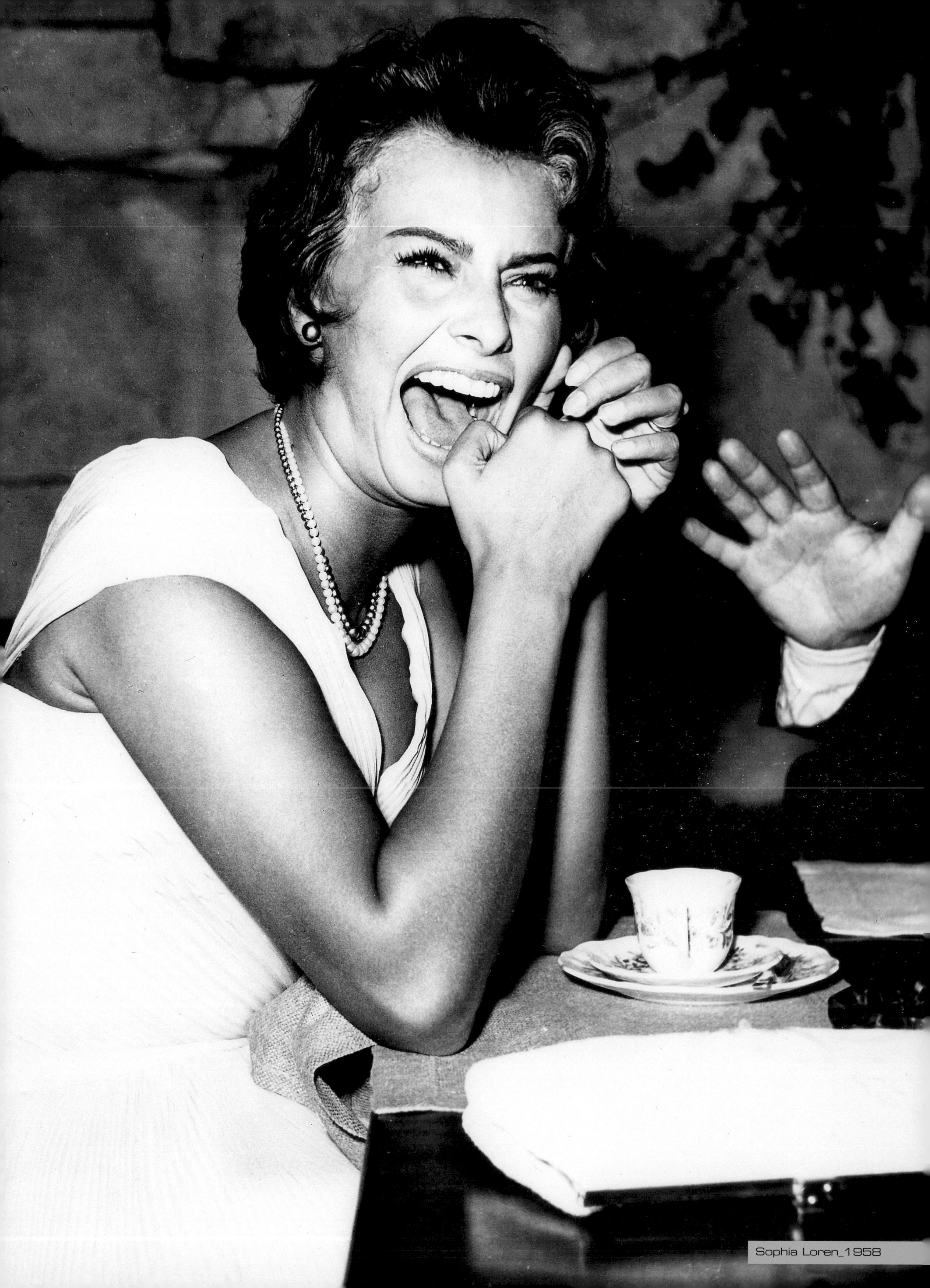

Sophia Loren_1958

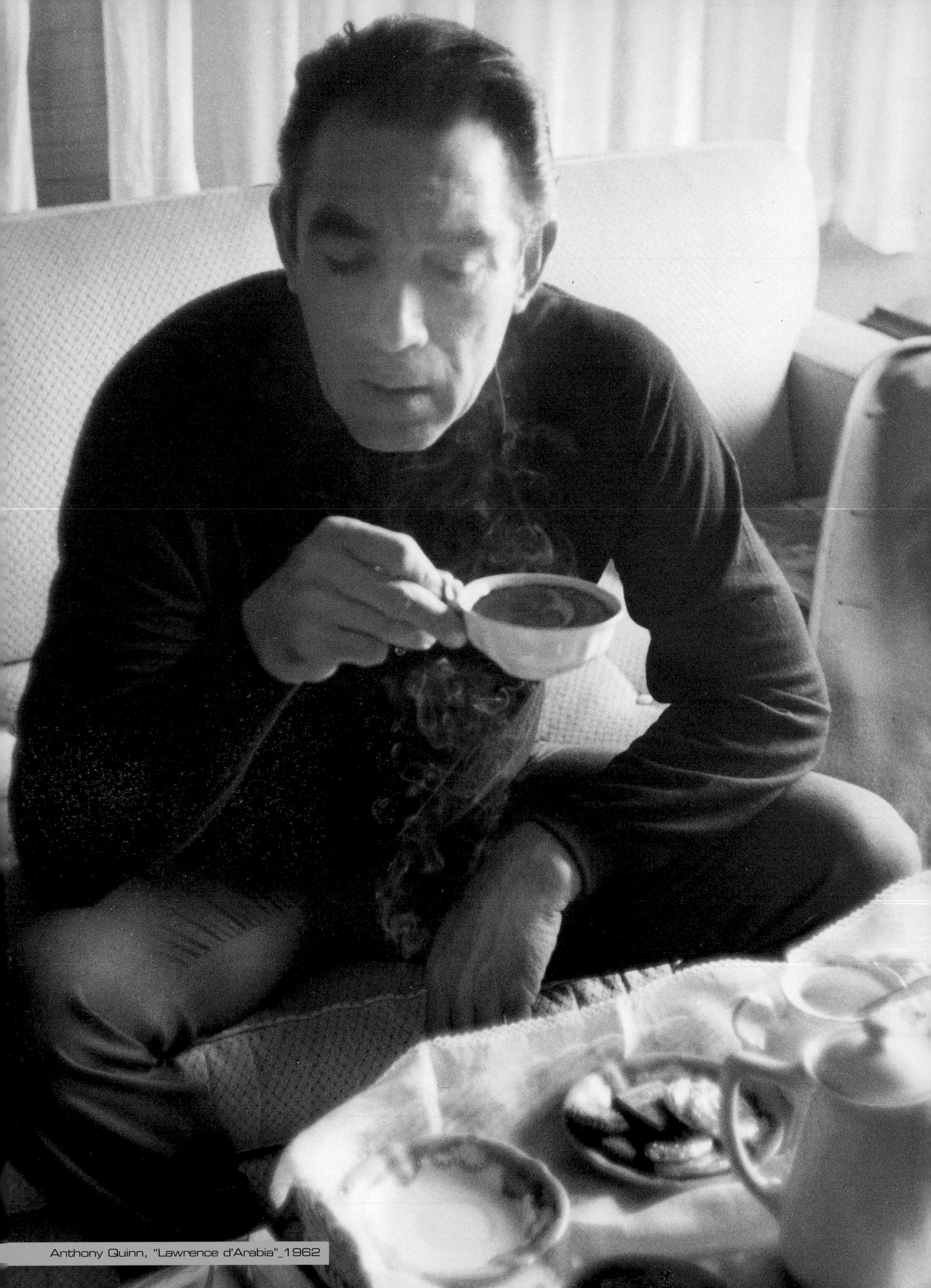

Anthony Quinn, "Lawrence d'Arabia"_1962

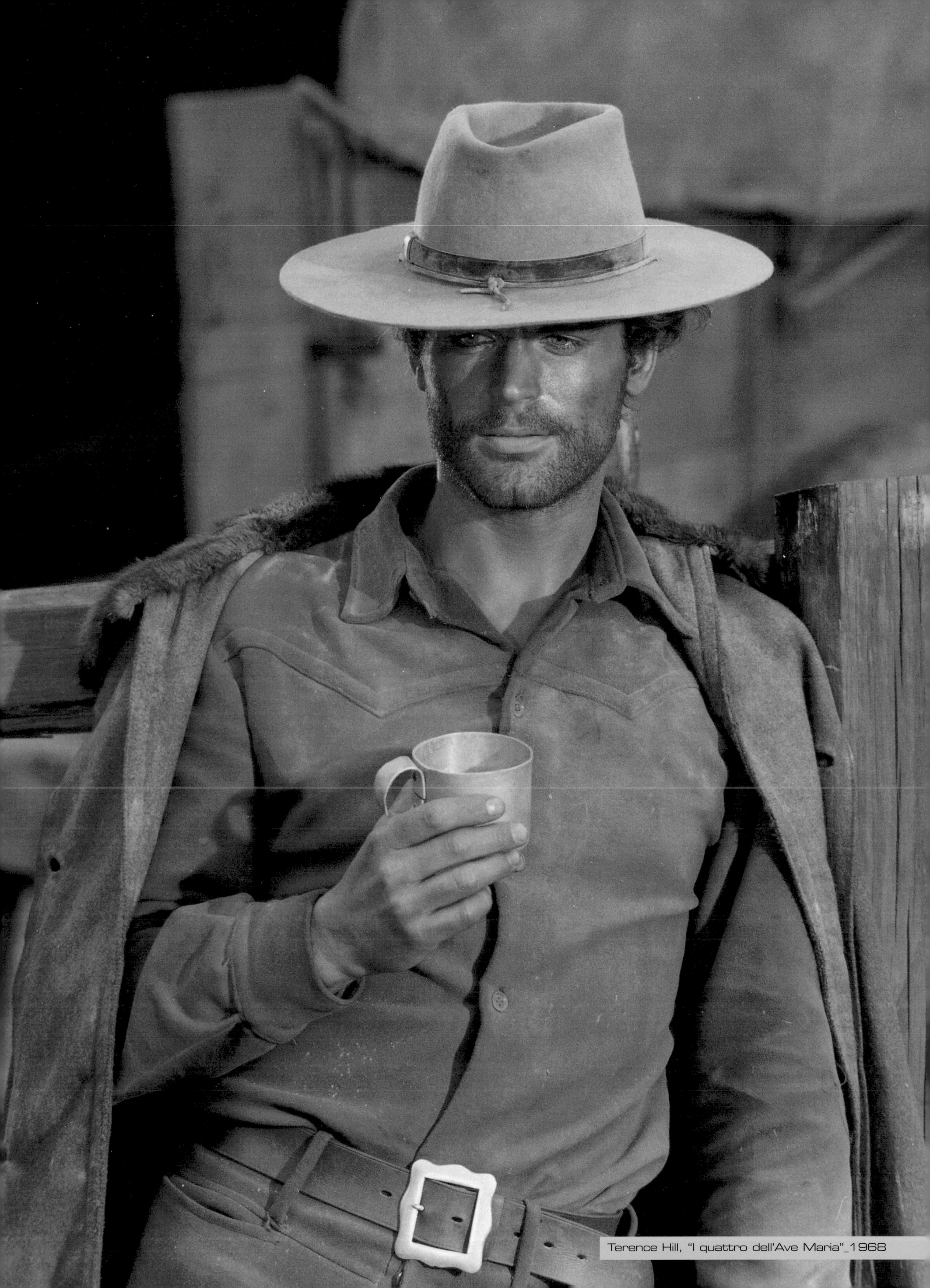

Terence Hill, "I quattro dell'Ave Maria"_1968

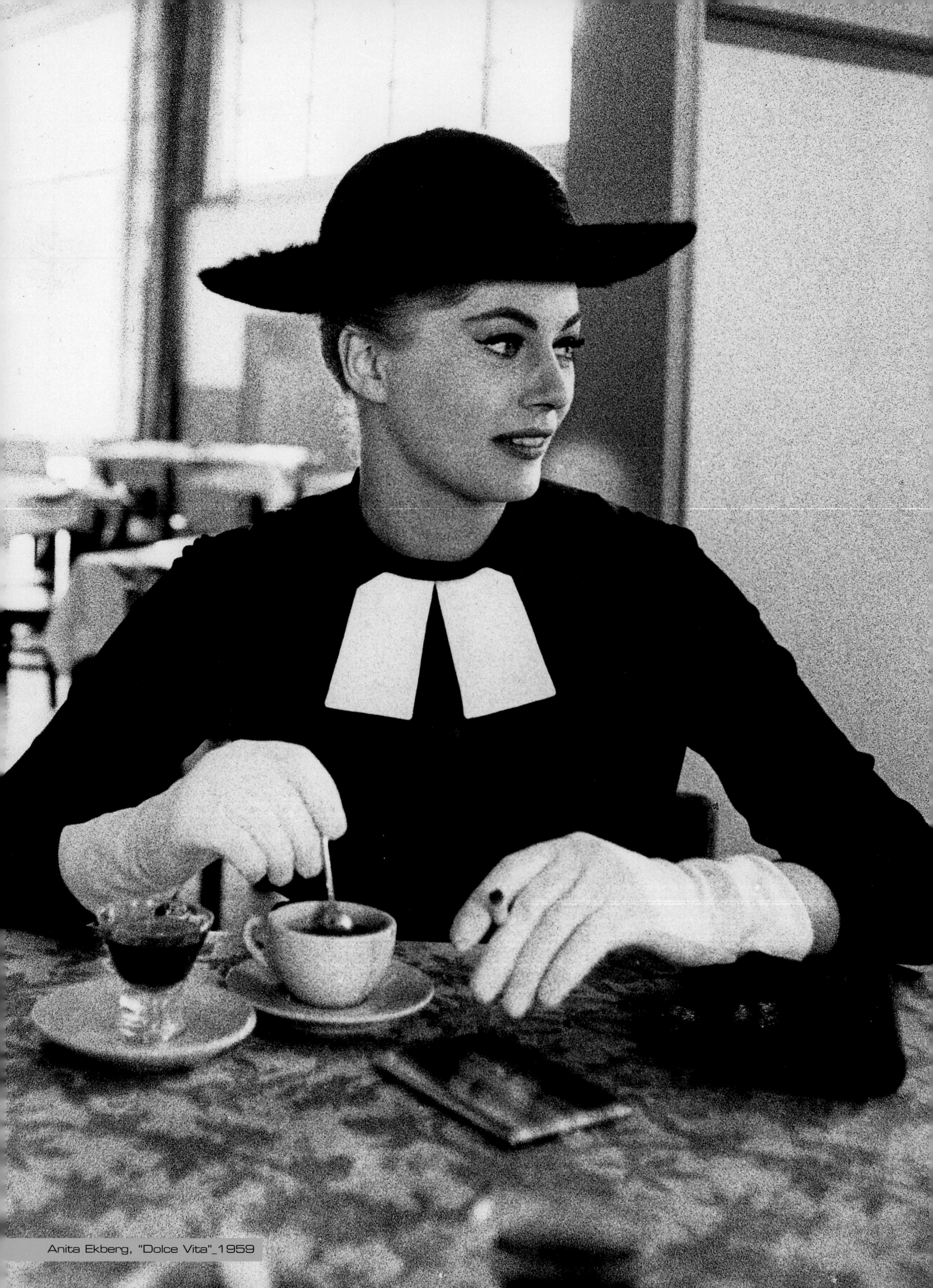

Anita Ekberg, "Dolce Vita"_1959

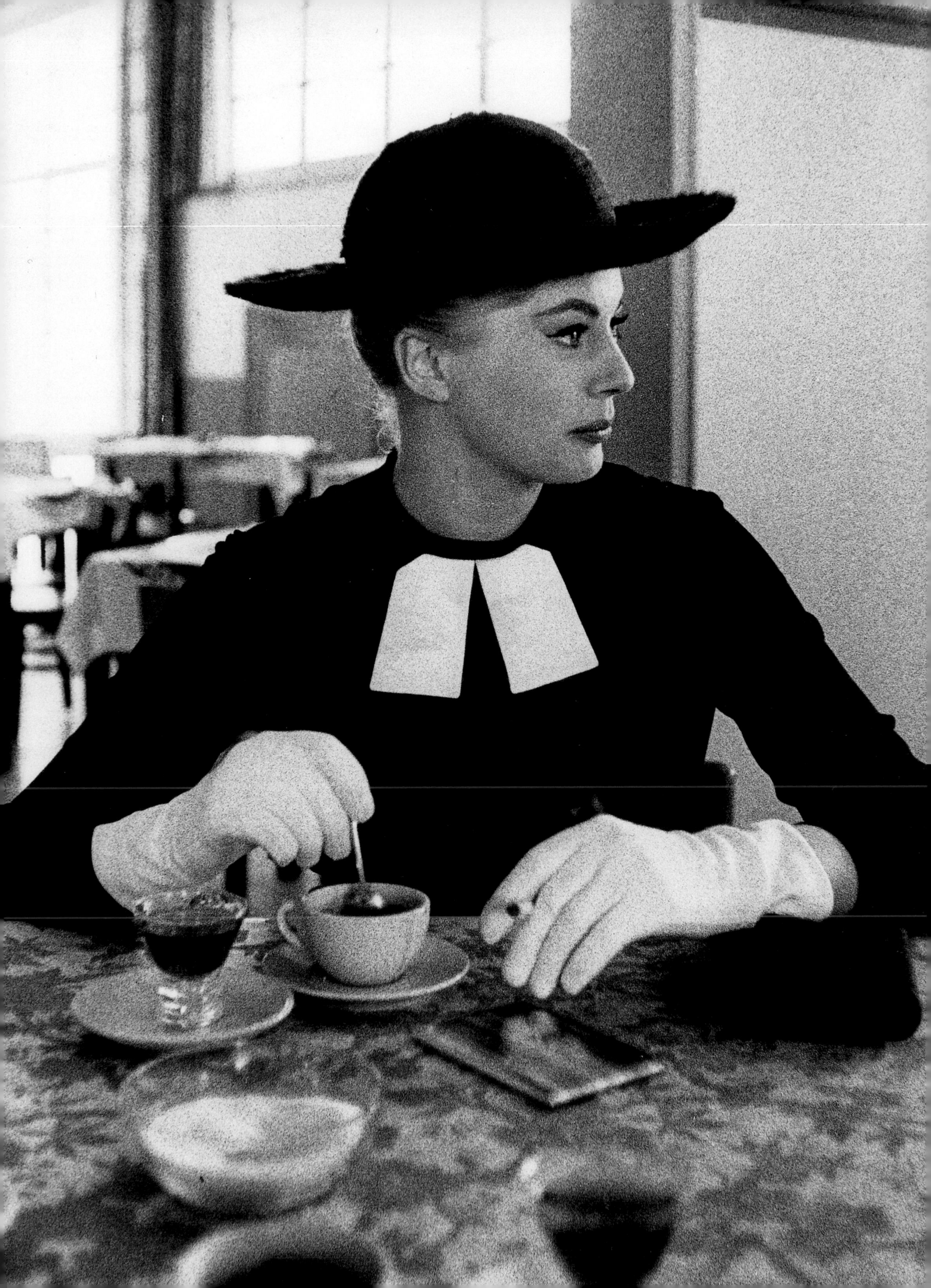

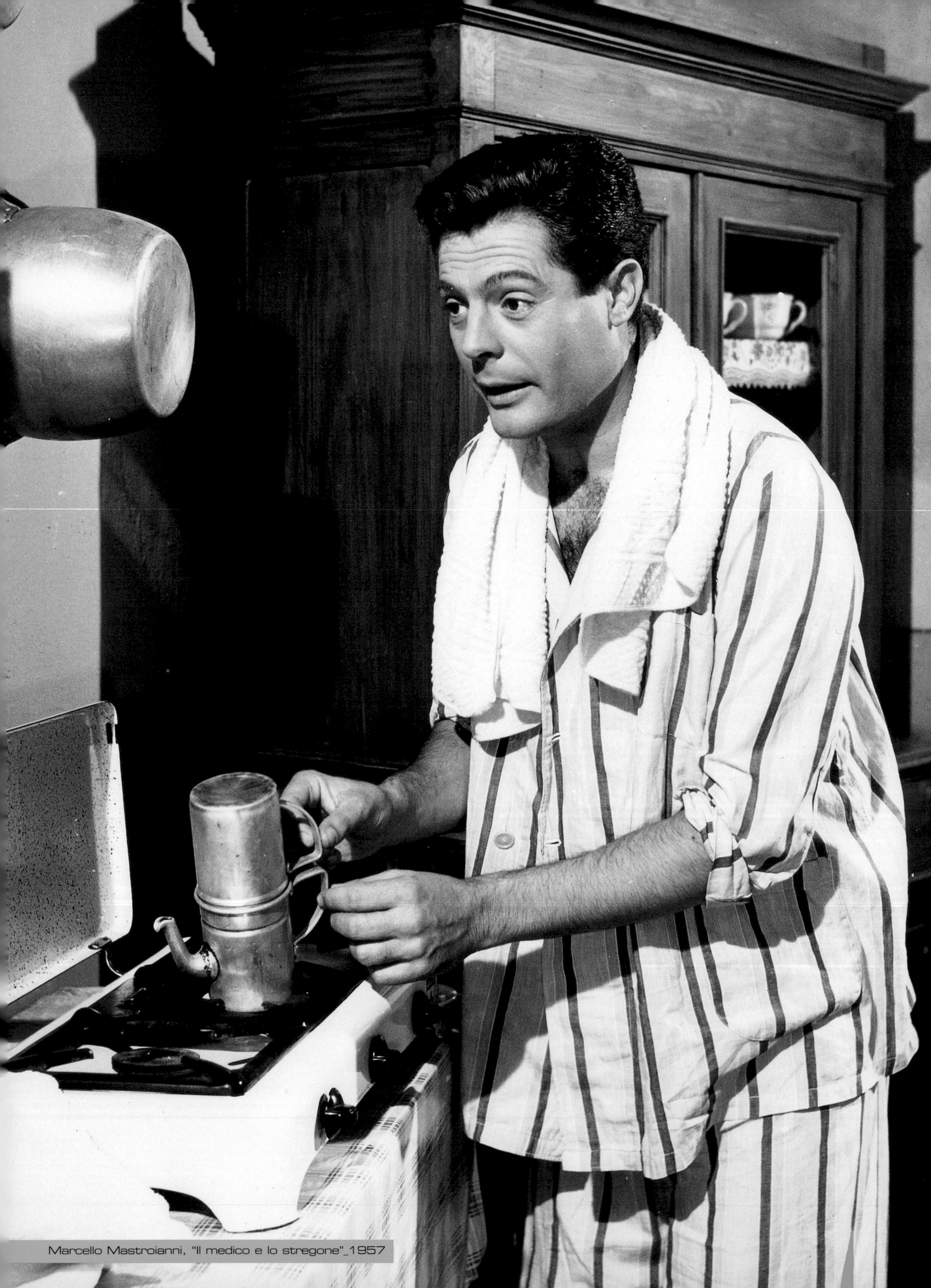

Marcello Mastroianni, "Il medico e lo stregone"_1957

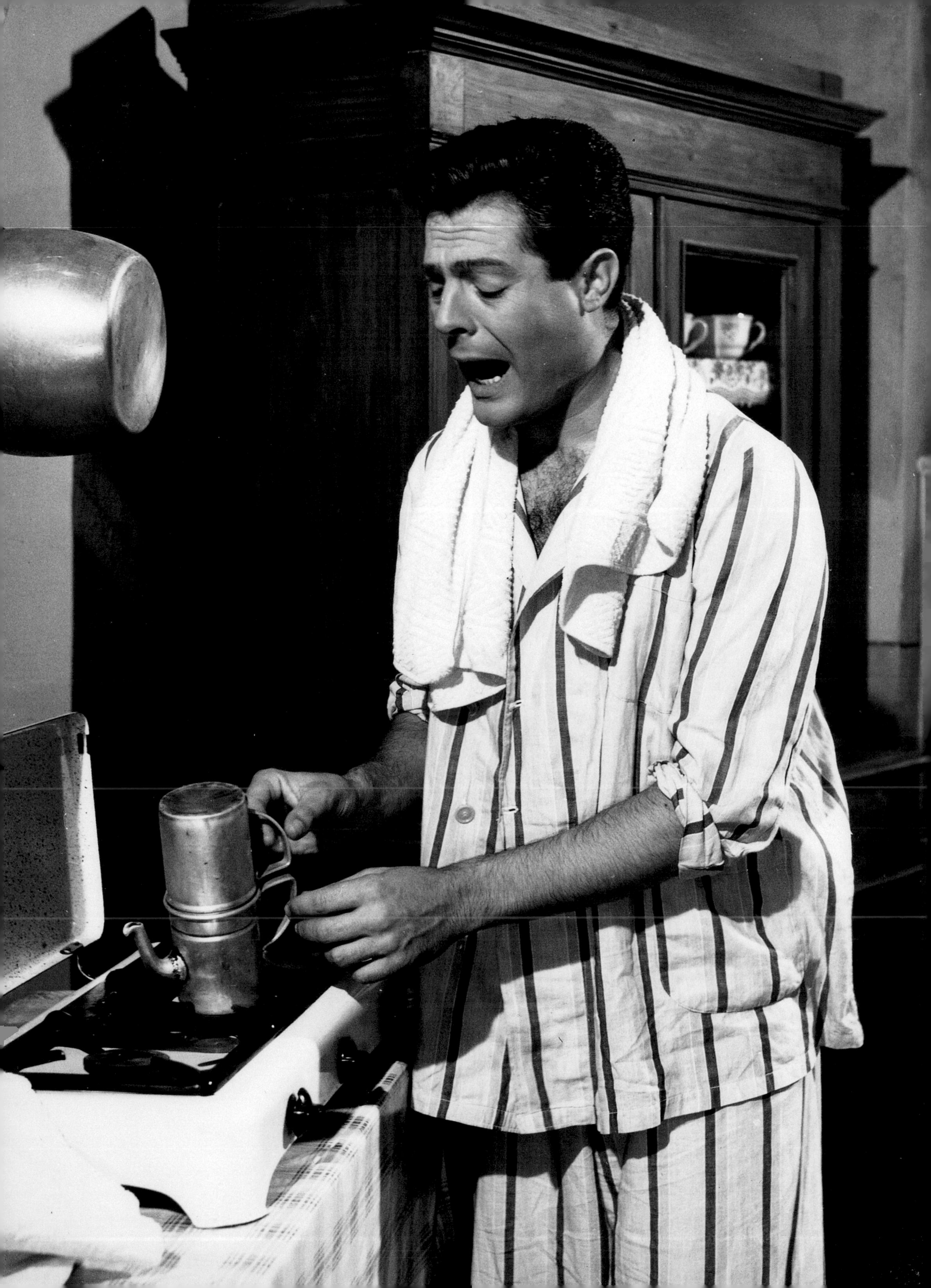

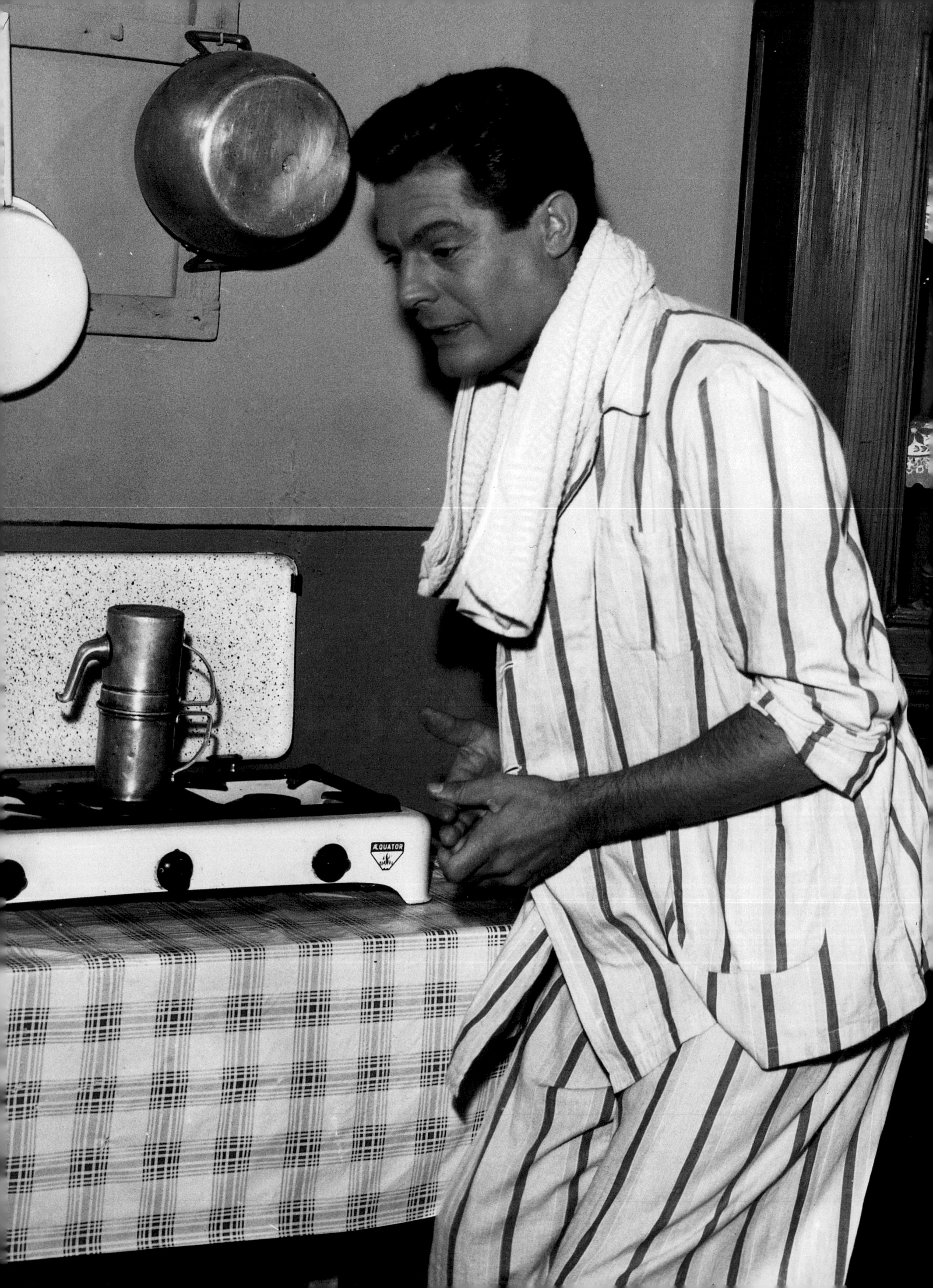
ÆQUATOR

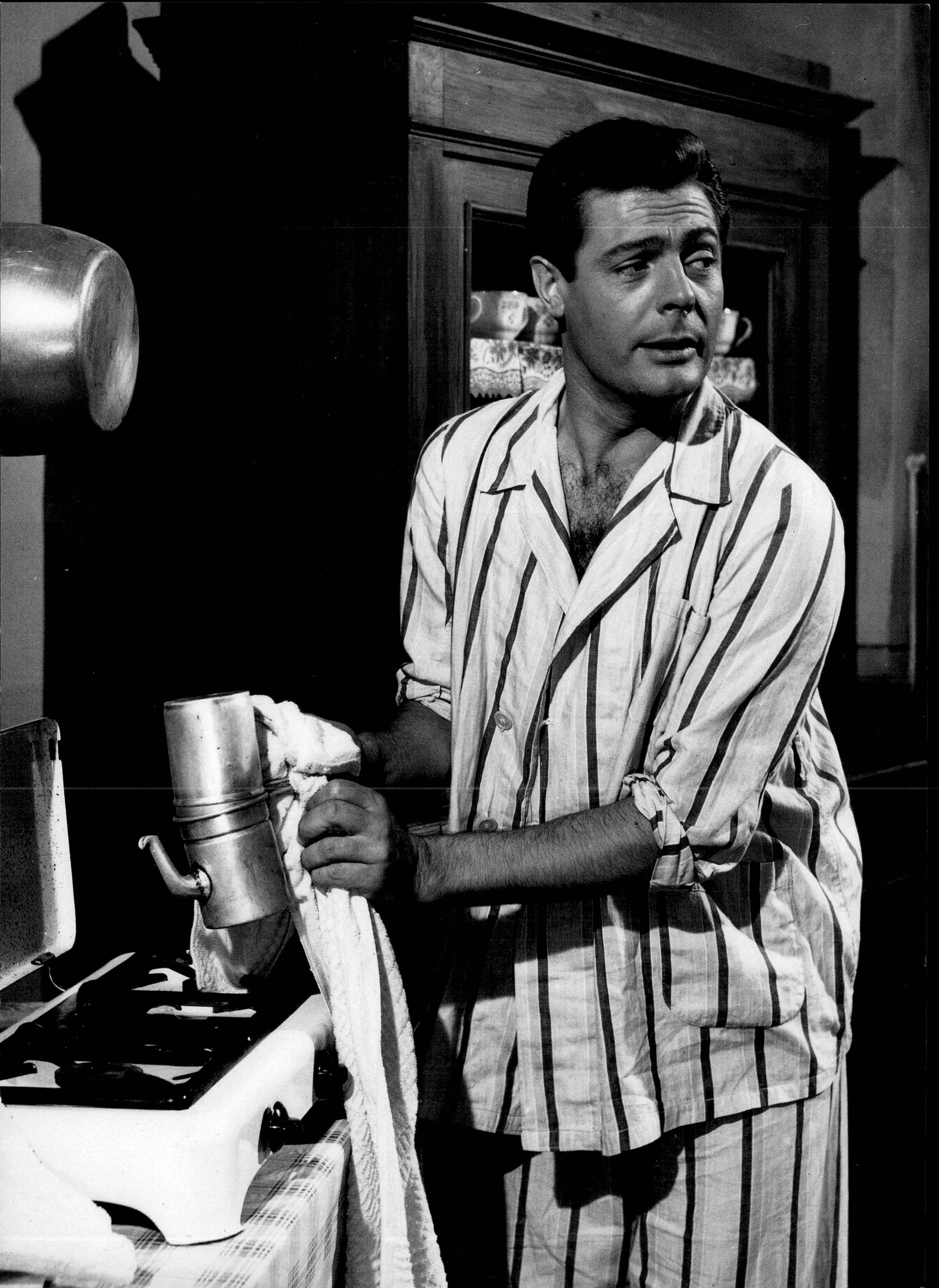

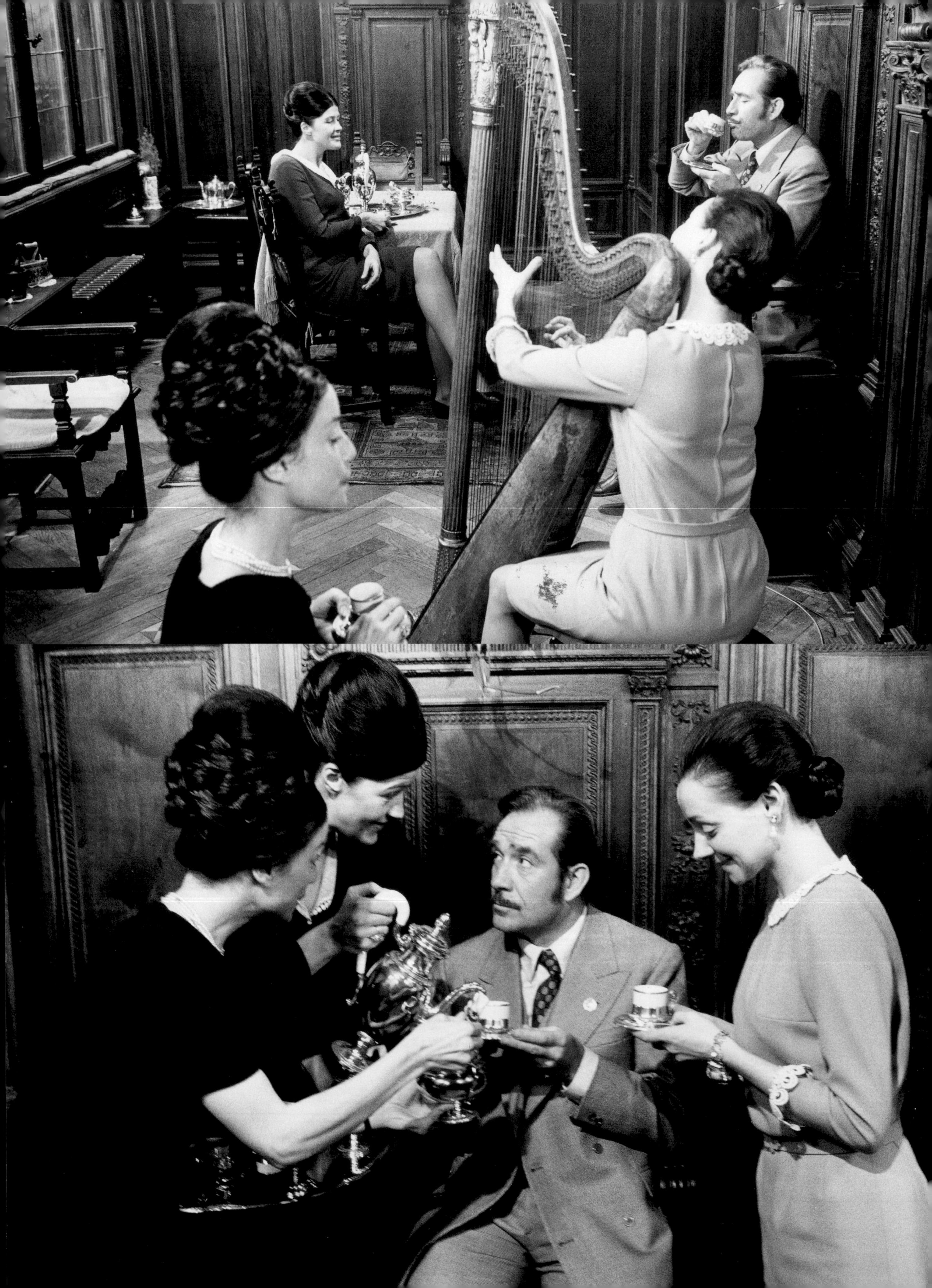

Ugo Tognazzi - Milena Vukotic, "Venga a prendere il caffè da noi"_1970

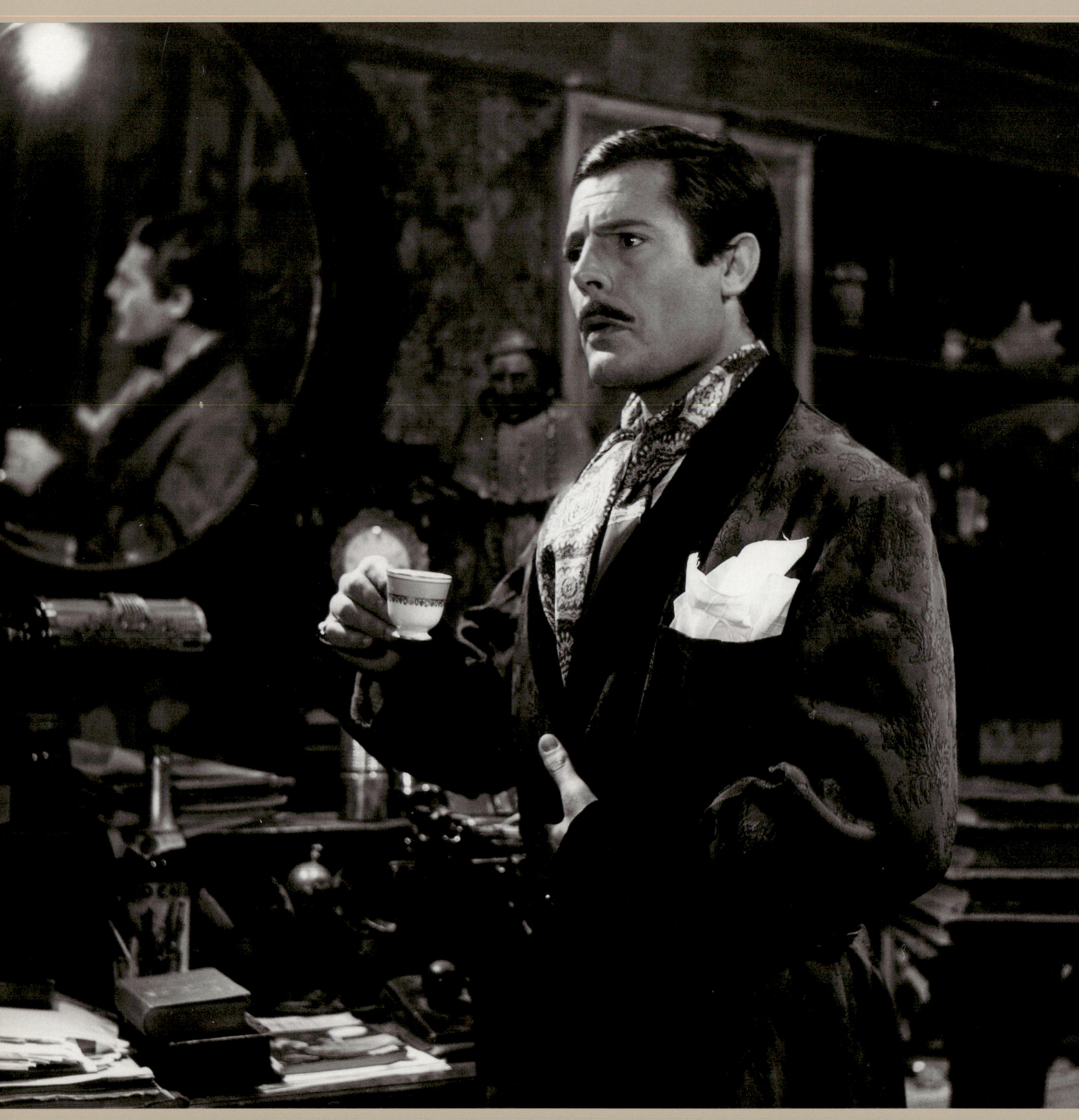

Marcello Mastroianni, "Divorzio all'Italiana"_1961

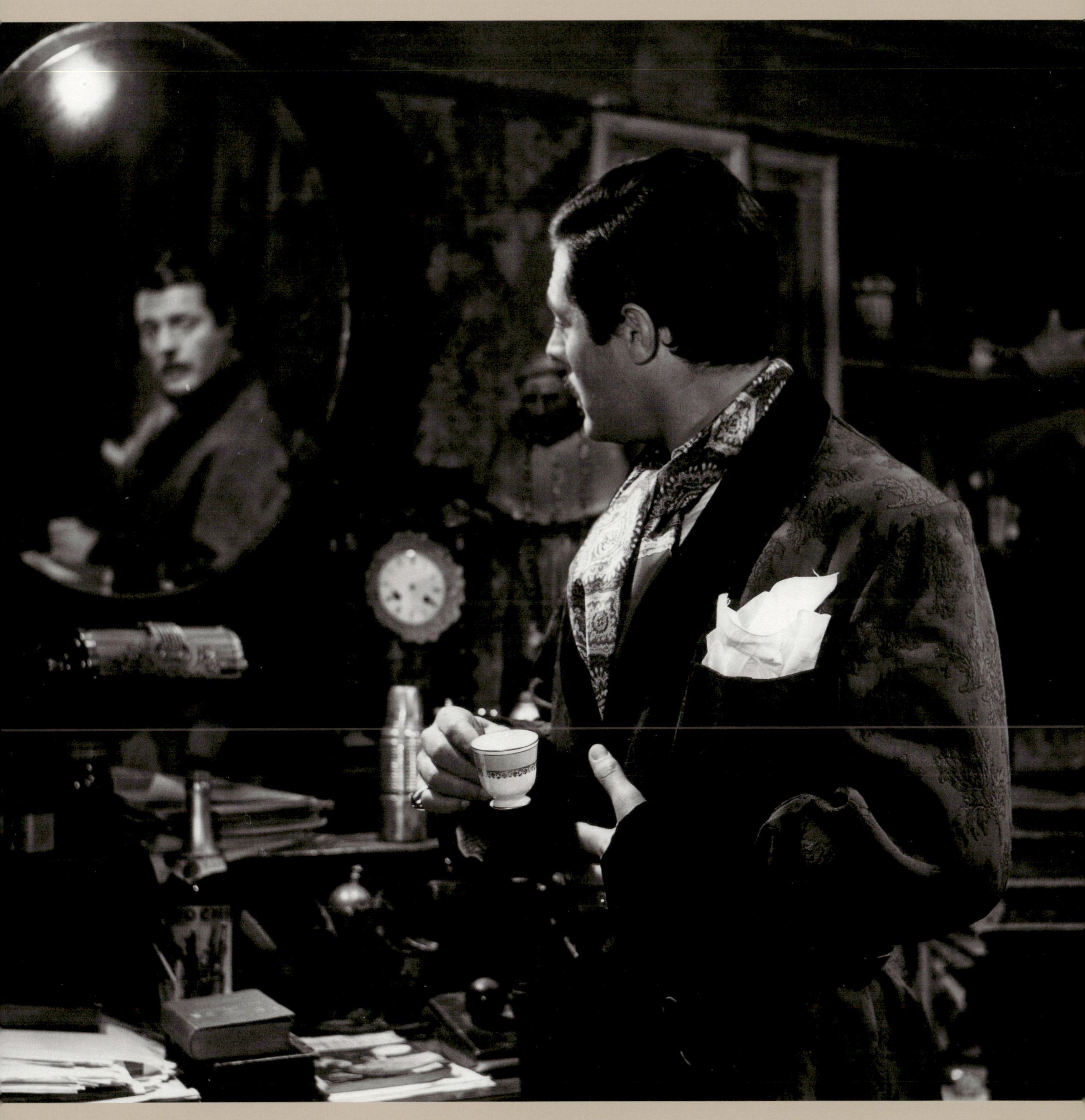

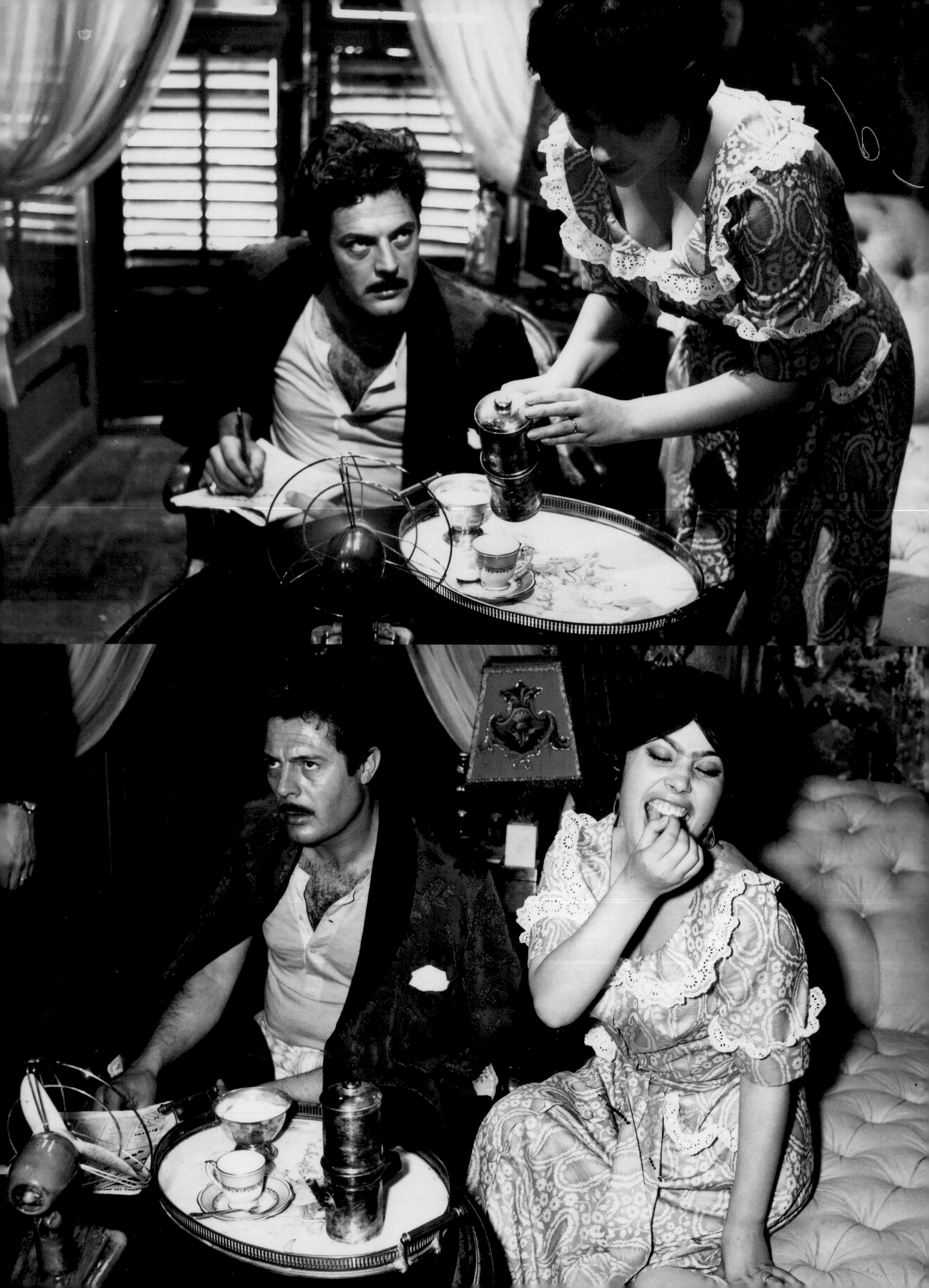

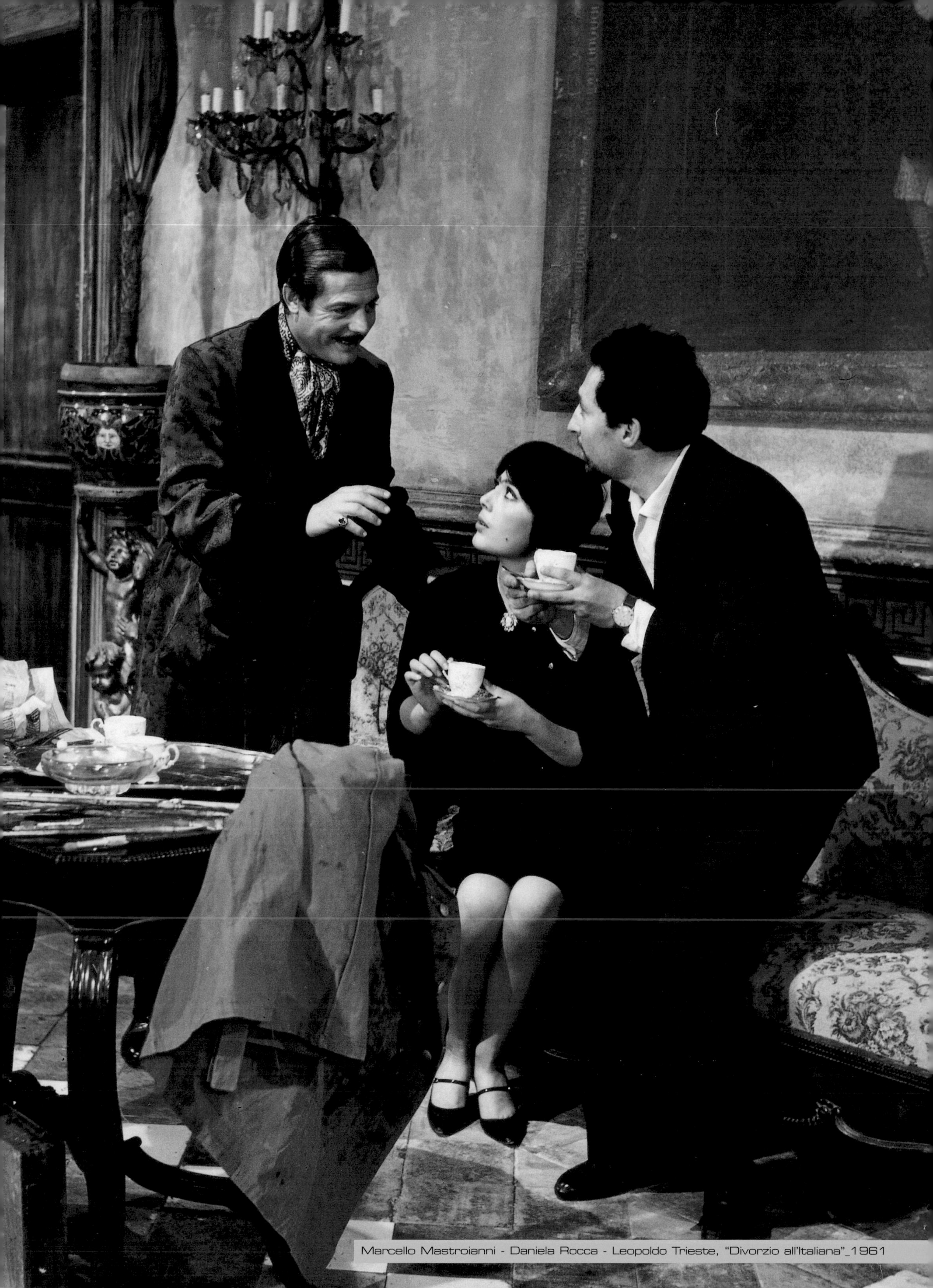

Marcello Mastroianni - Daniela Rocca - Leopoldo Trieste, "Divorzio all'Italiana"_1961

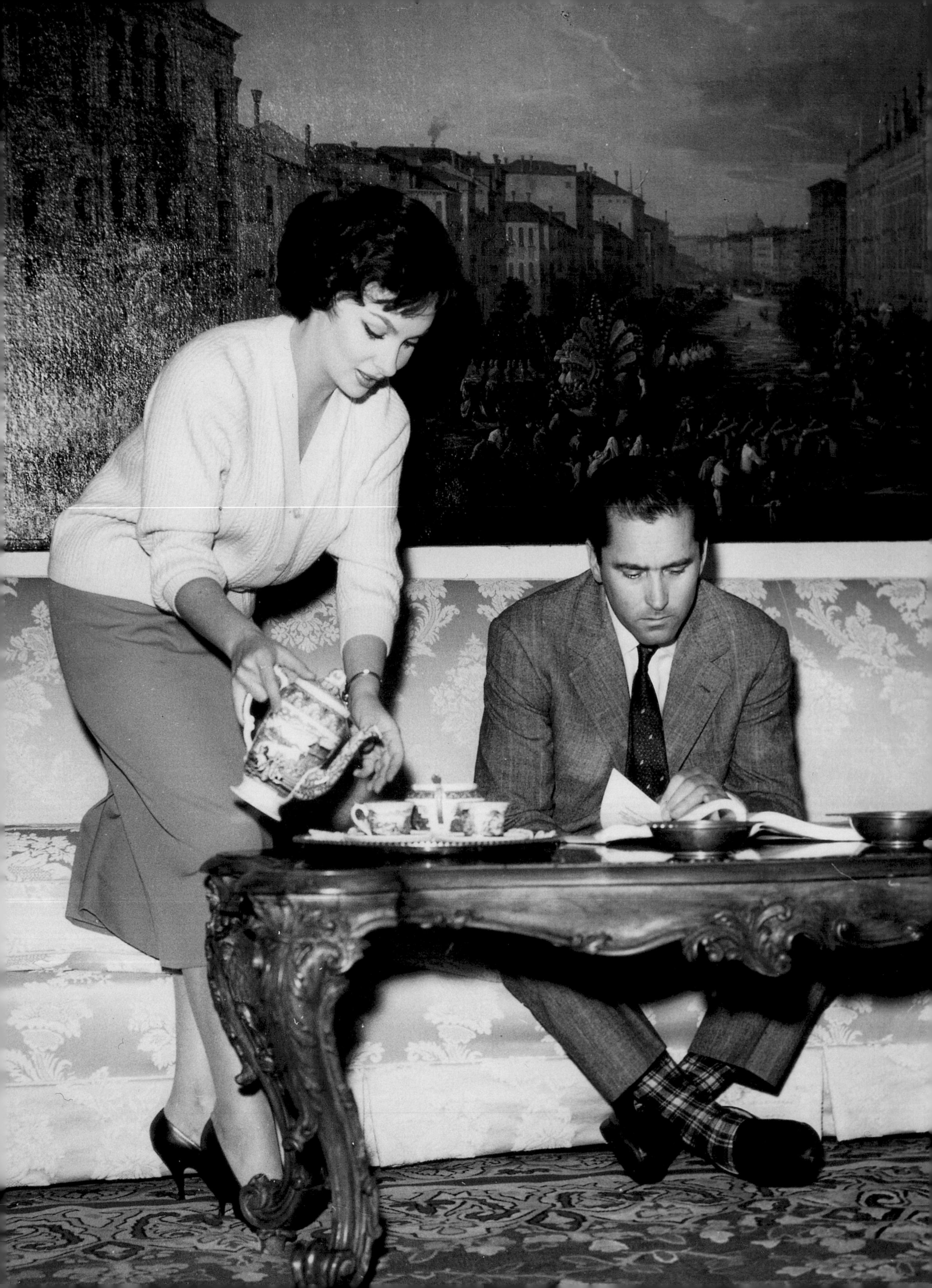

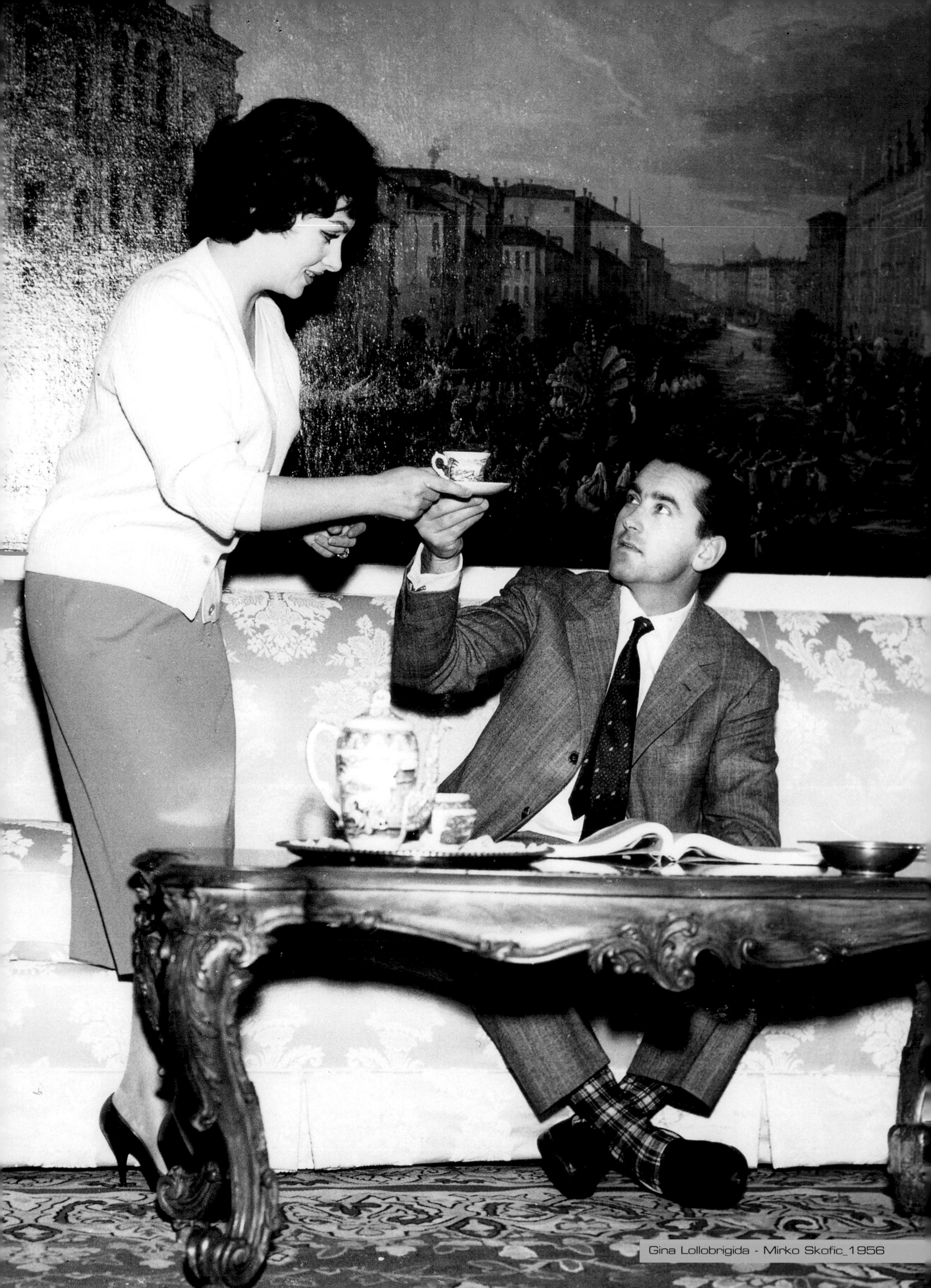

Gina Lollobrigida - Mirko Skofic_1956

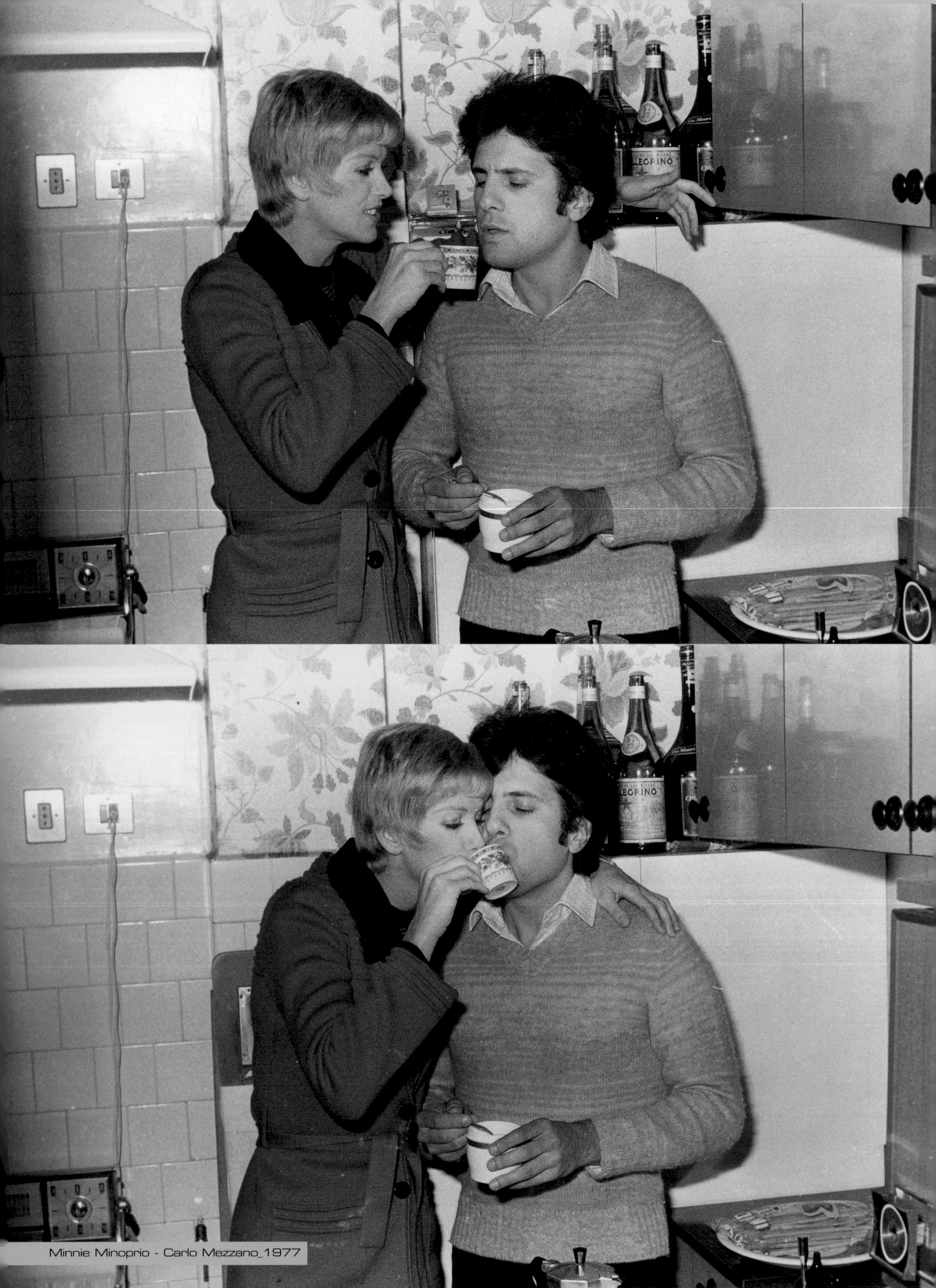

Minnie Minoprio - Carlo Mezzano_1977

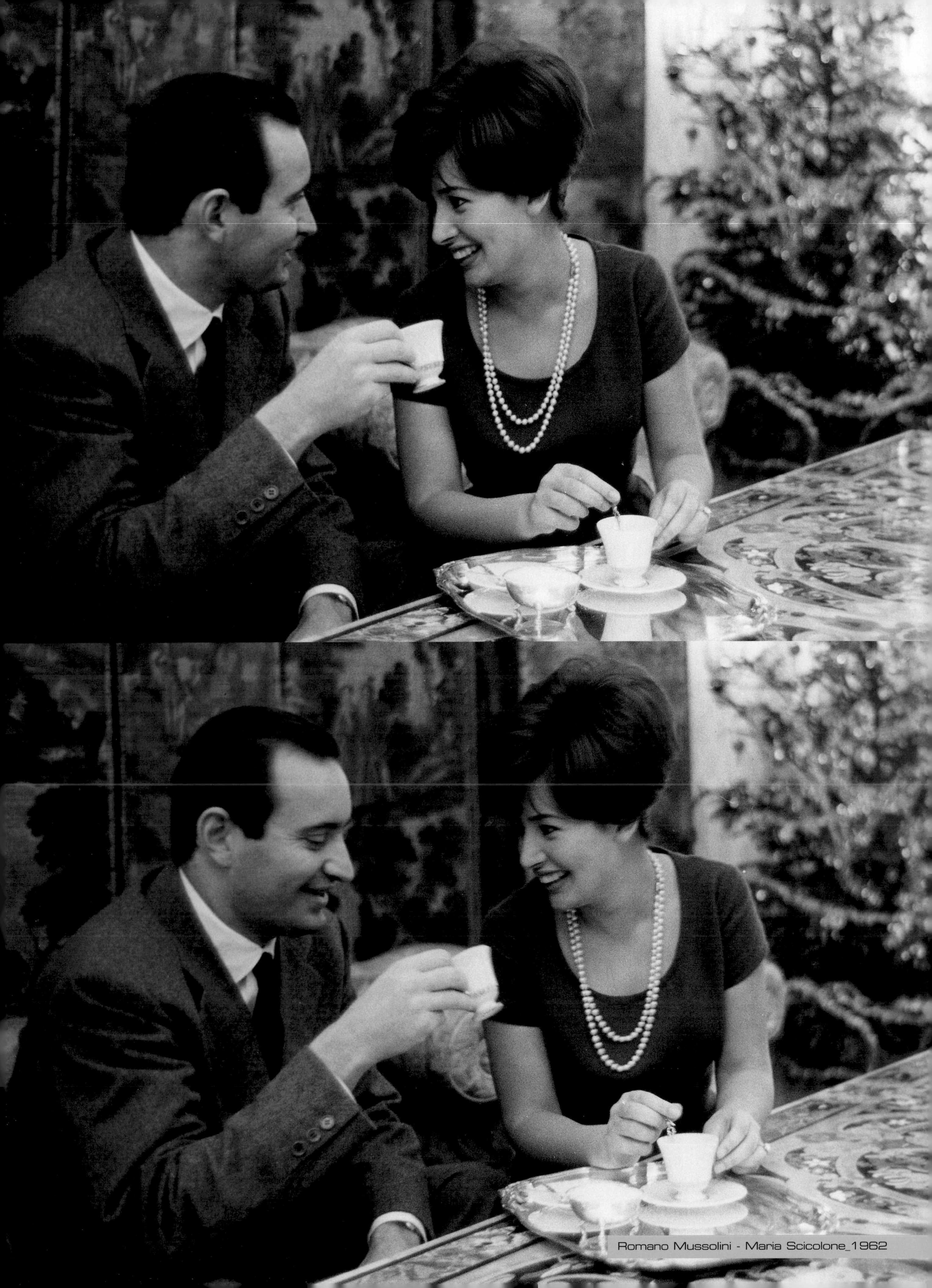

Romano Mussolini - Maria Scicolone_1962

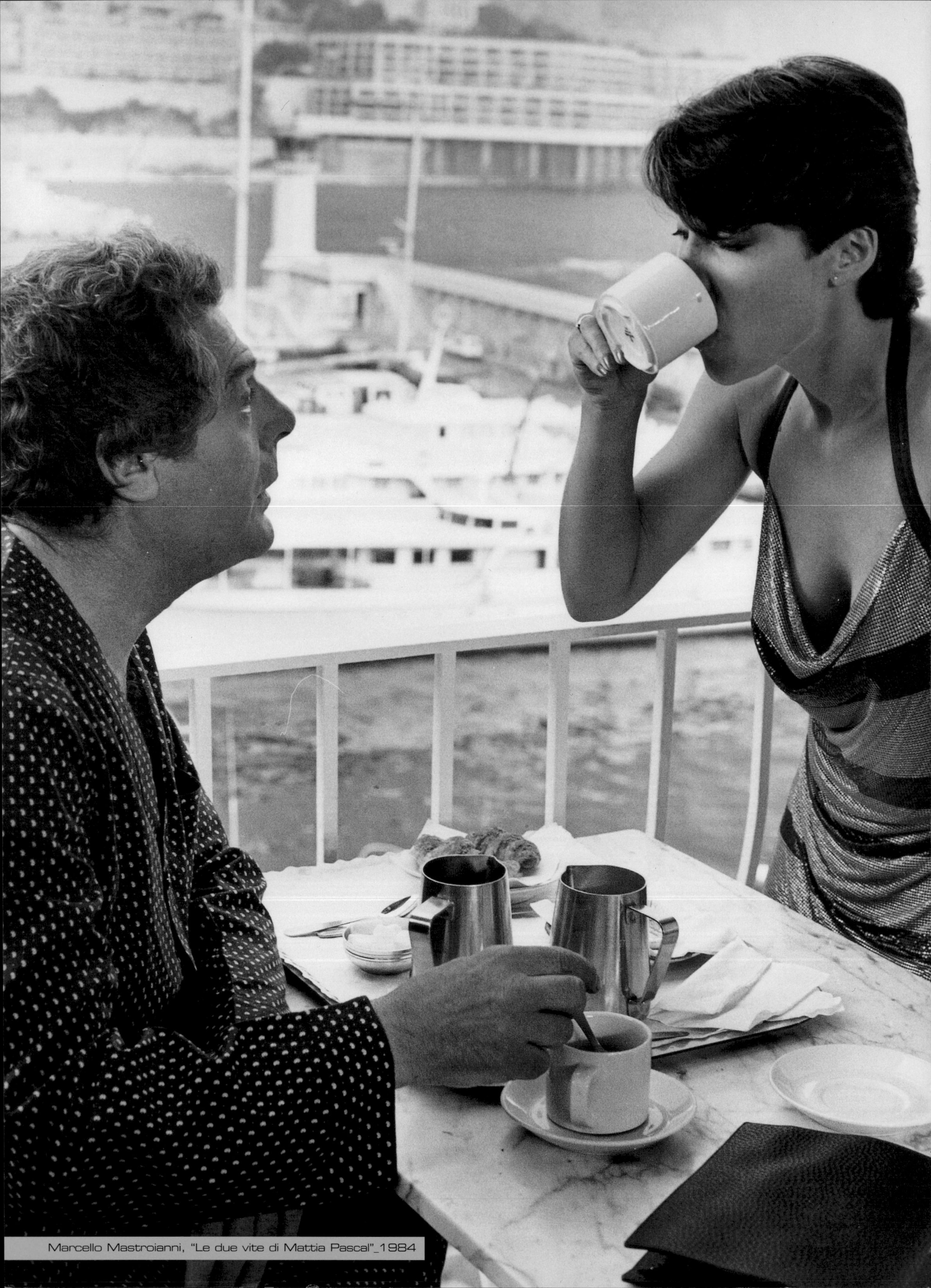

Marcello Mastroianni, "Le due vite di Mattia Pascal"_1984

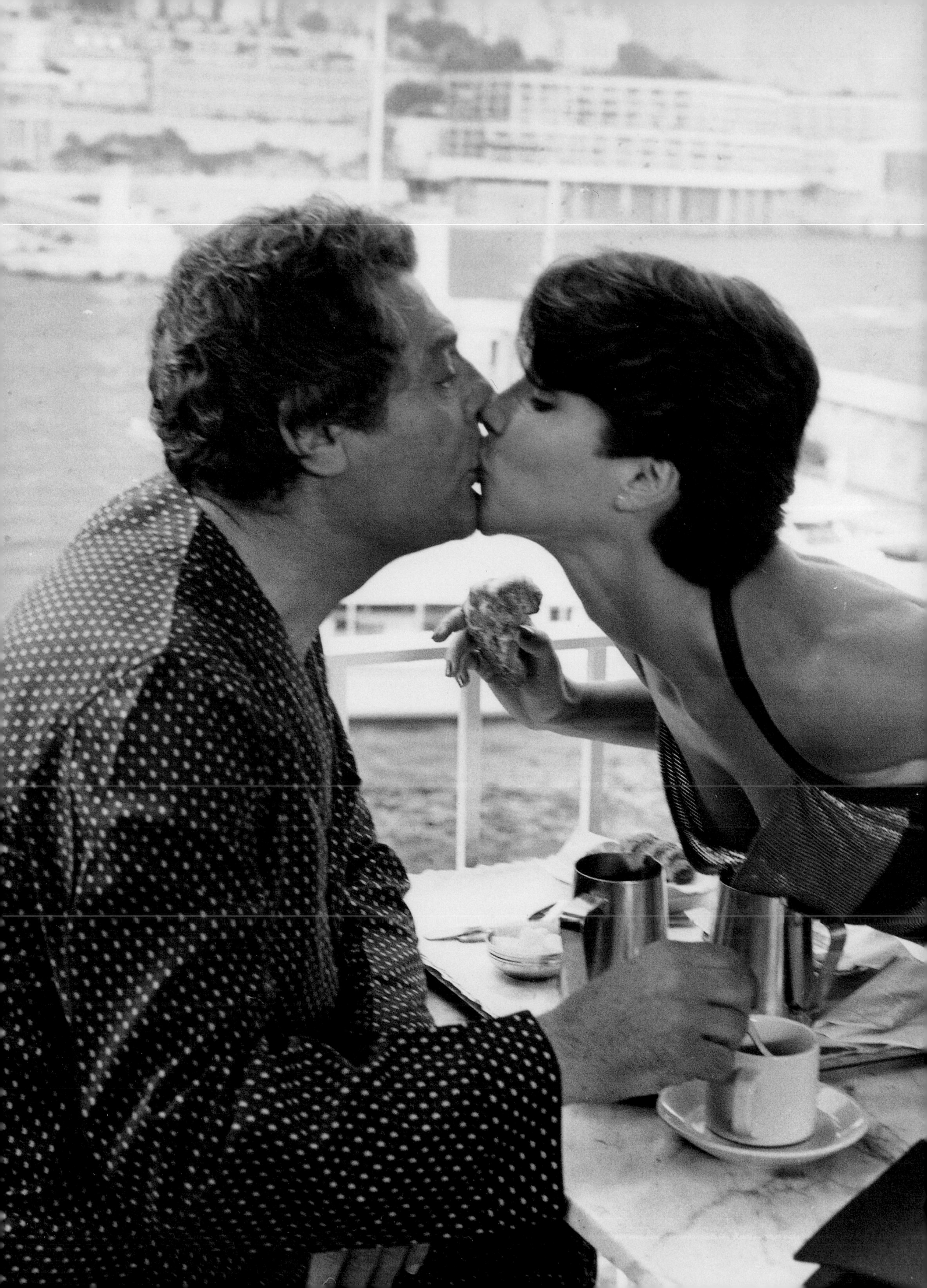

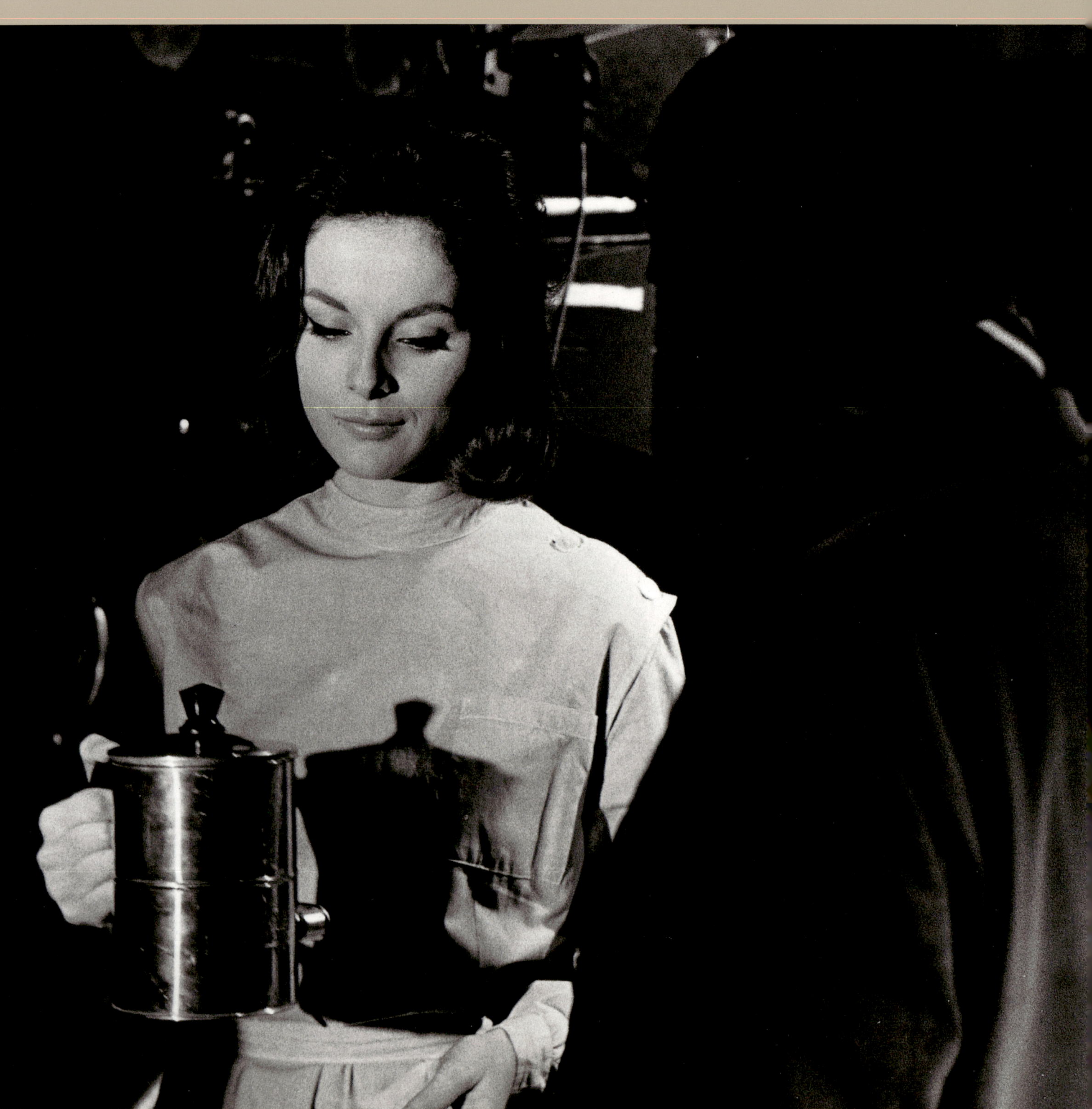

Virna Lisi_1963

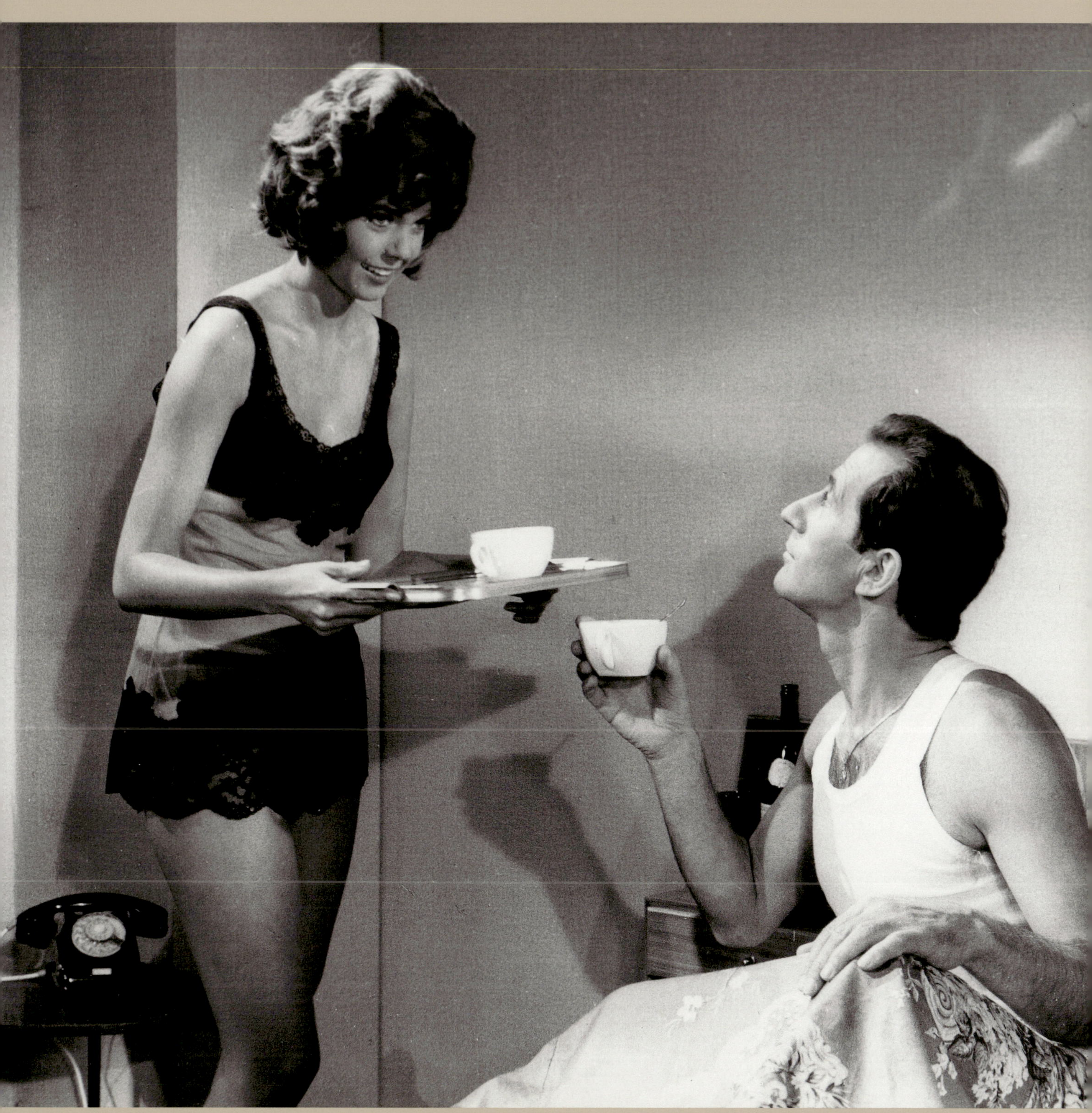

Alicia Brandet - Toni Ucci, "Amanti latini"_1953

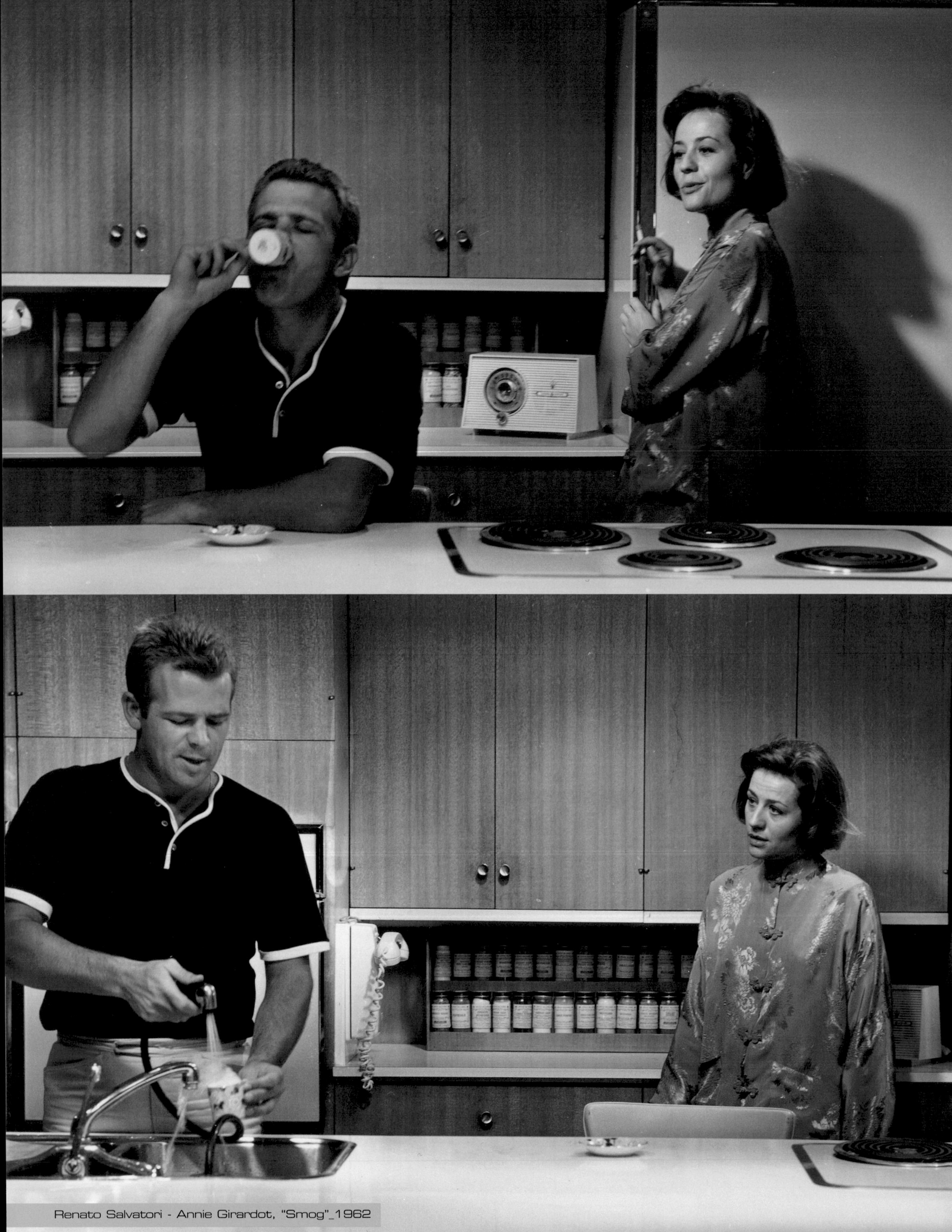

Renato Salvatori - Annie Girardot, "Smog"_1962

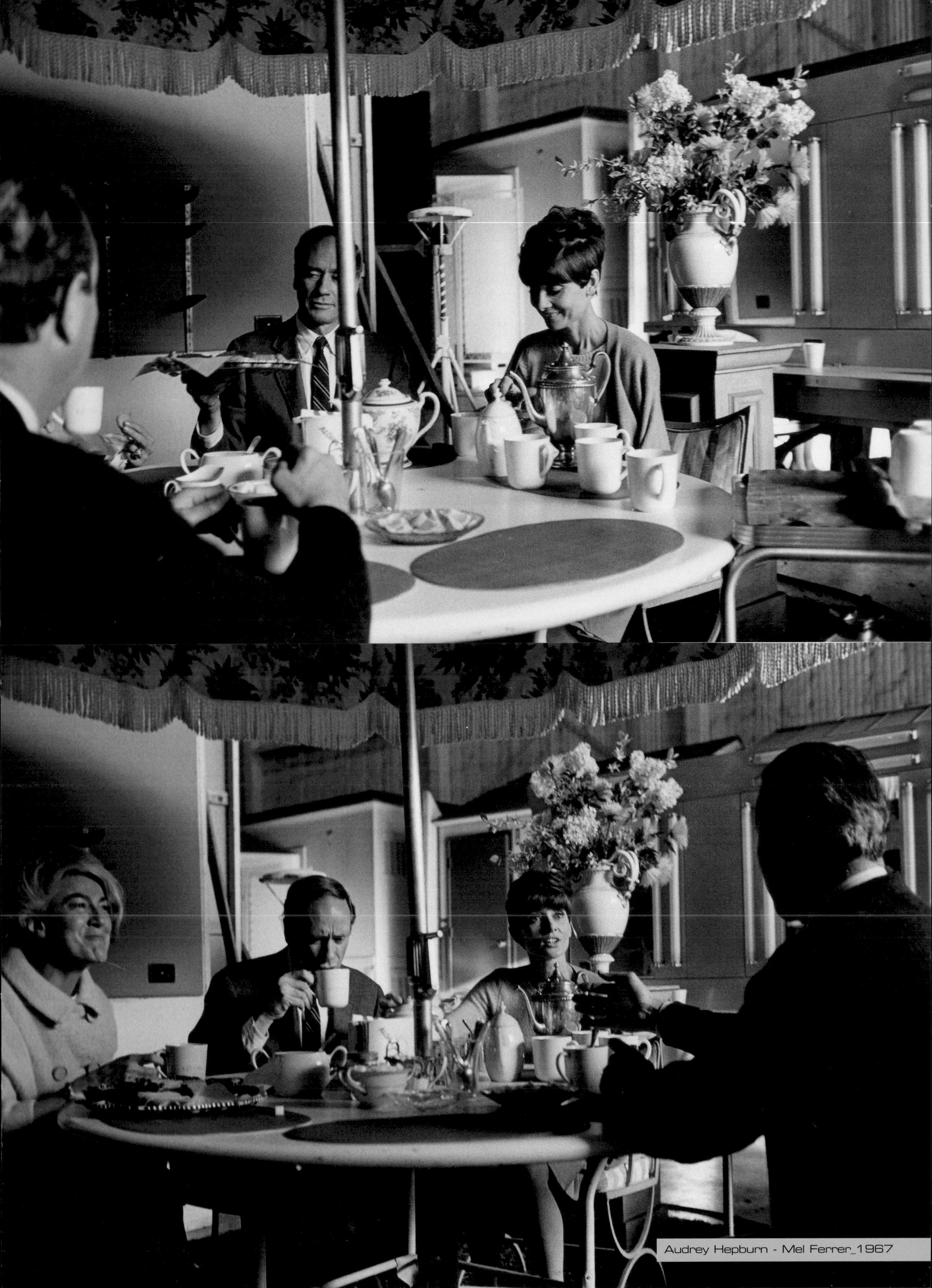
Audrey Hepburn - Mel Ferrer_1967

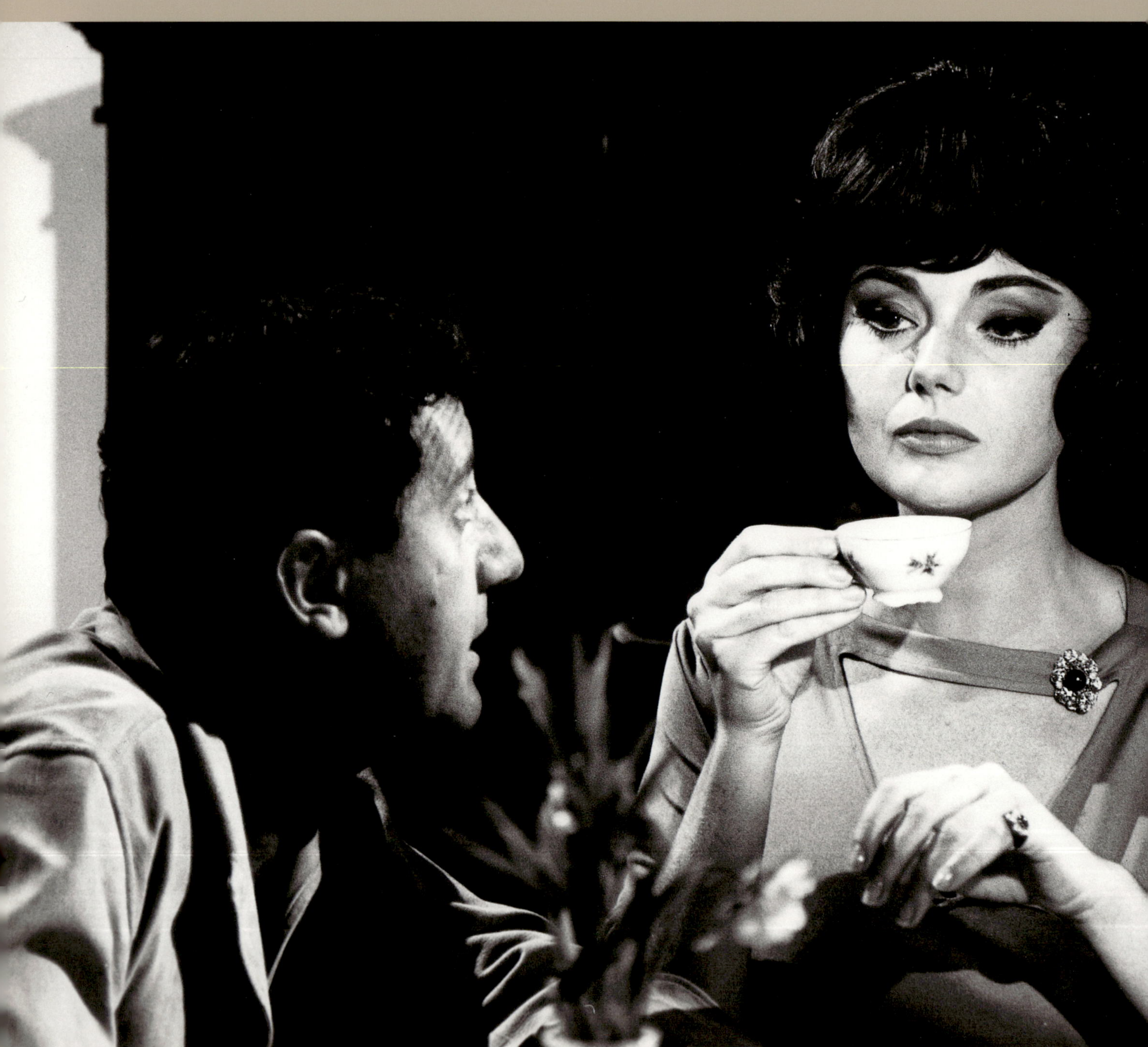

Alberto Sordi - Sylva Koscina, "Thrilling", epis. "L'autostrada del sole"_1965

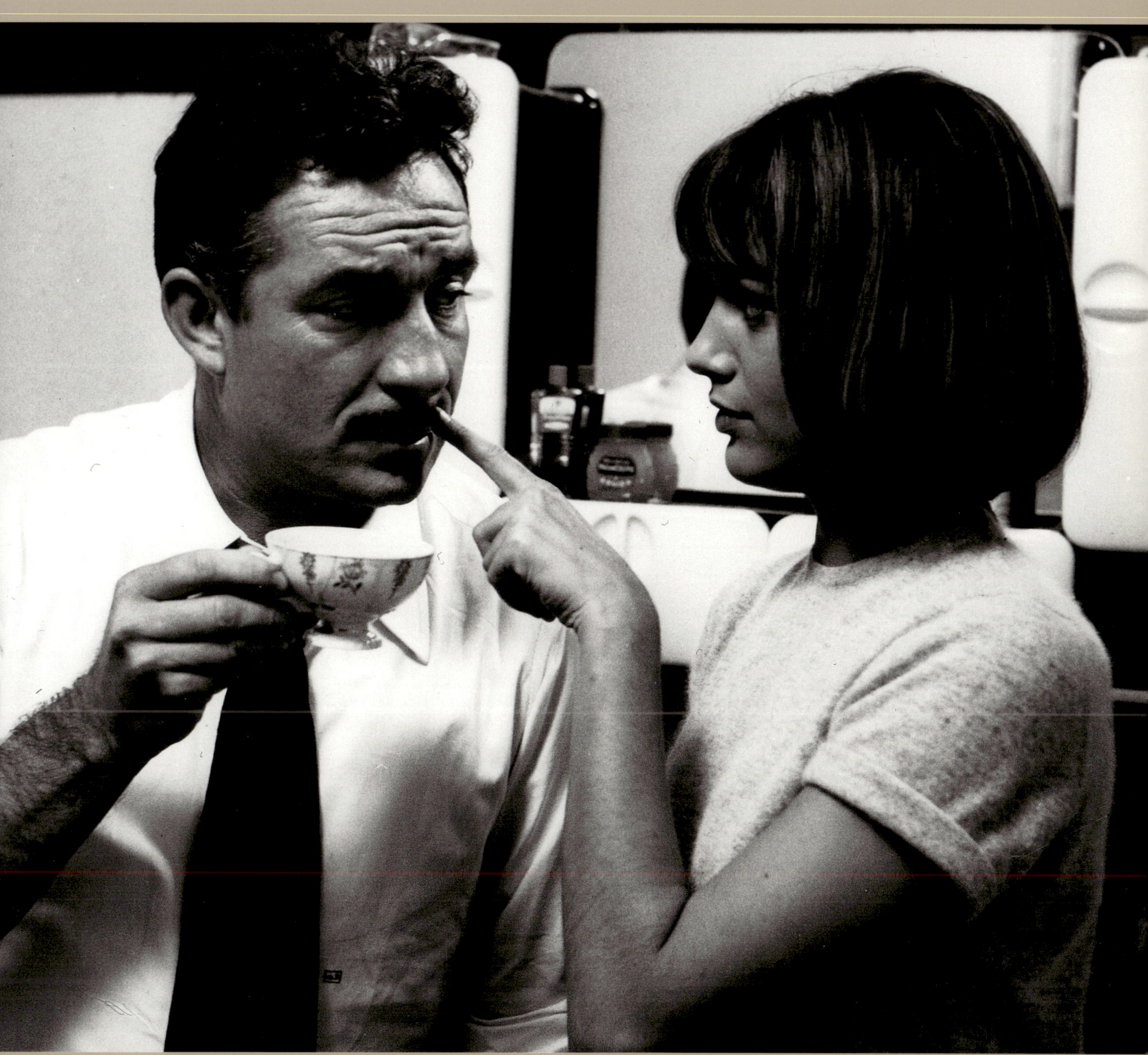

Ugo Tognazzi - Catherine Spaak, "La voglia matta"_1962

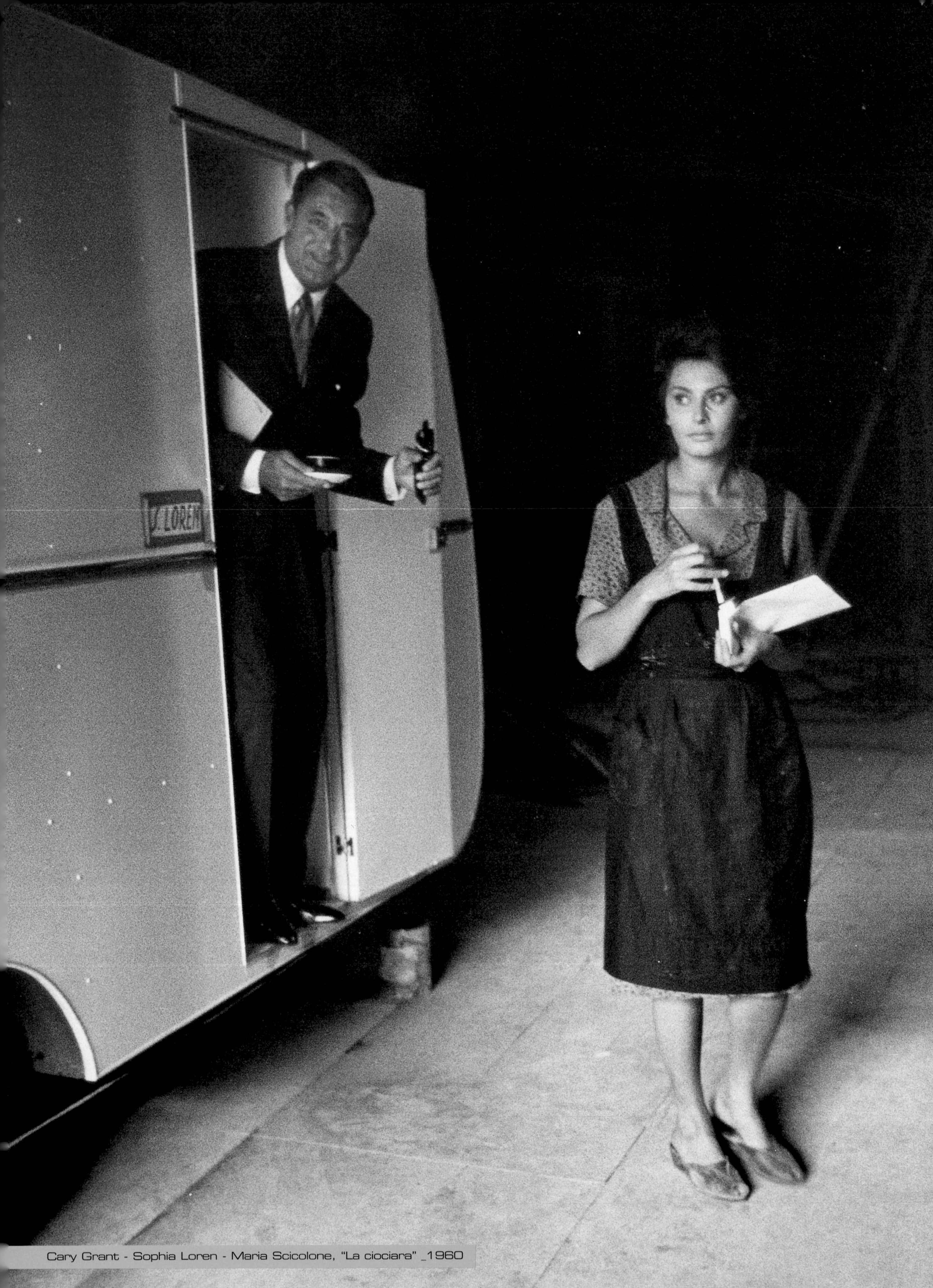

Cary Grant - Sophia Loren - Maria Scicolone, "La ciociara" _1960

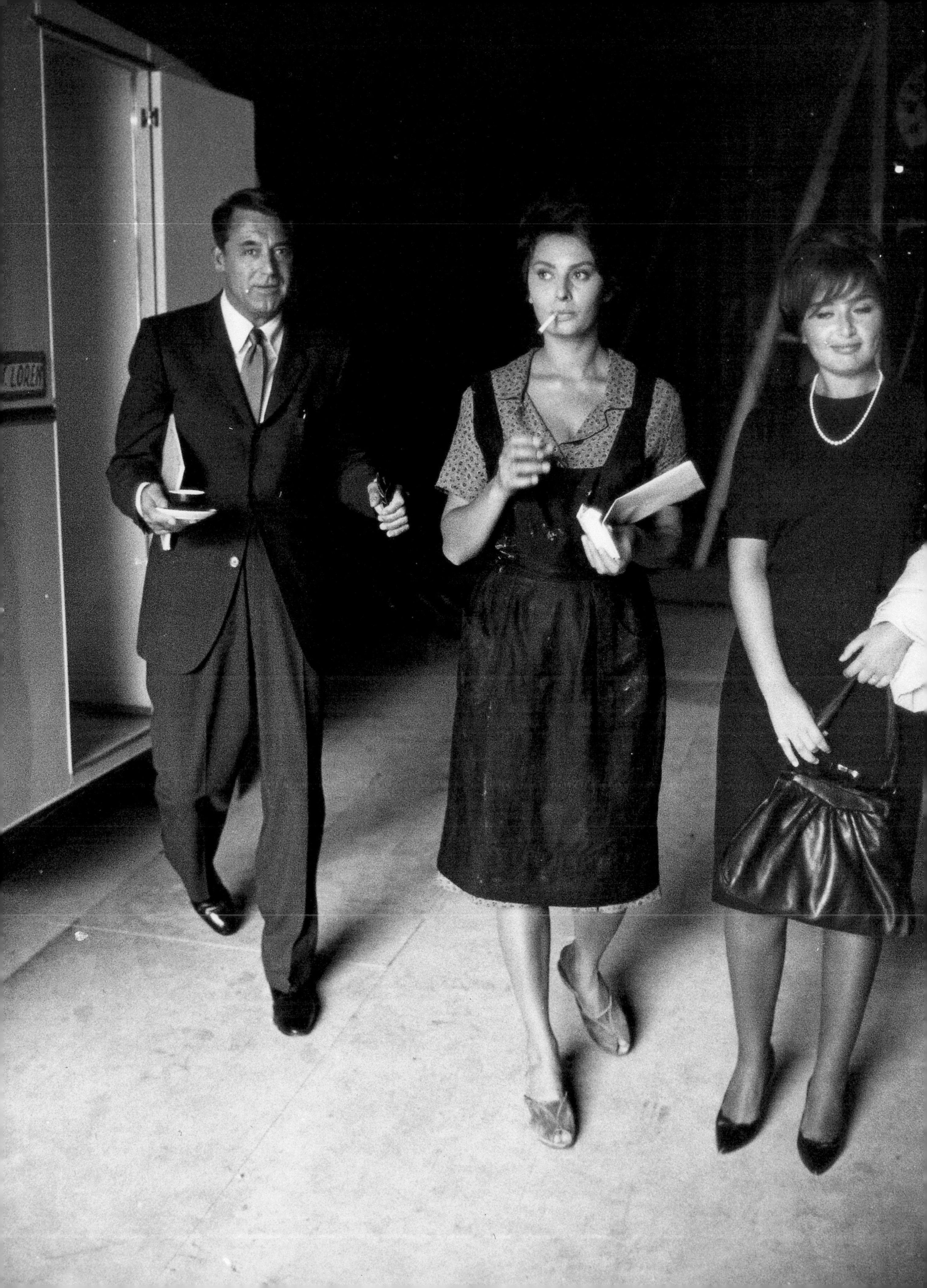

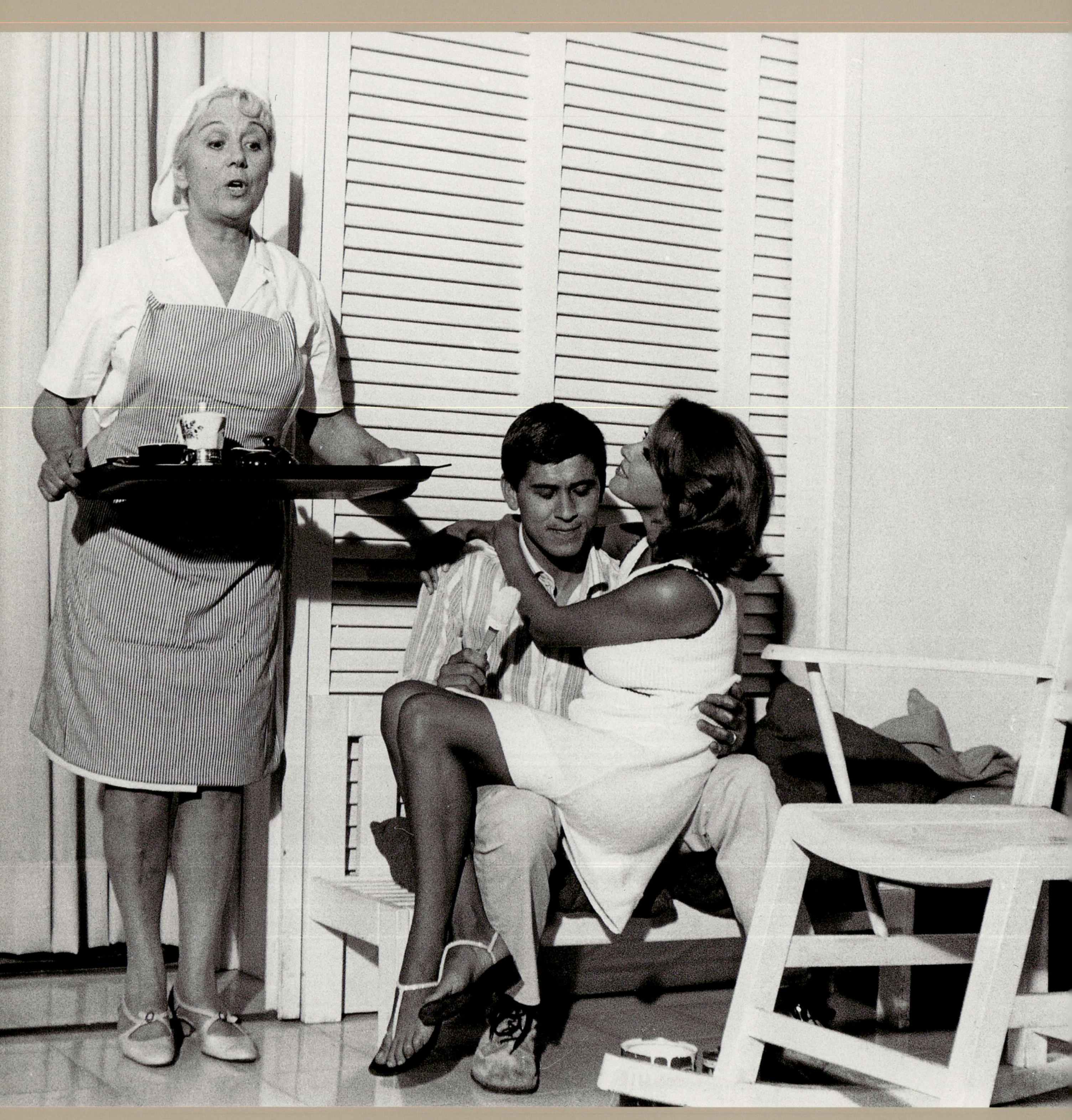

Gianni Morandi - Laura Efrikian, "Chimera"_1968

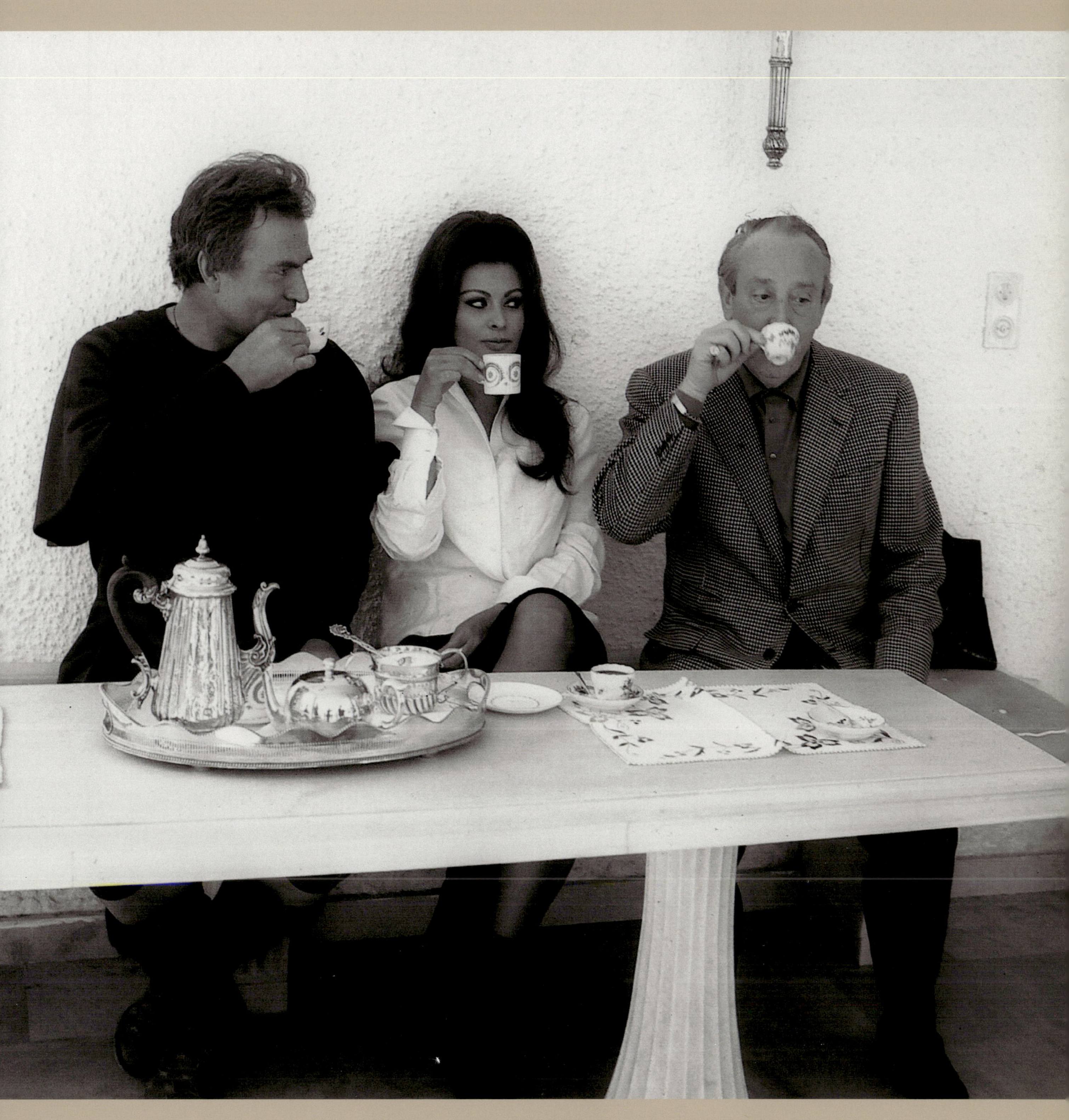

Sophia Loren, "La caduta dell'impero romano"_1963

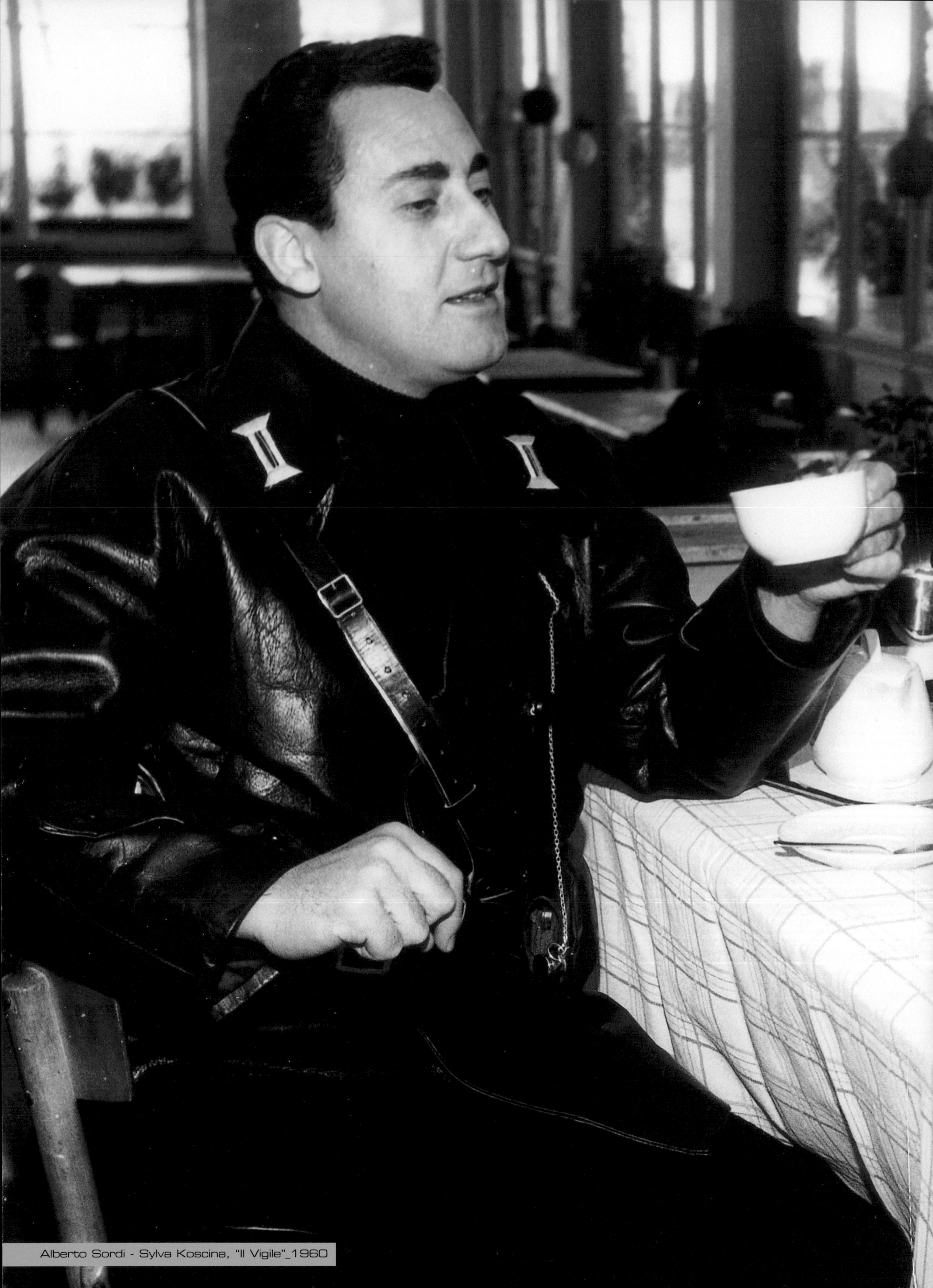

Alberto Sordi - Sylva Koscina, "Il Vigile"_1960

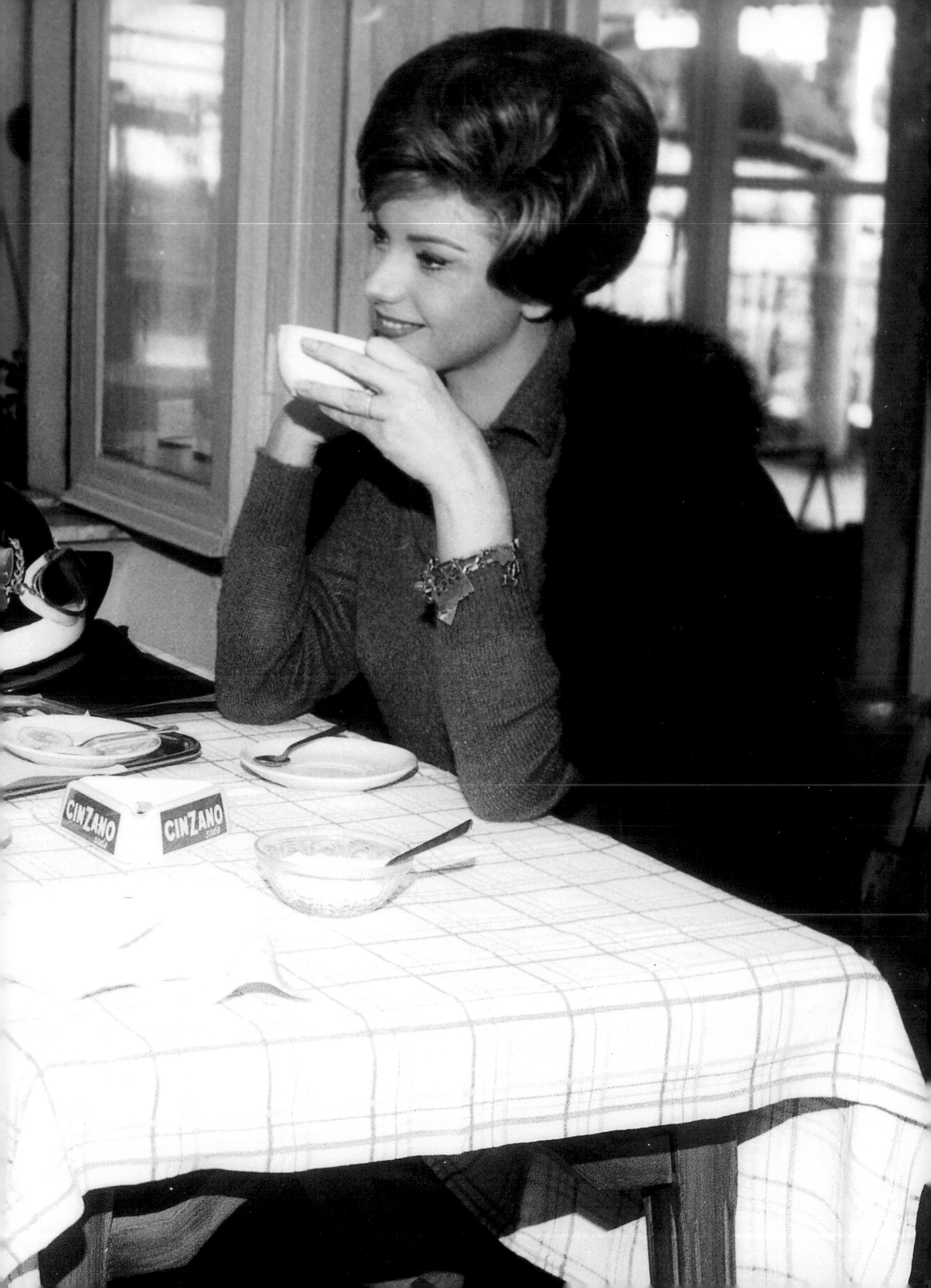
CINZANO
soda
CINZANO
soda

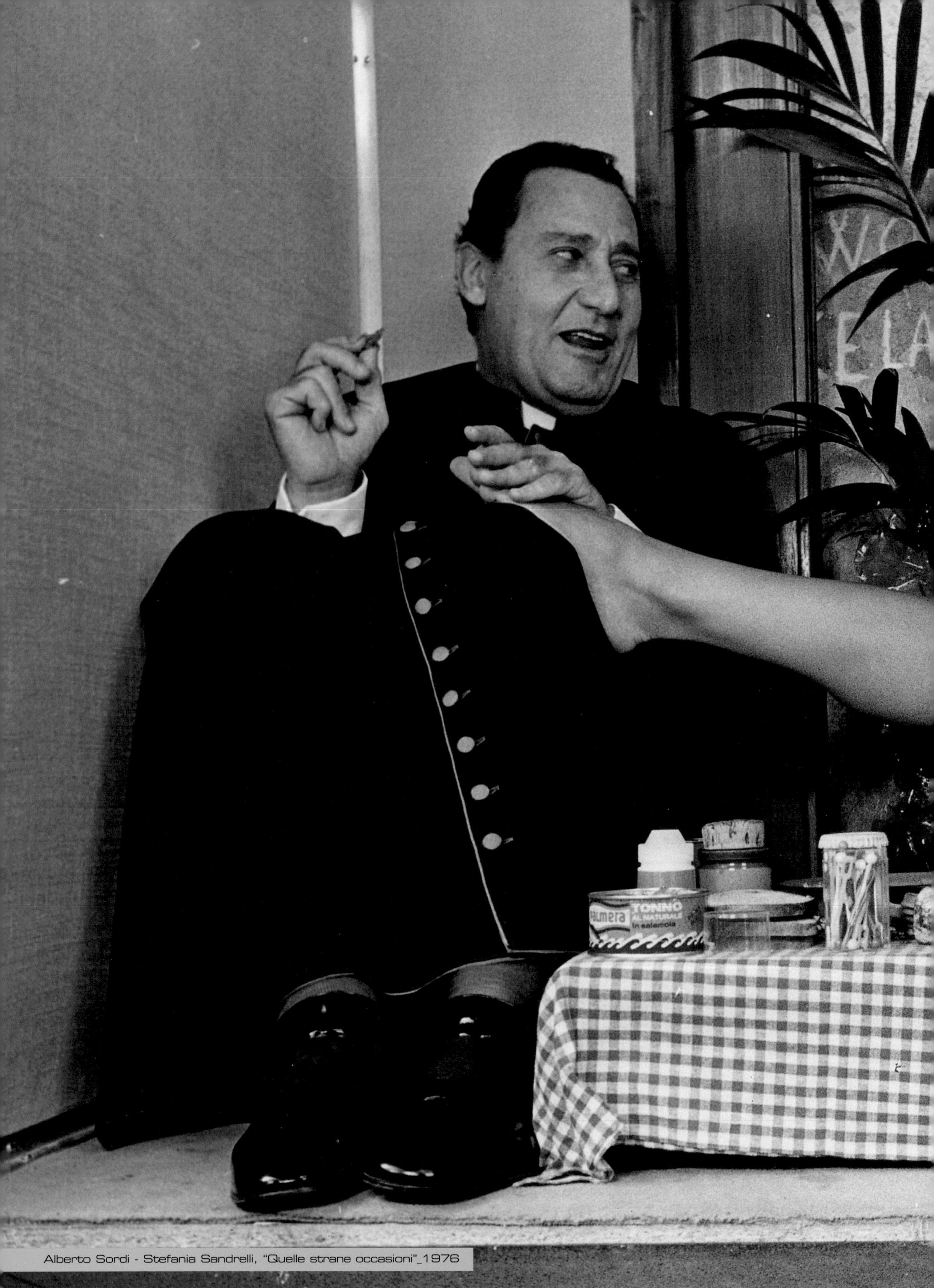

Alberto Sordi - Stefania Sandrelli, "Quelle strane occasioni"_1976

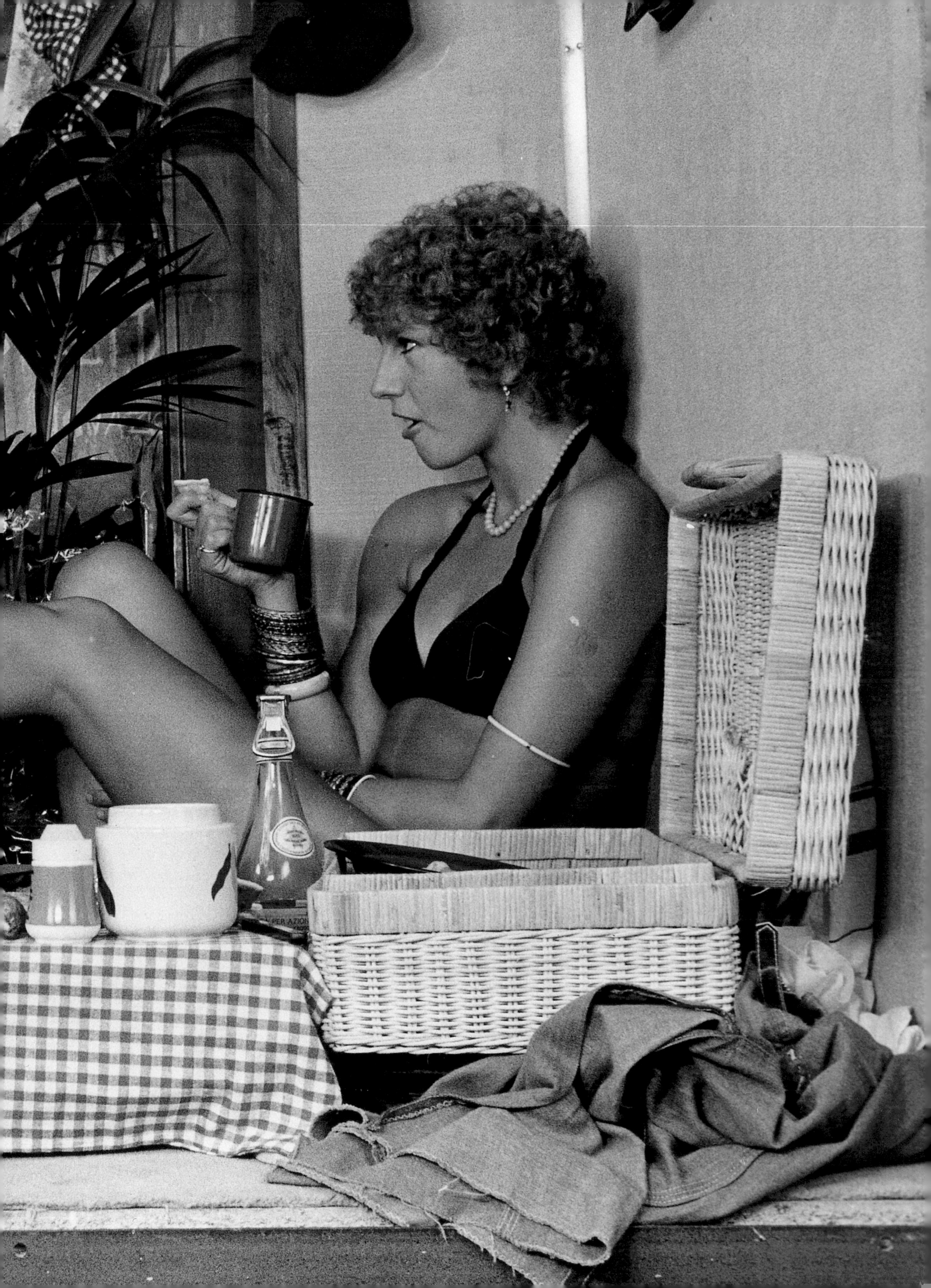

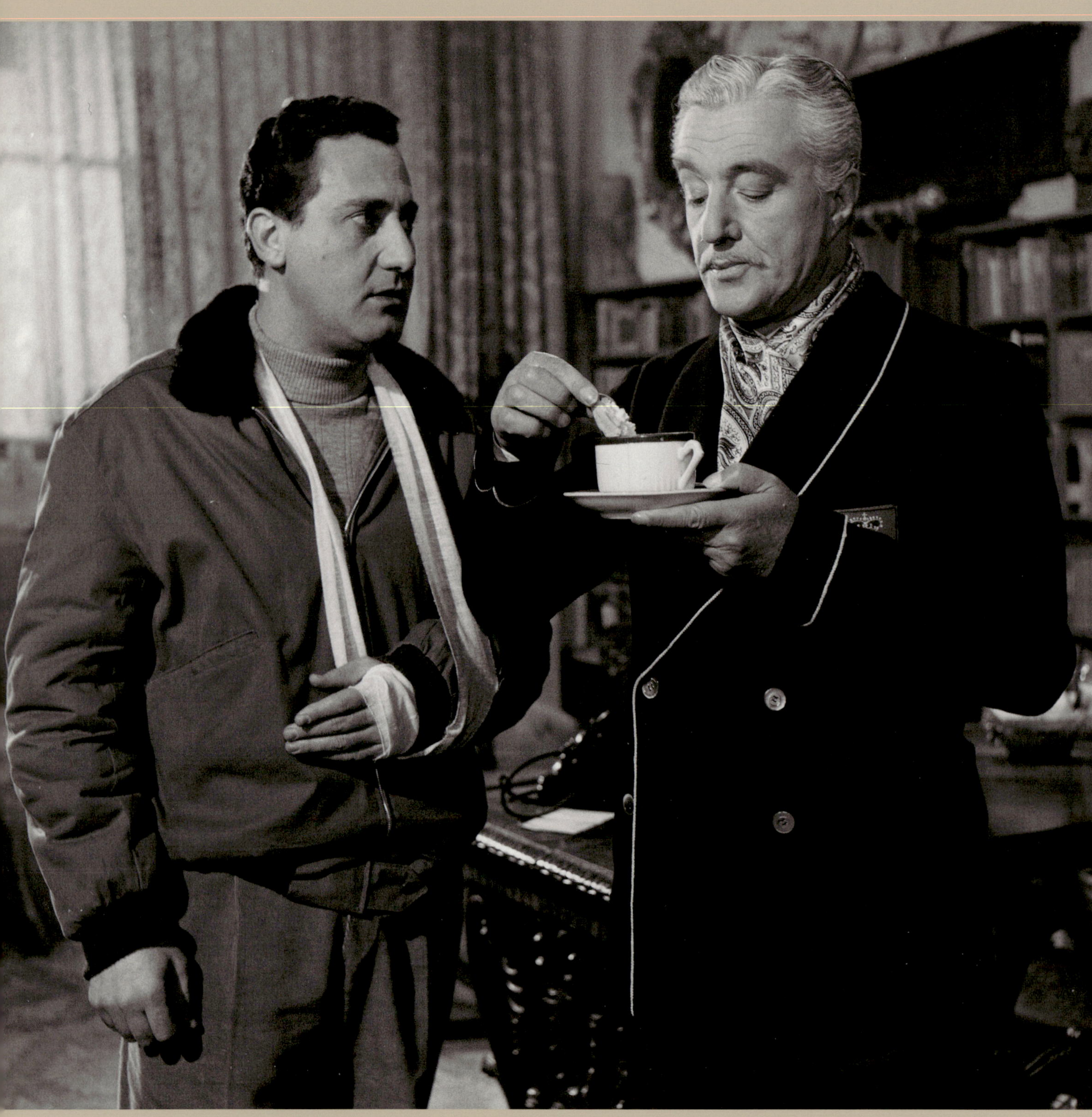

Alberto Sordi - Vittorio De Sica, "Il conte Max"_1957

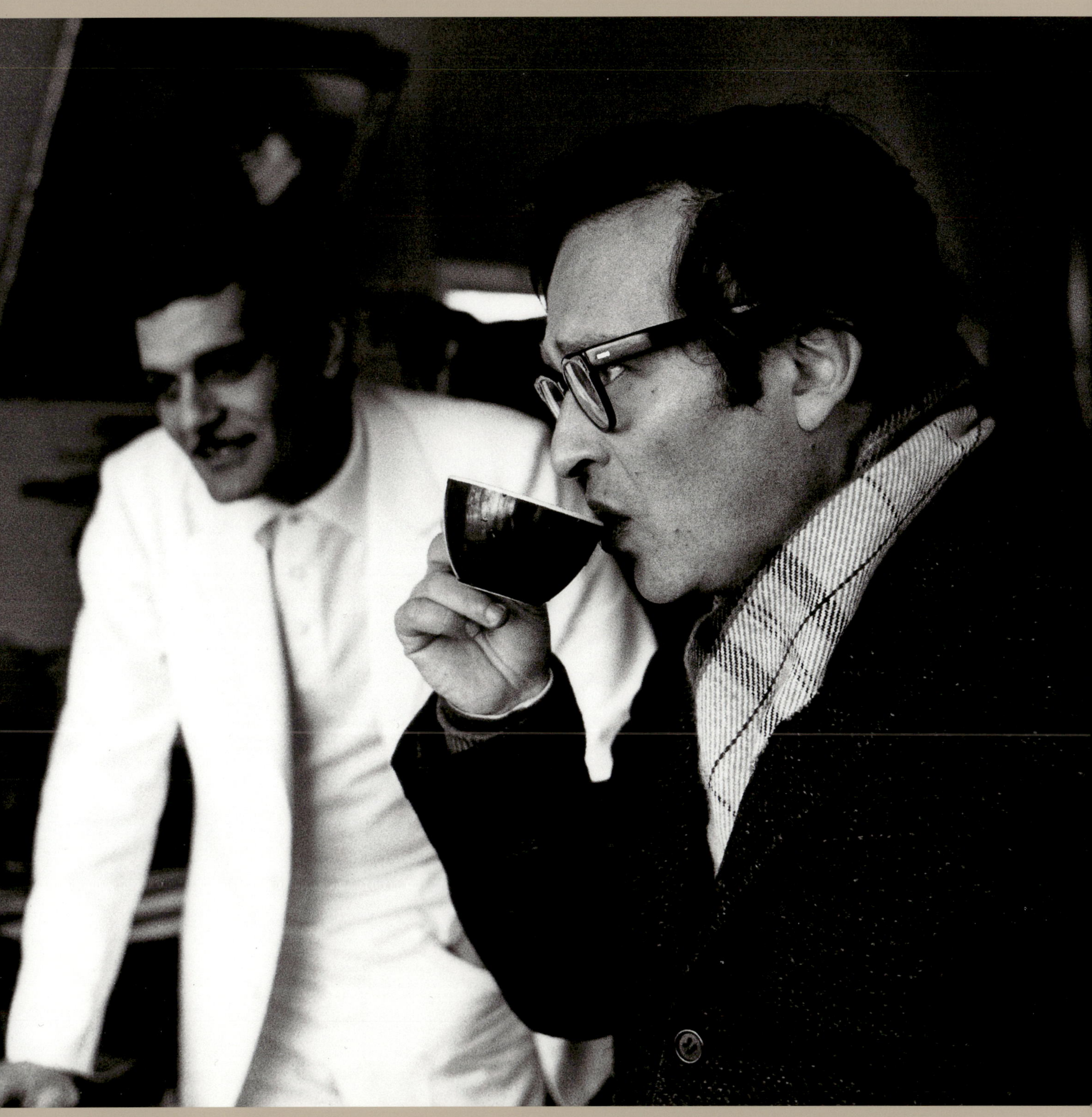

Omar Sharif - Sidney Lumet, "The appointment"_1969

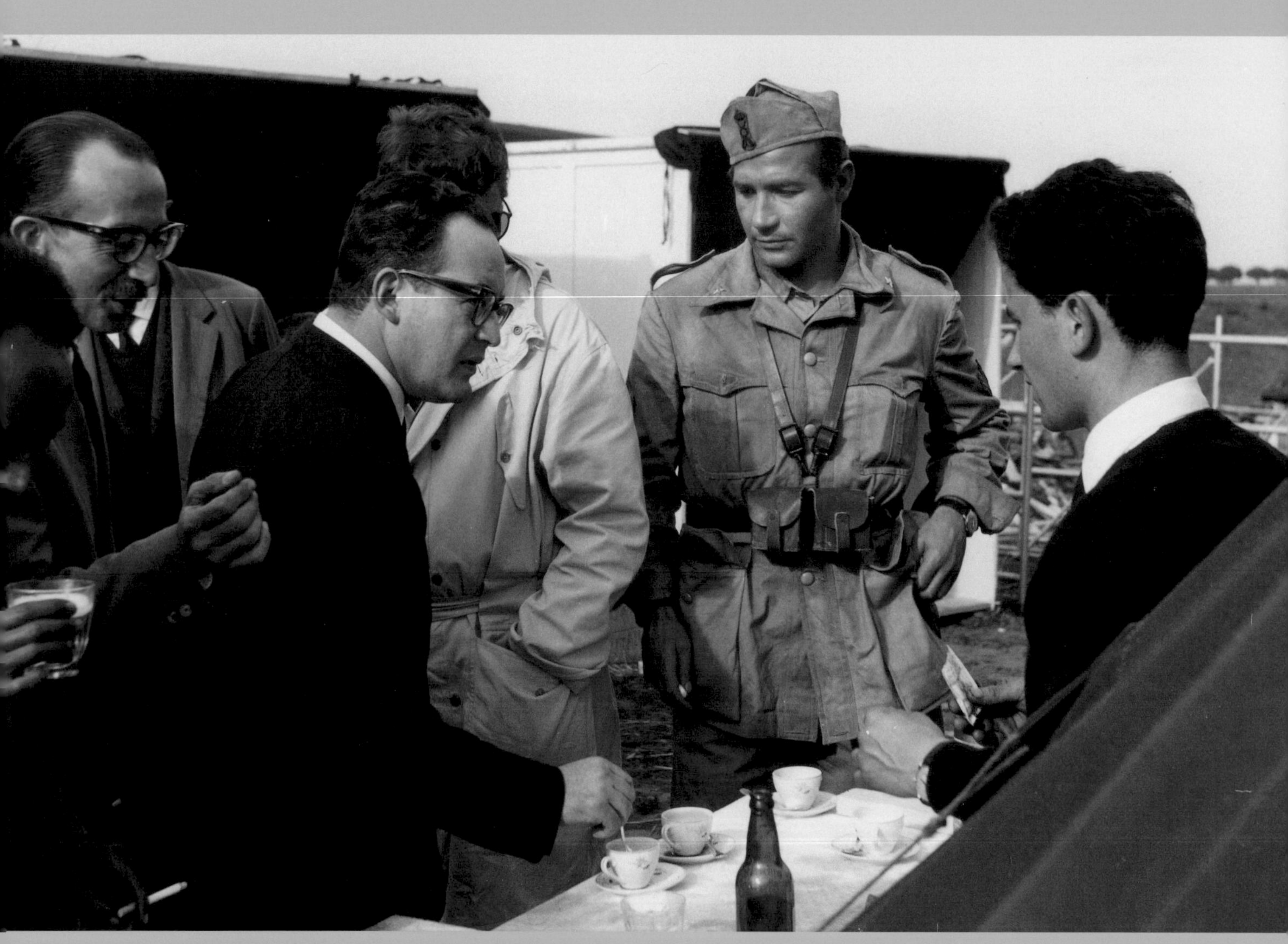

Dino De Laurentiis, "I due nemici"_1961

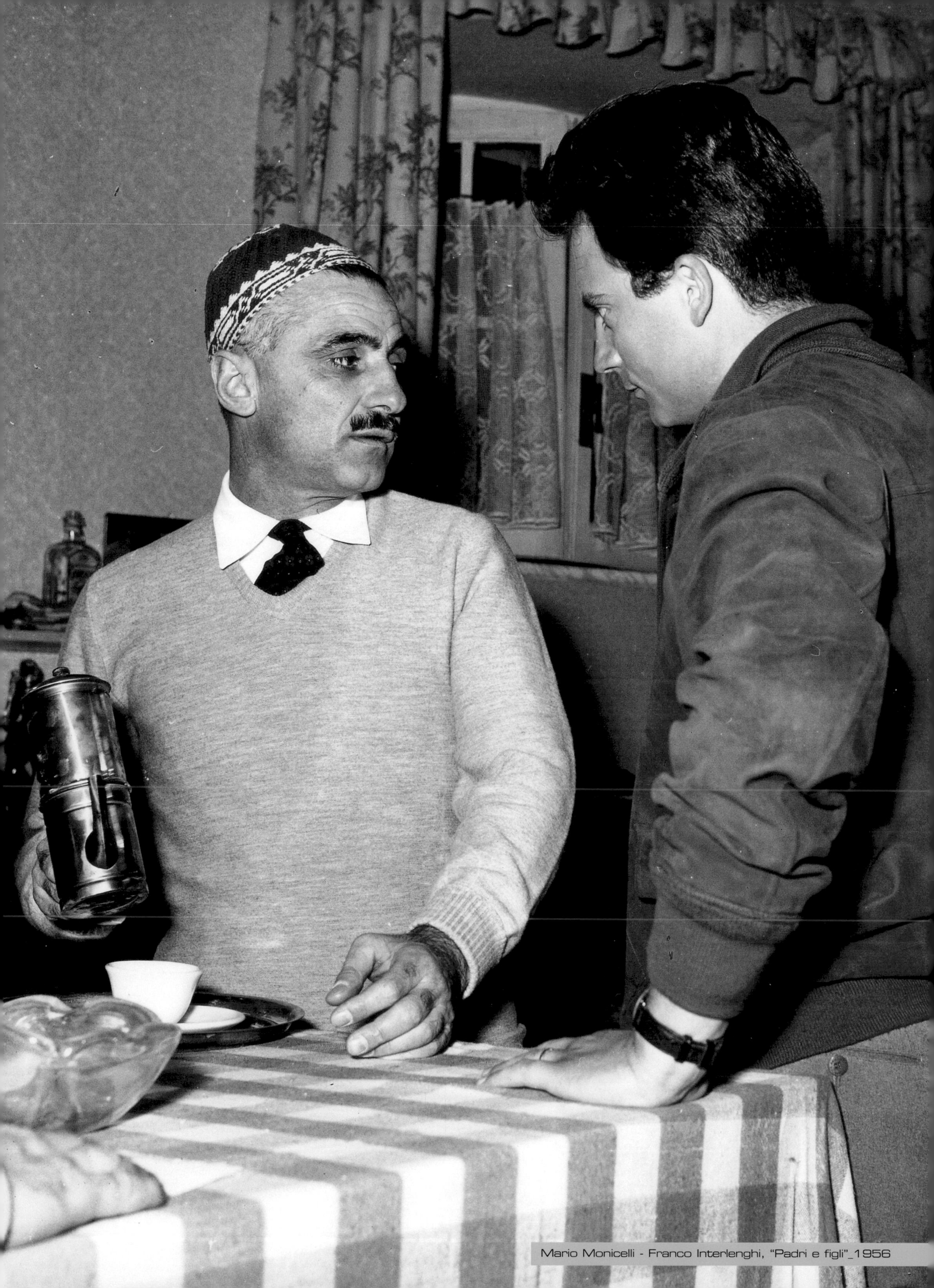

Mario Monicelli - Franco Interlenghi, "Padri e figli"_1956

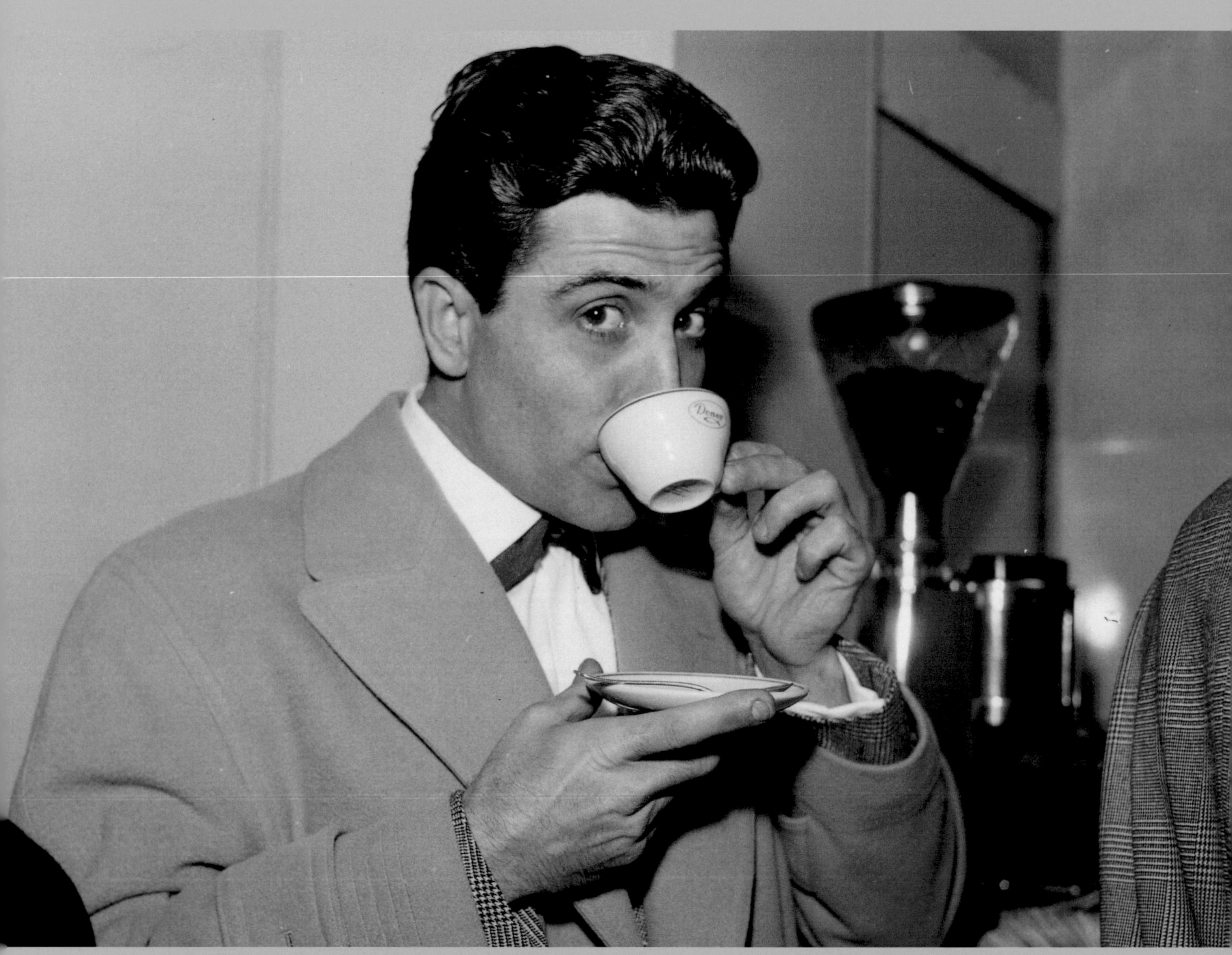

Gilbert Becaud_1958

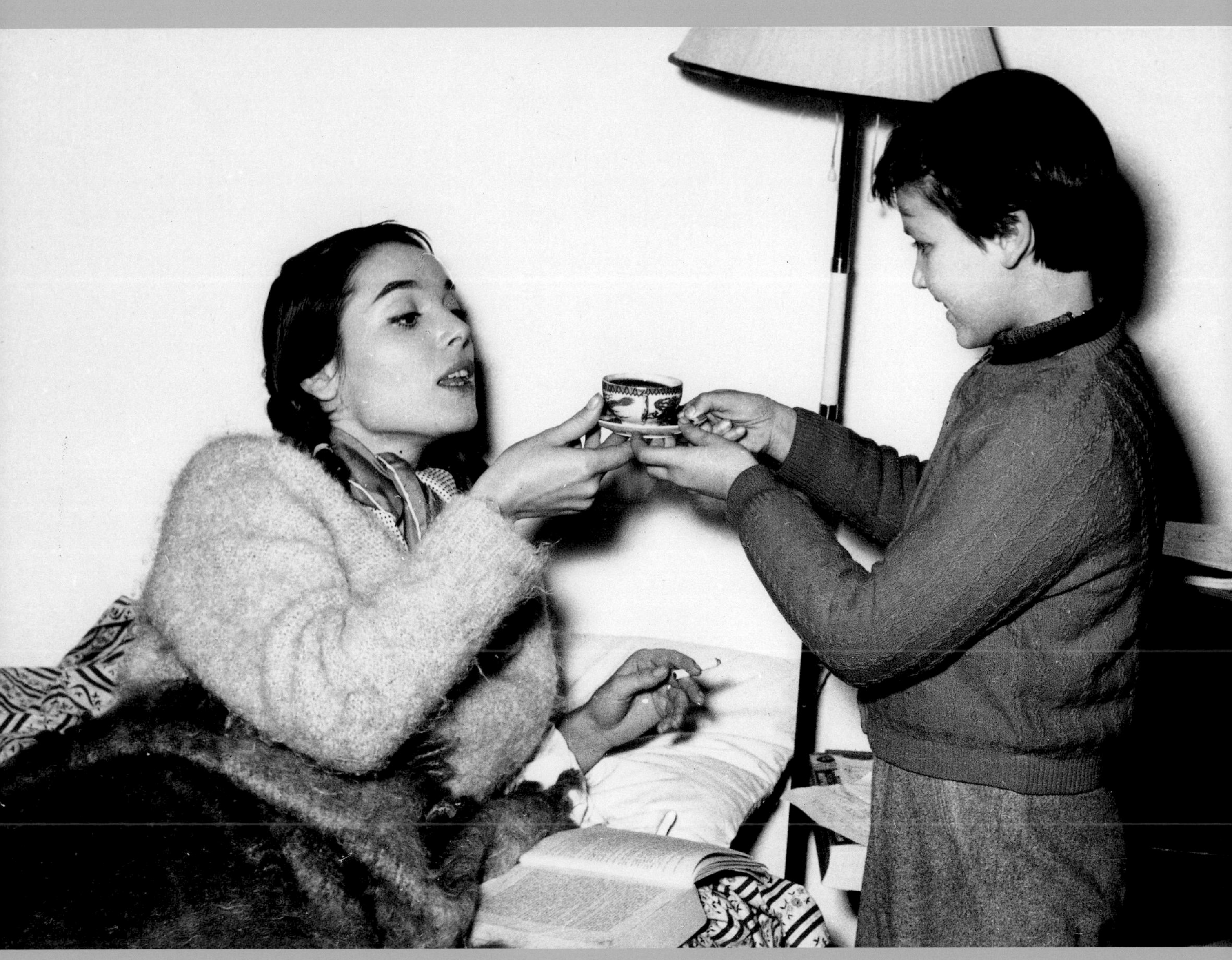

Elsa Martinelli_1956

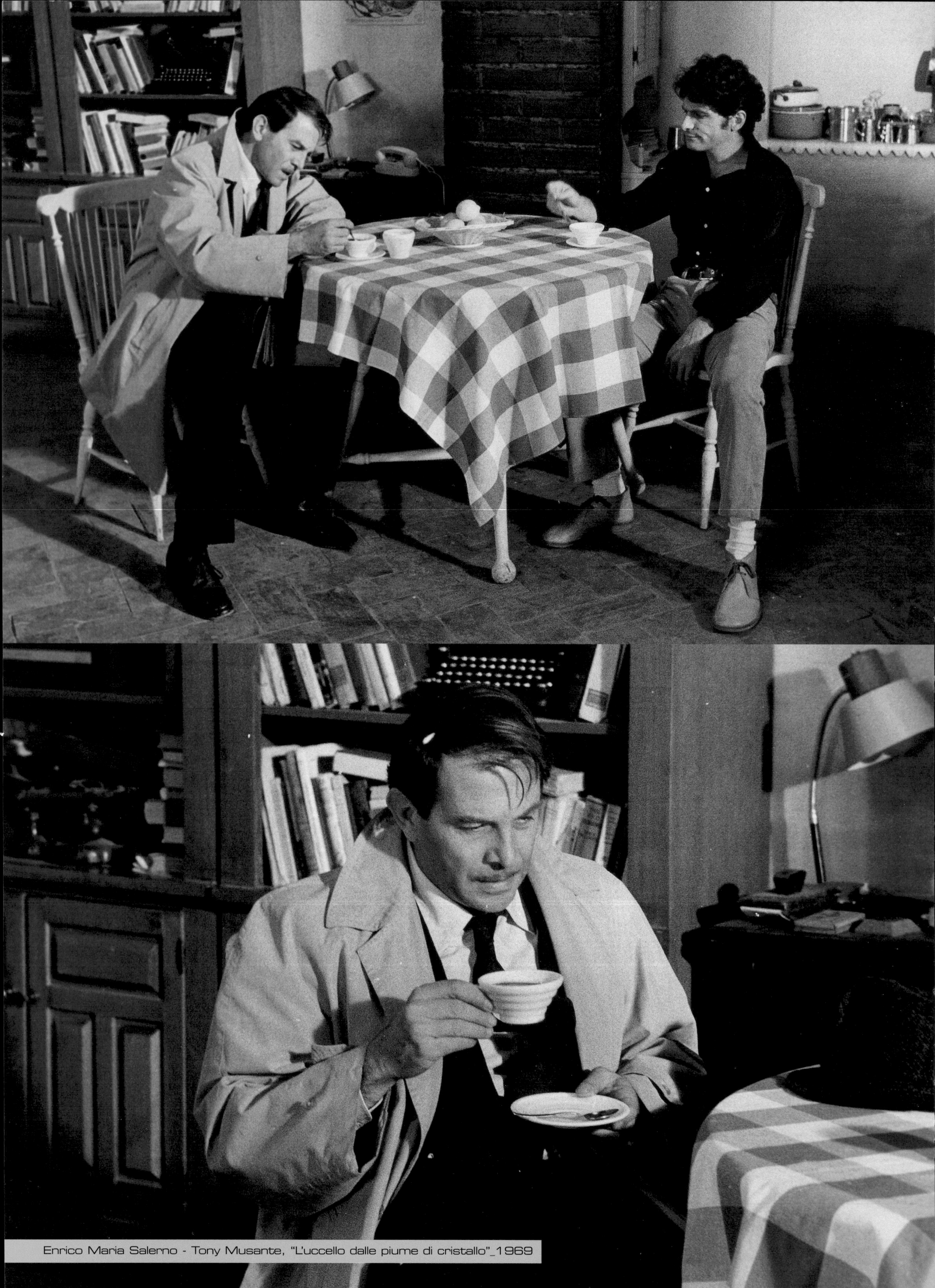

Enrico Maria Salerno - Tony Musante, "L'uccello dalle piume di cristallo"_1969

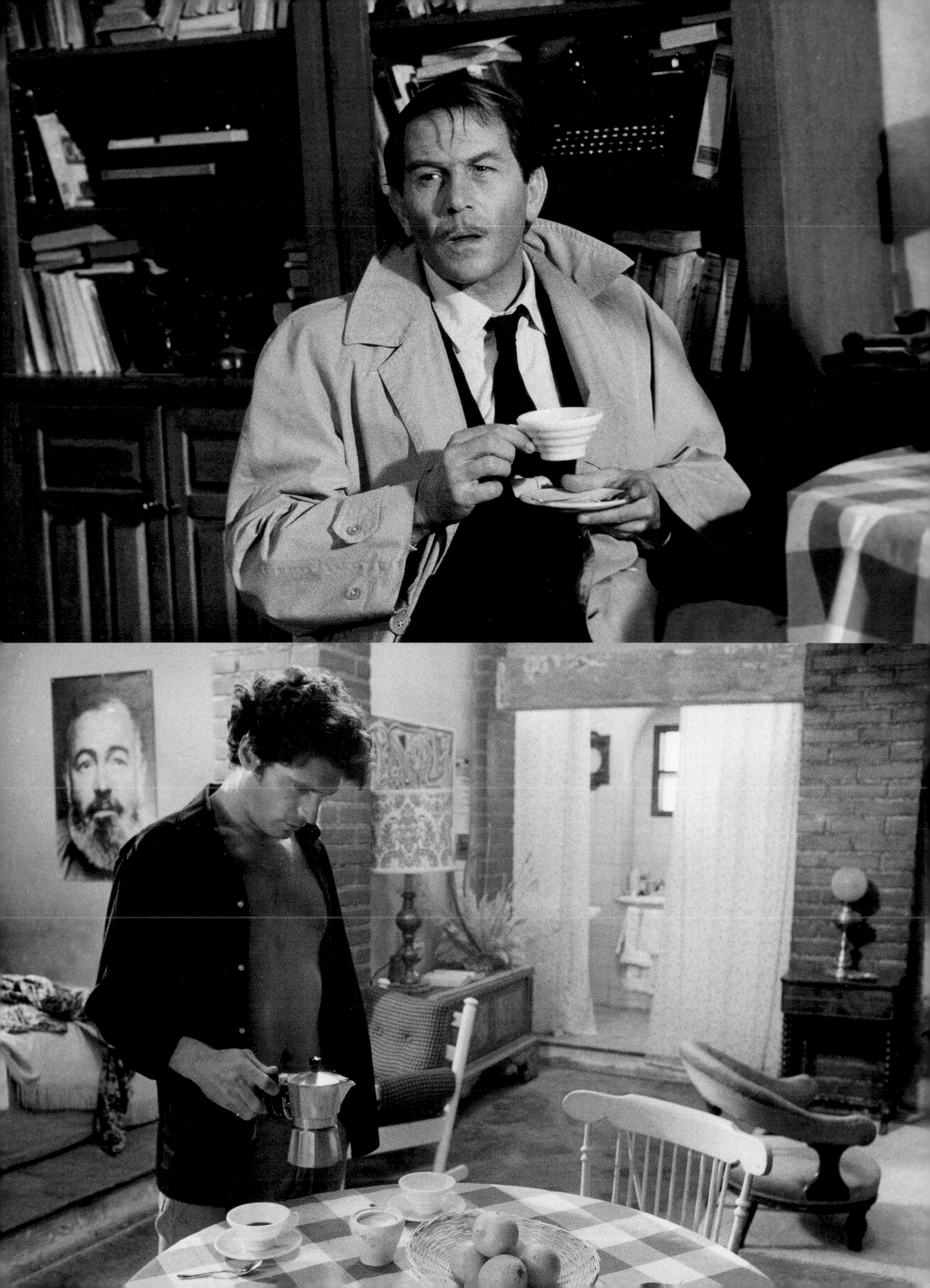

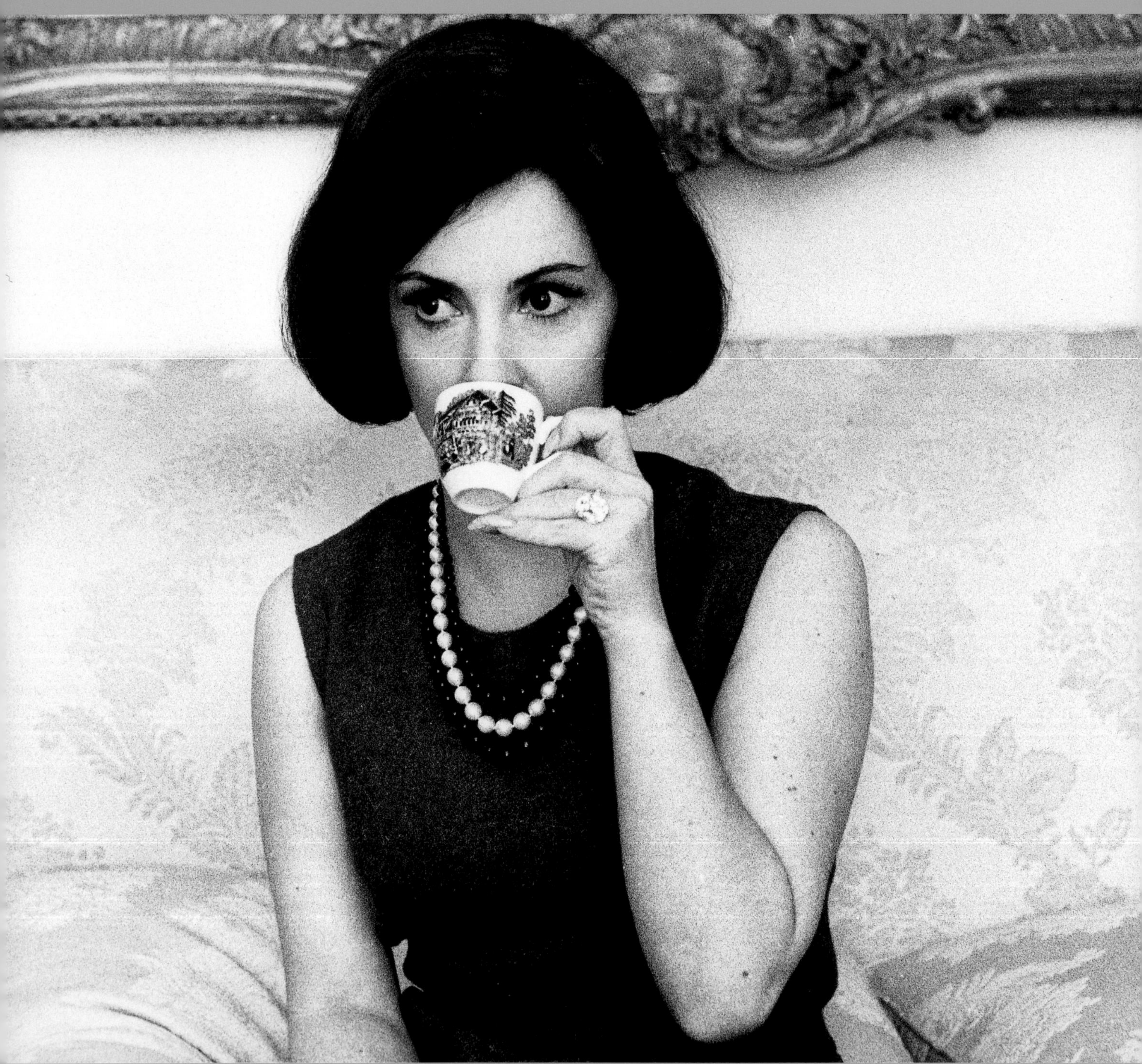

Gina Lollobrigida_1958

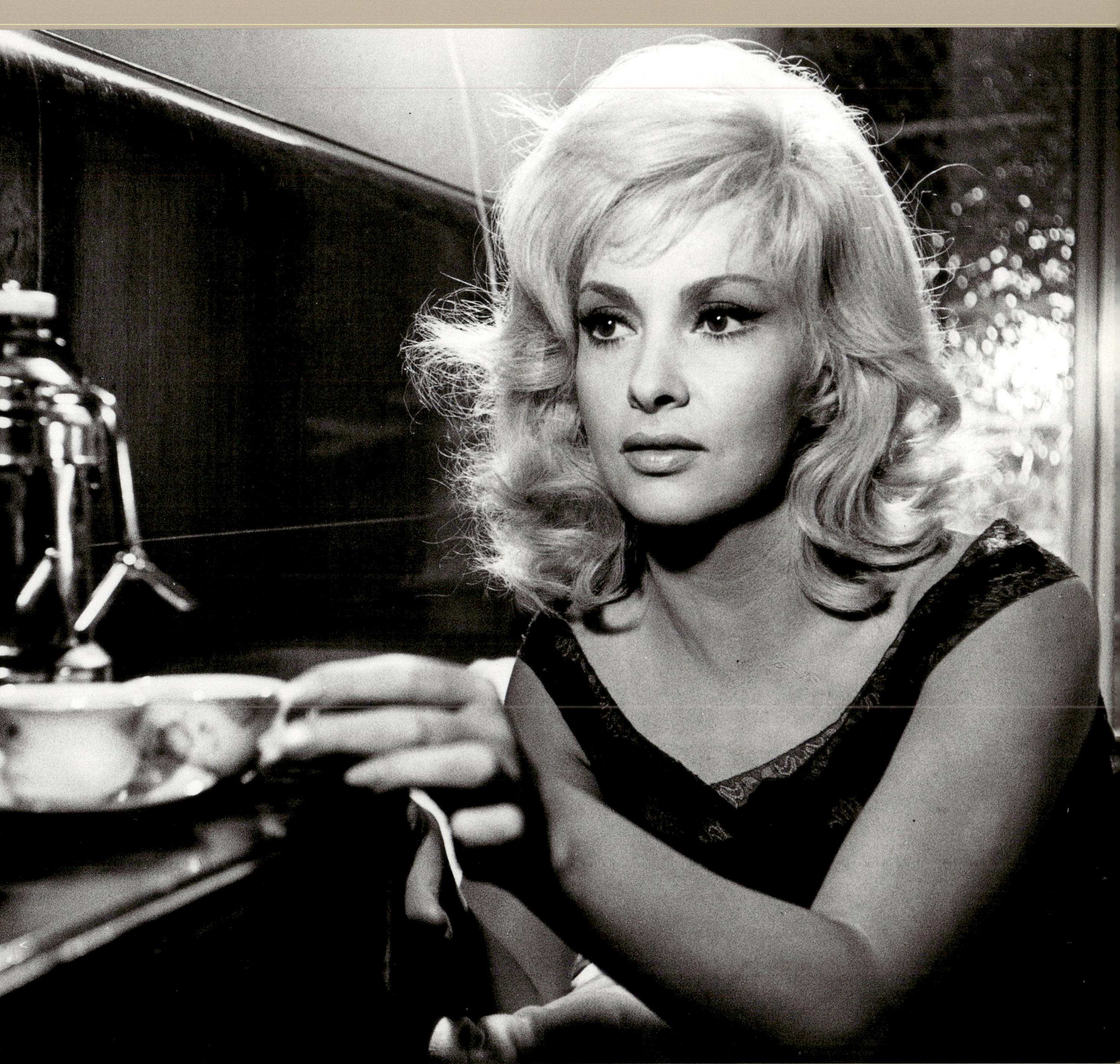

Gina Lollobrigida, "La bellezza d'Ippolita"_1962

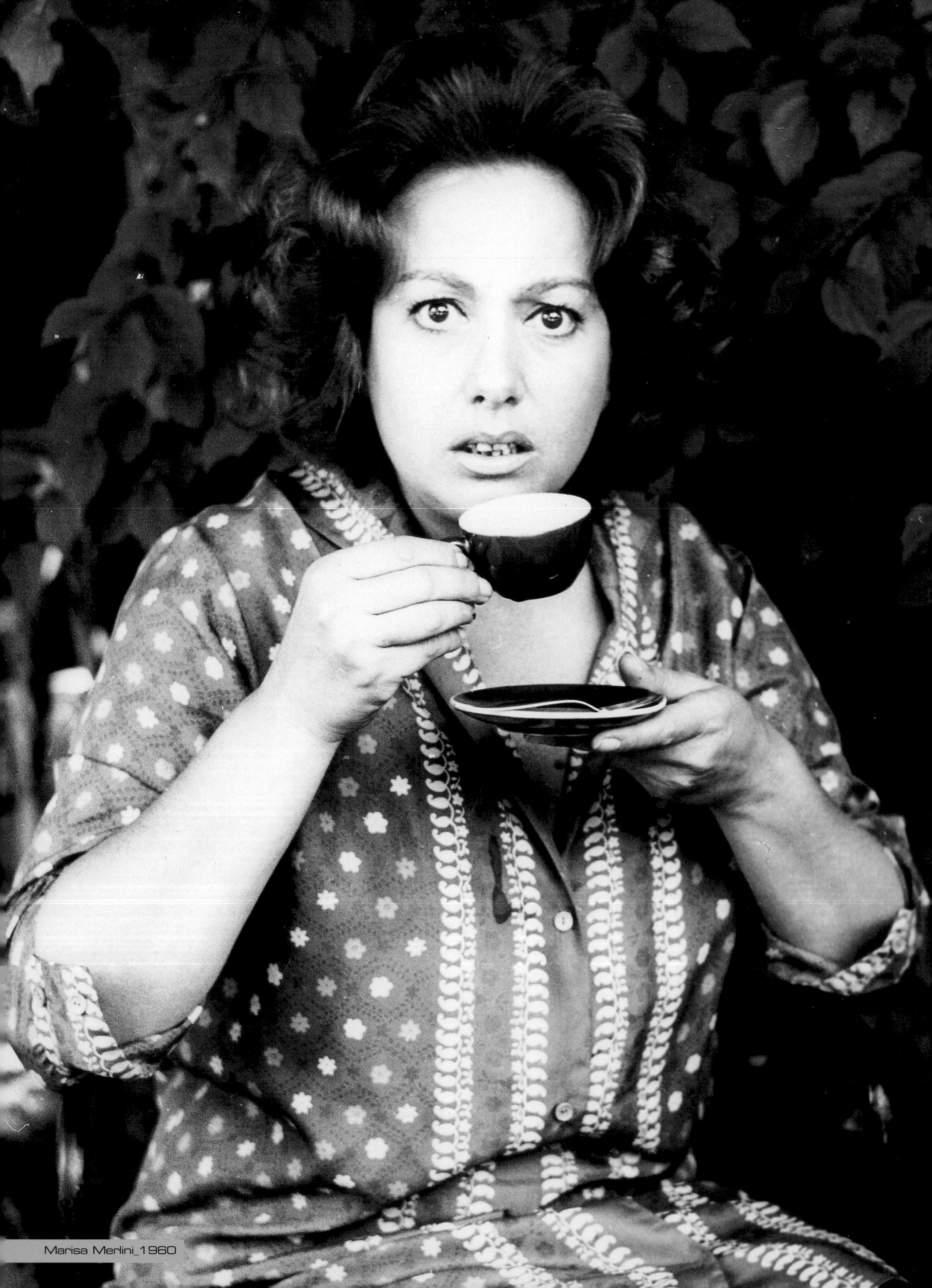
Marisa Merlini_1960

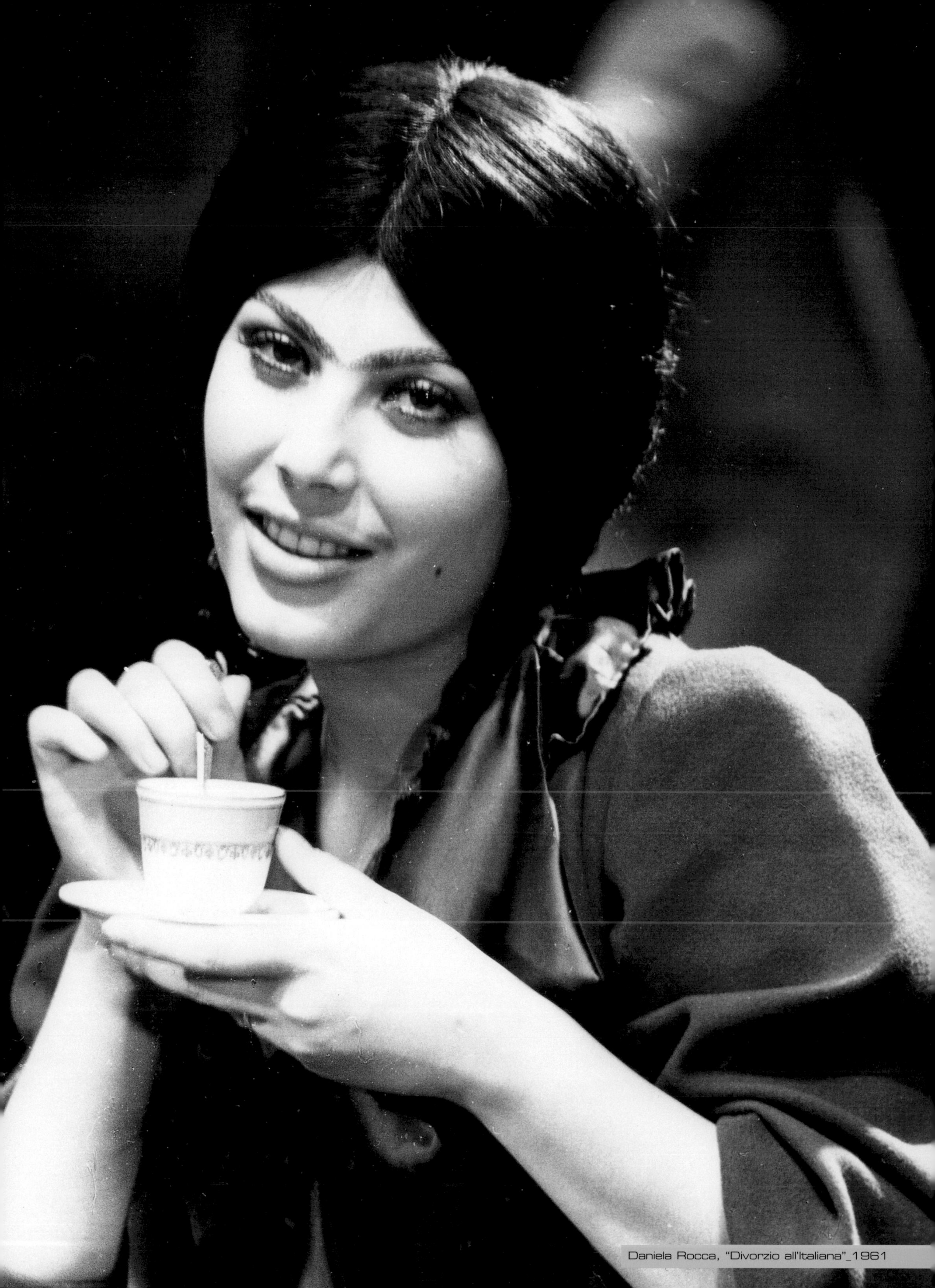

Daniela Rocca, "Divorzio all'Italiana"_1961

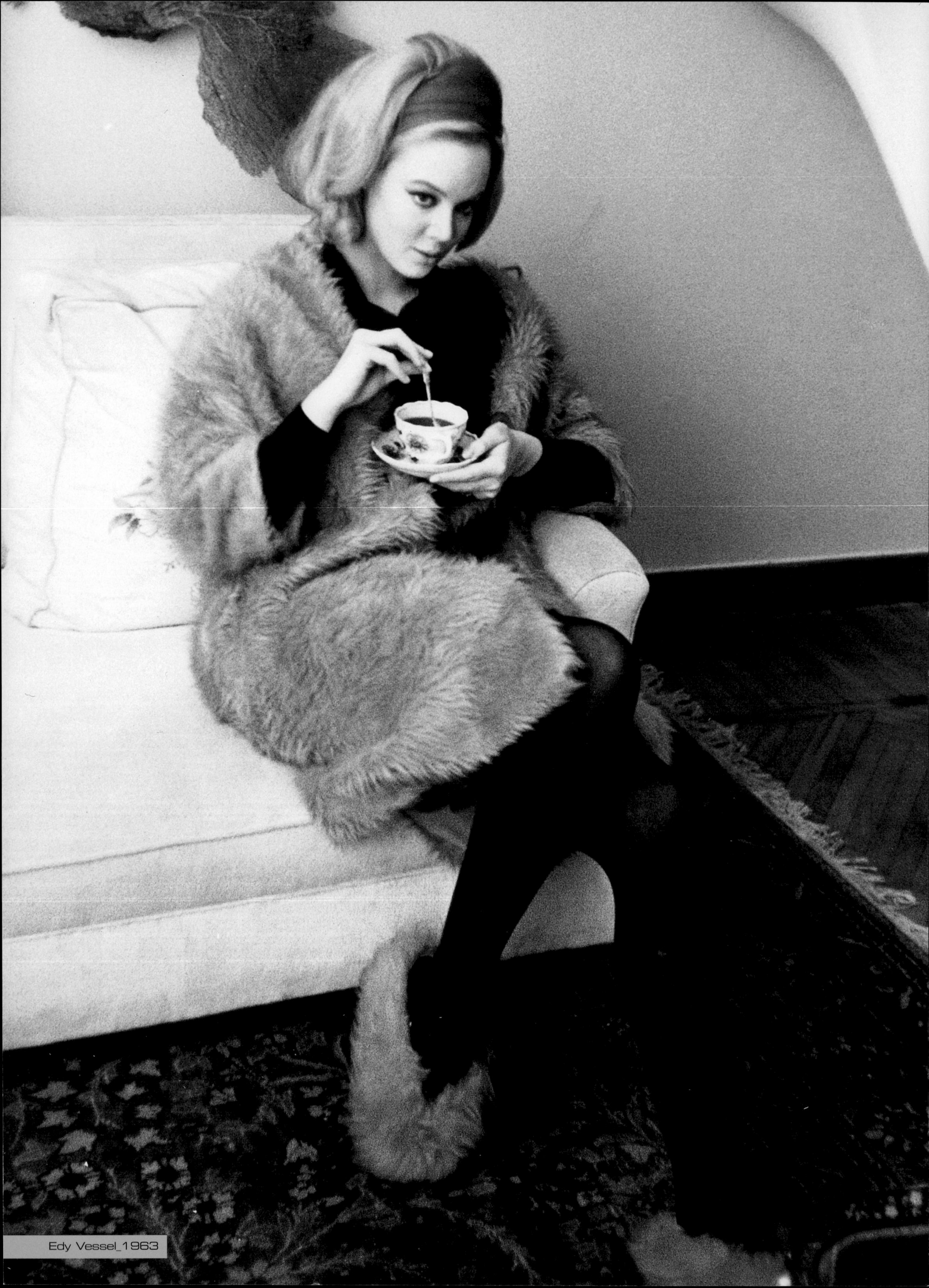

Edy Vessel_1963

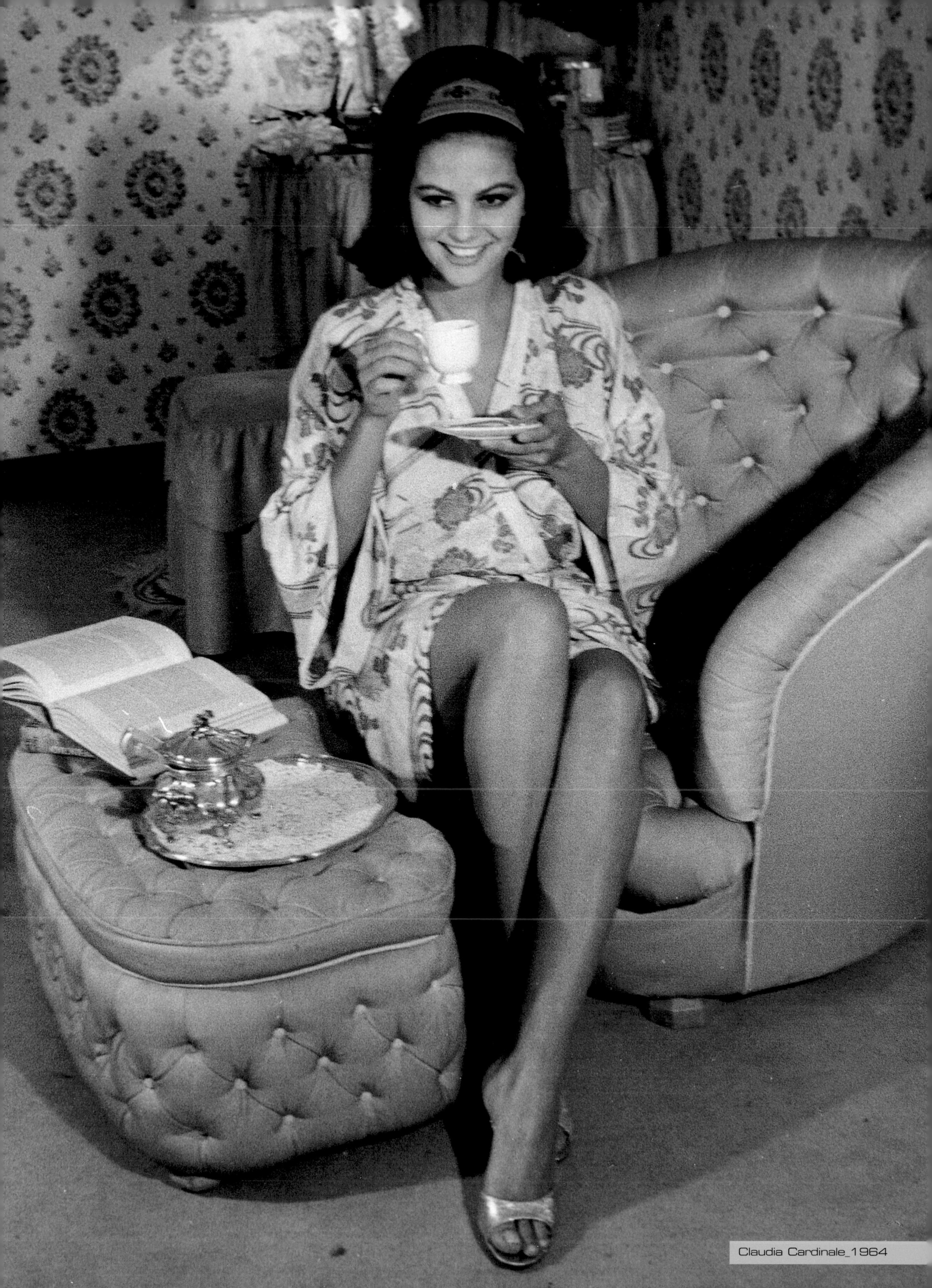

Claudia Cardinale_1964

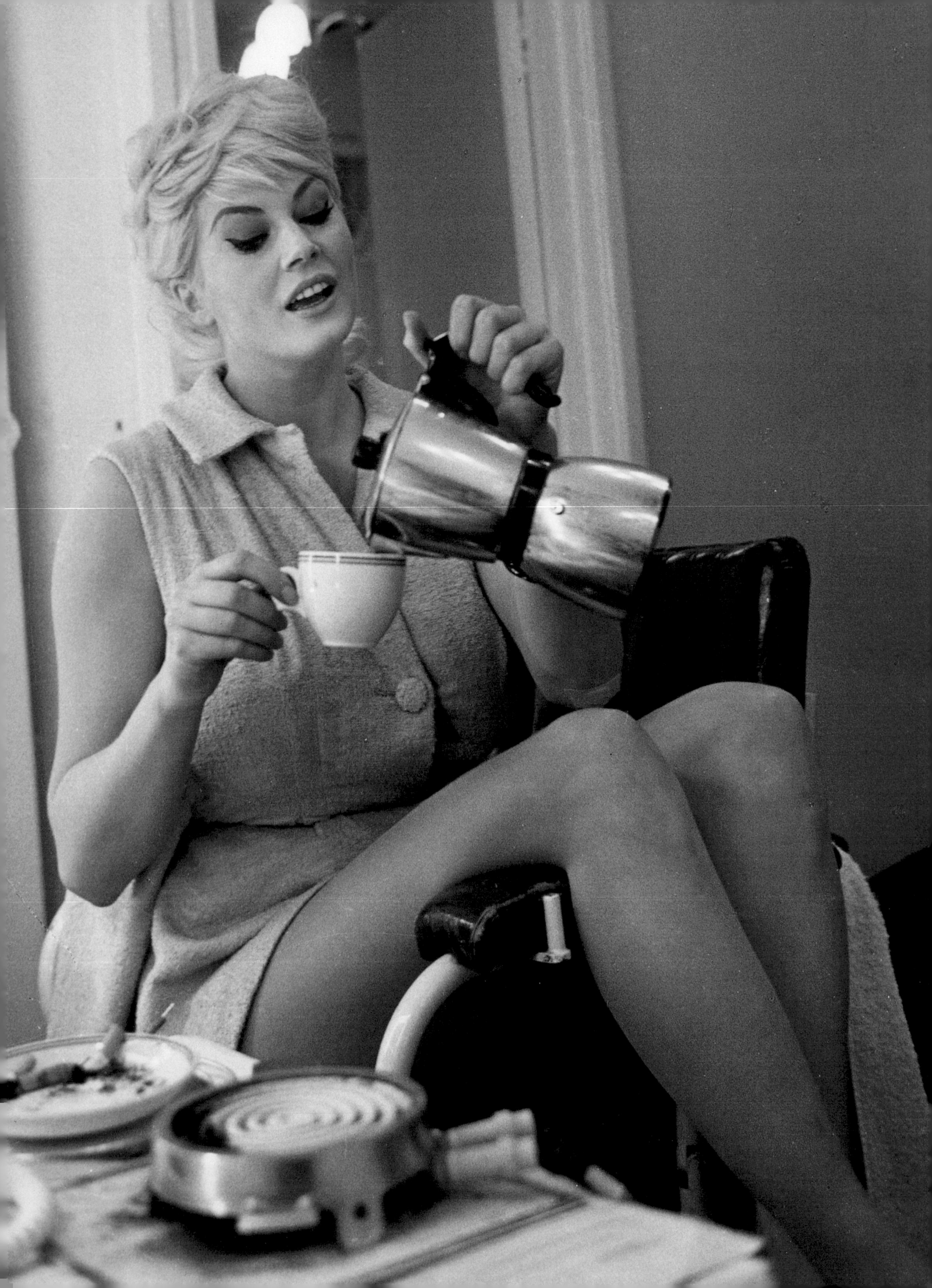

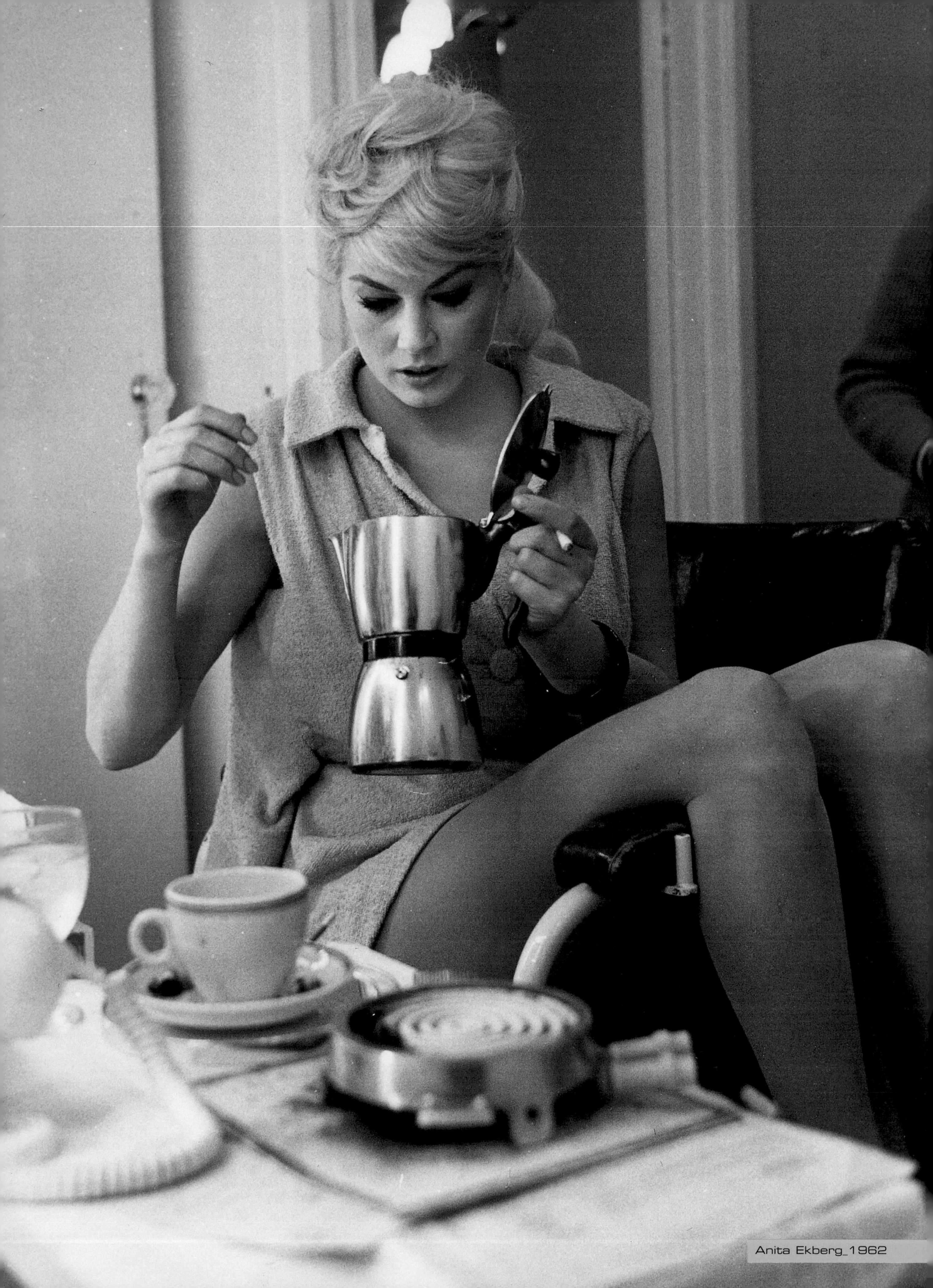

Anita Ekberg_1962

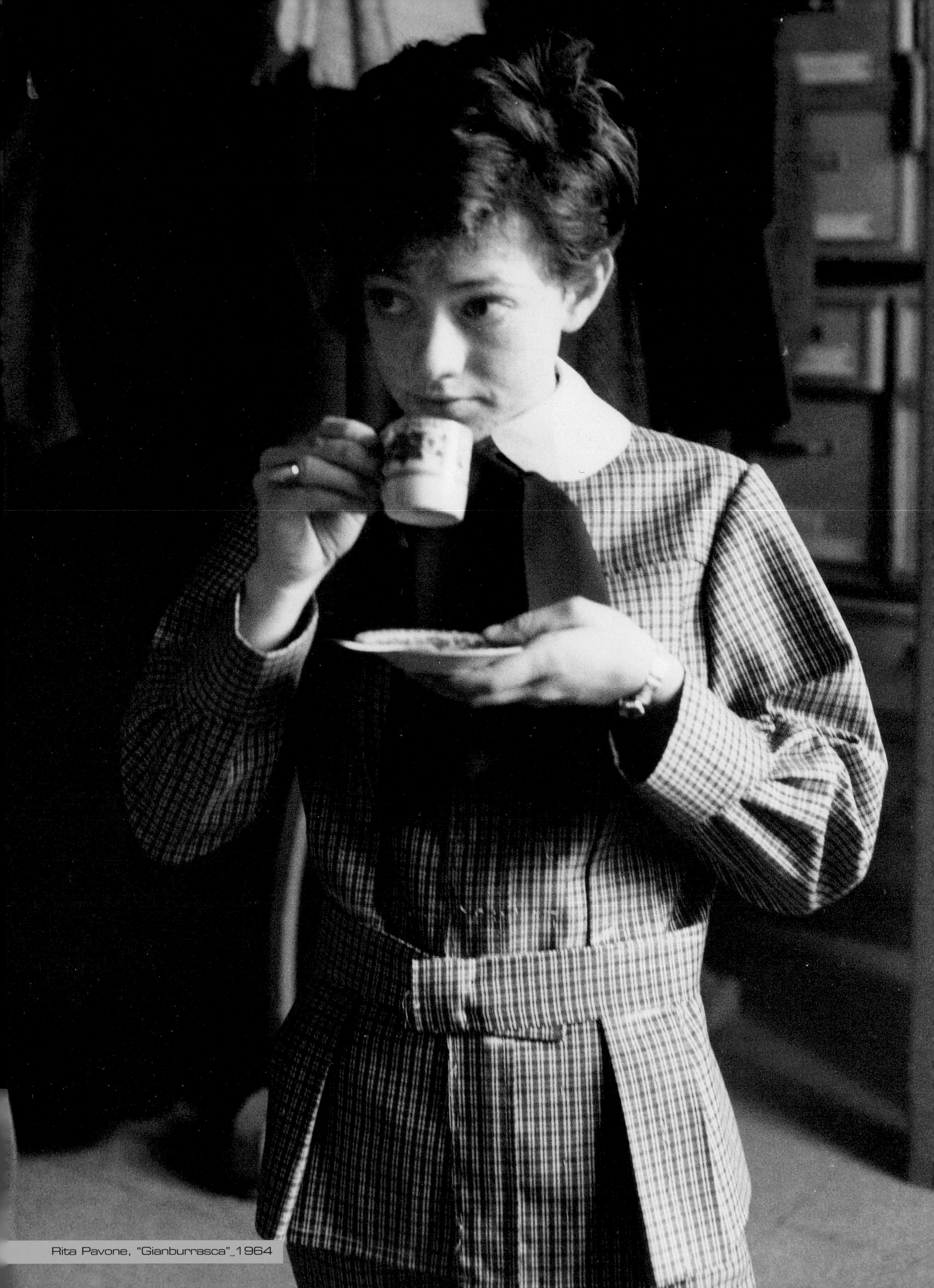

Rita Pavone, "Gianburrasca"_1964

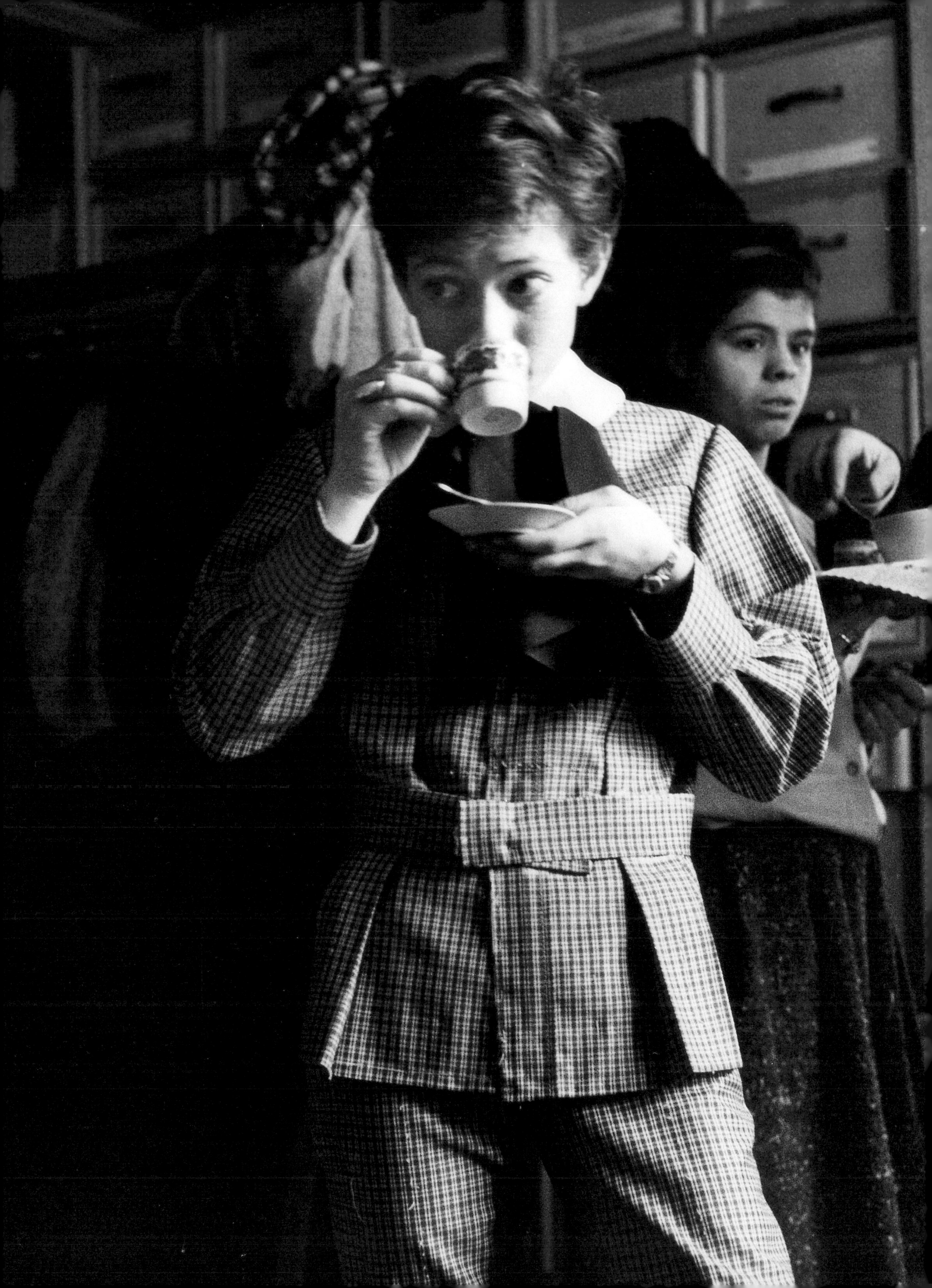

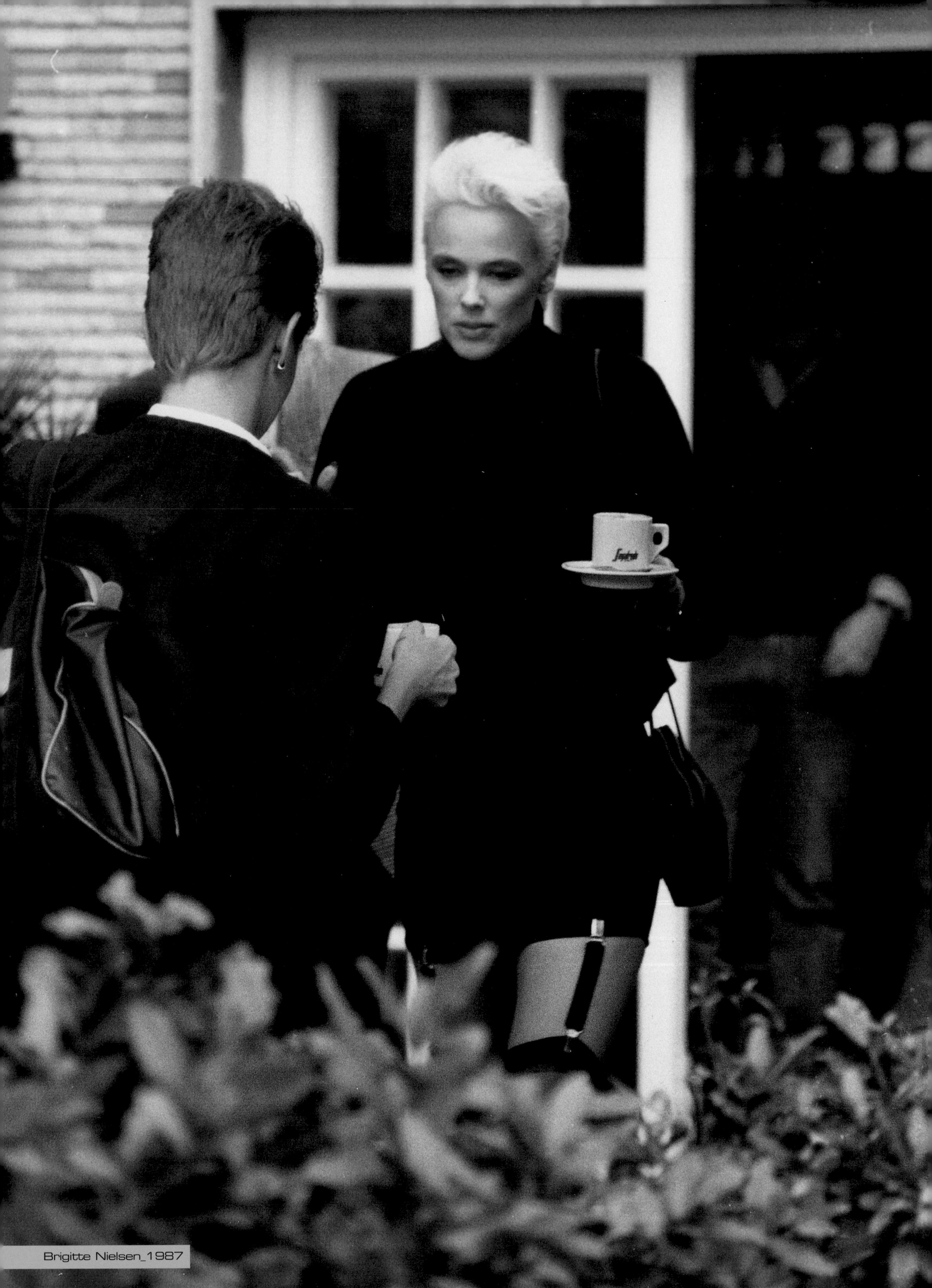

Brigitte Nielsen_1987

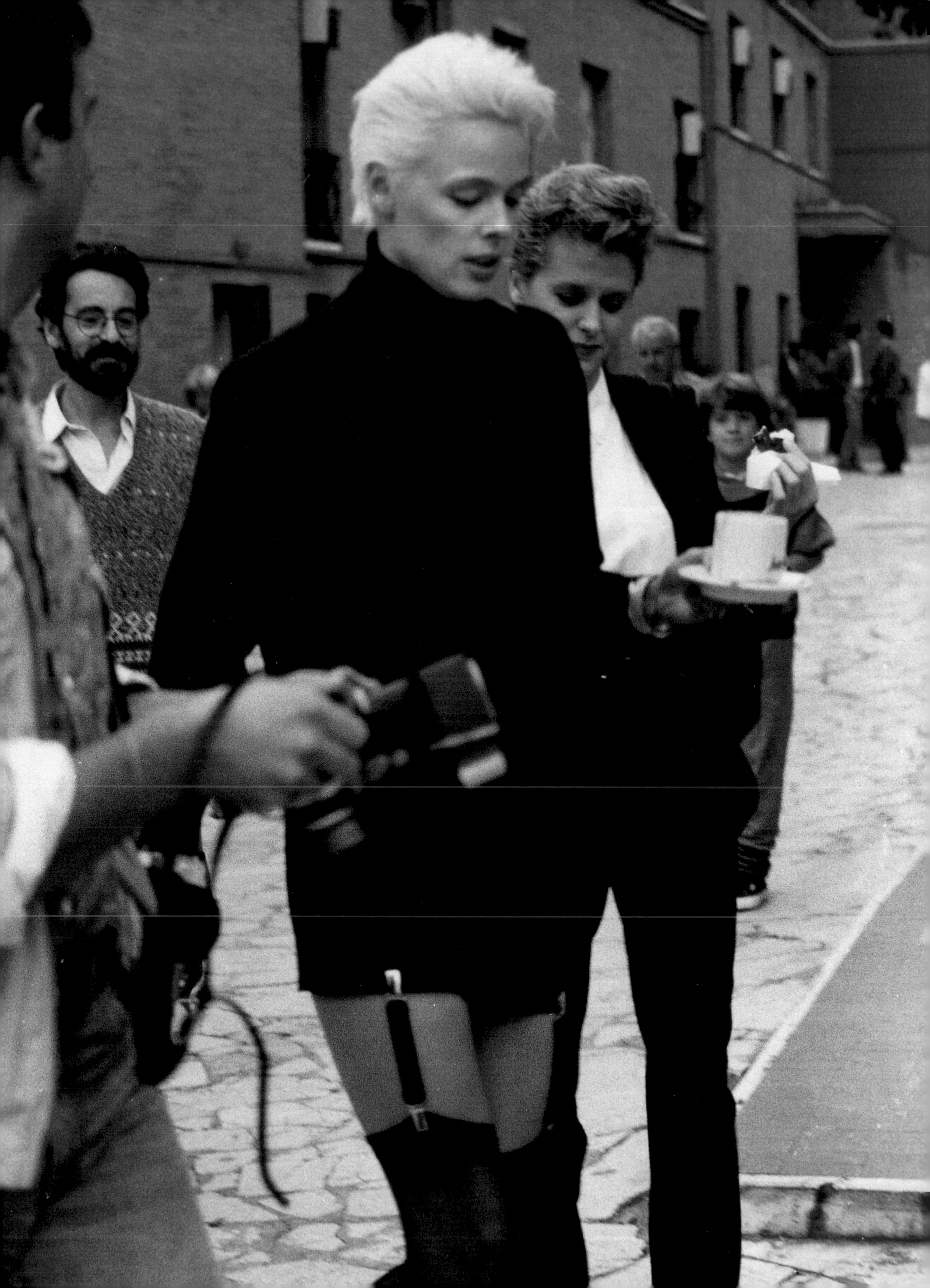

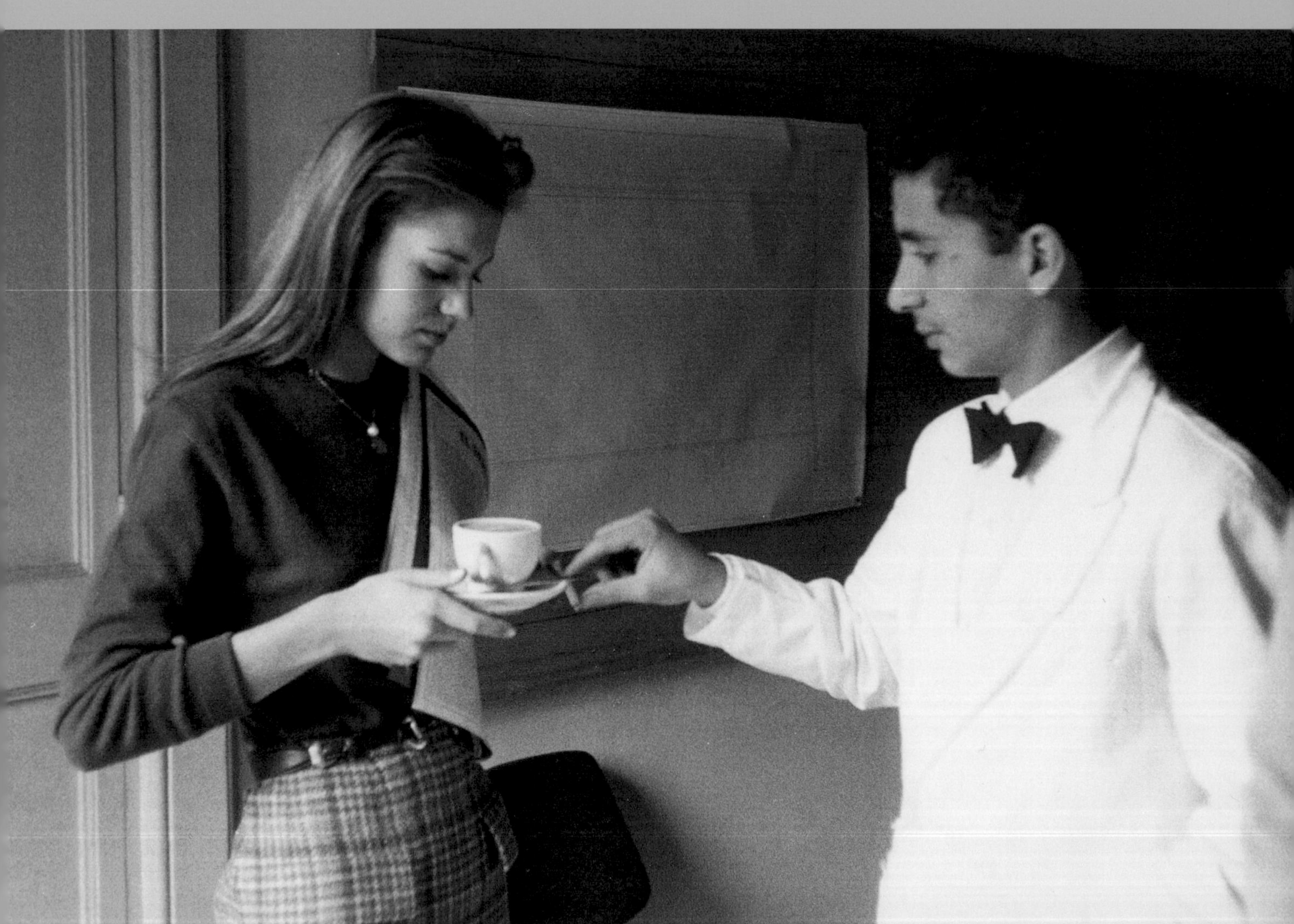

Catherine Spaak_1964

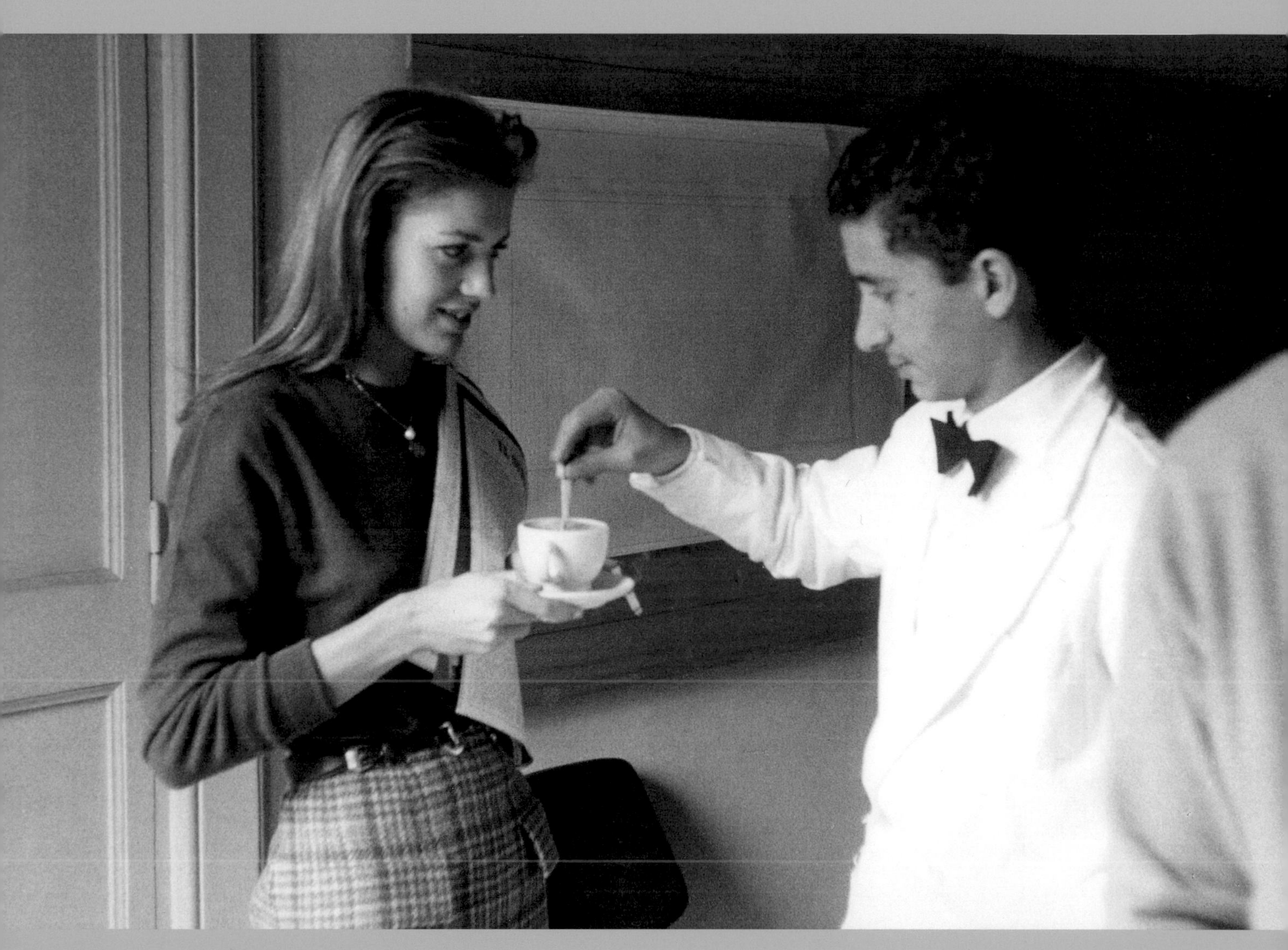

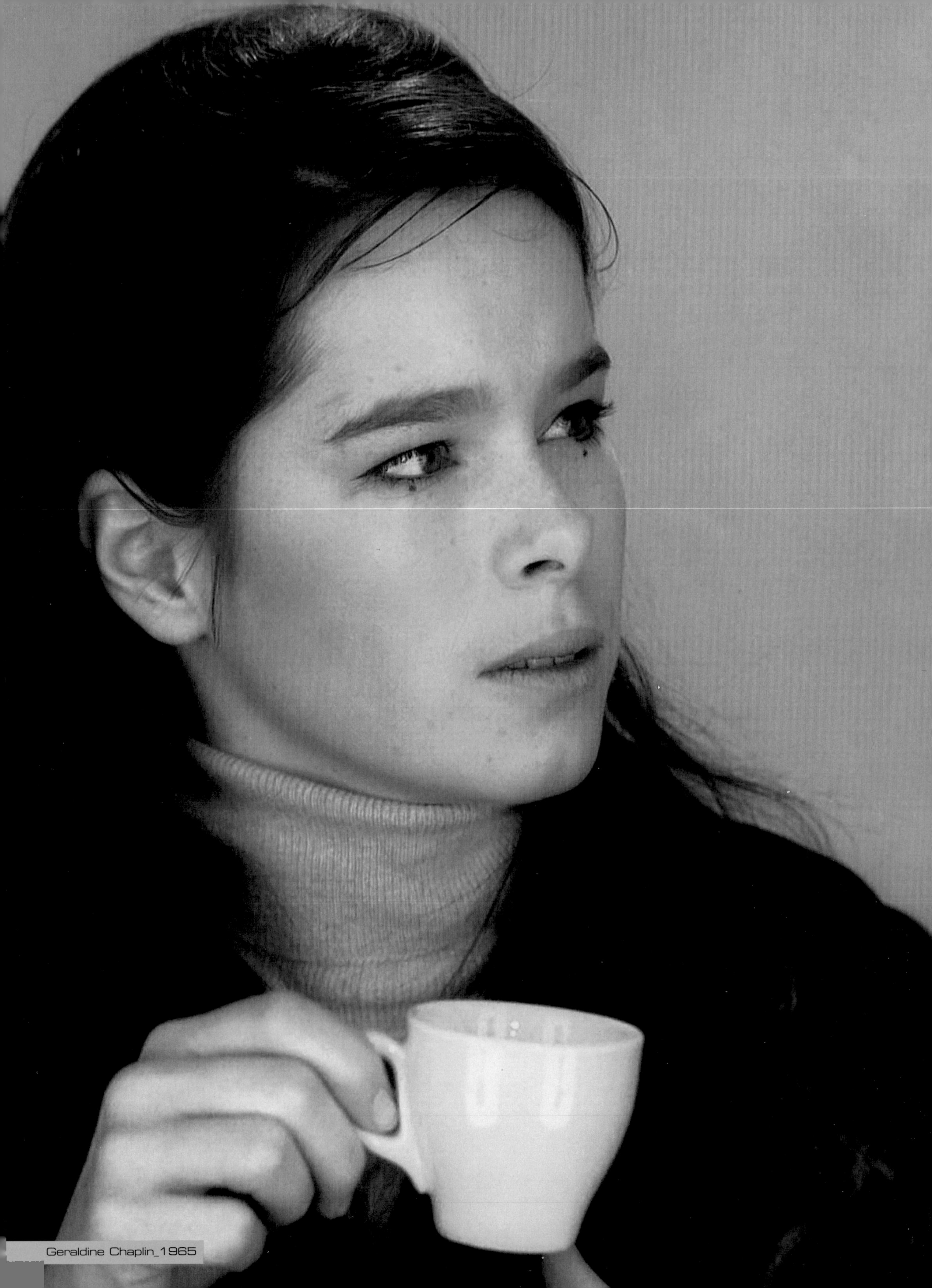

Geraldine Chaplin_1965

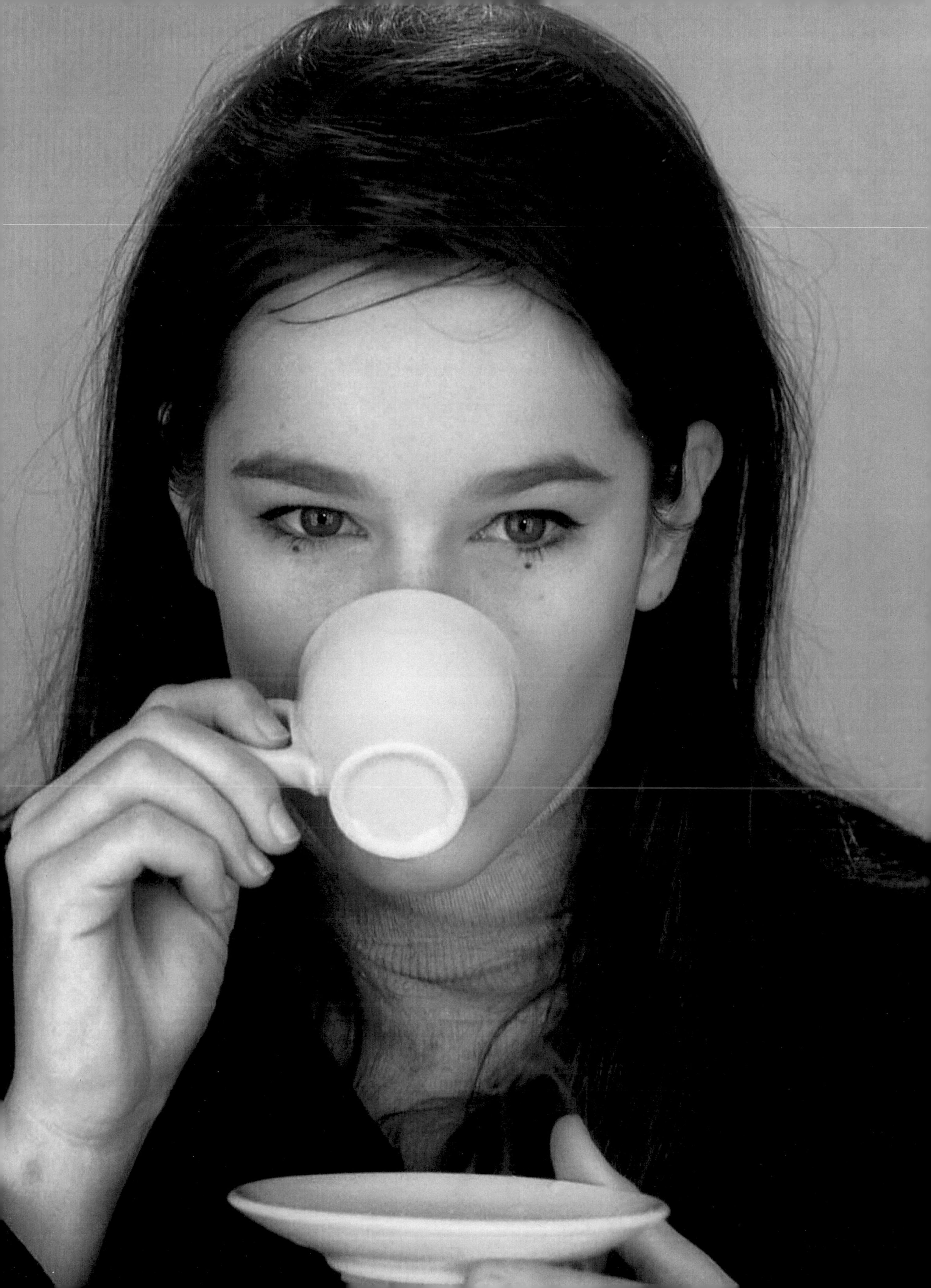

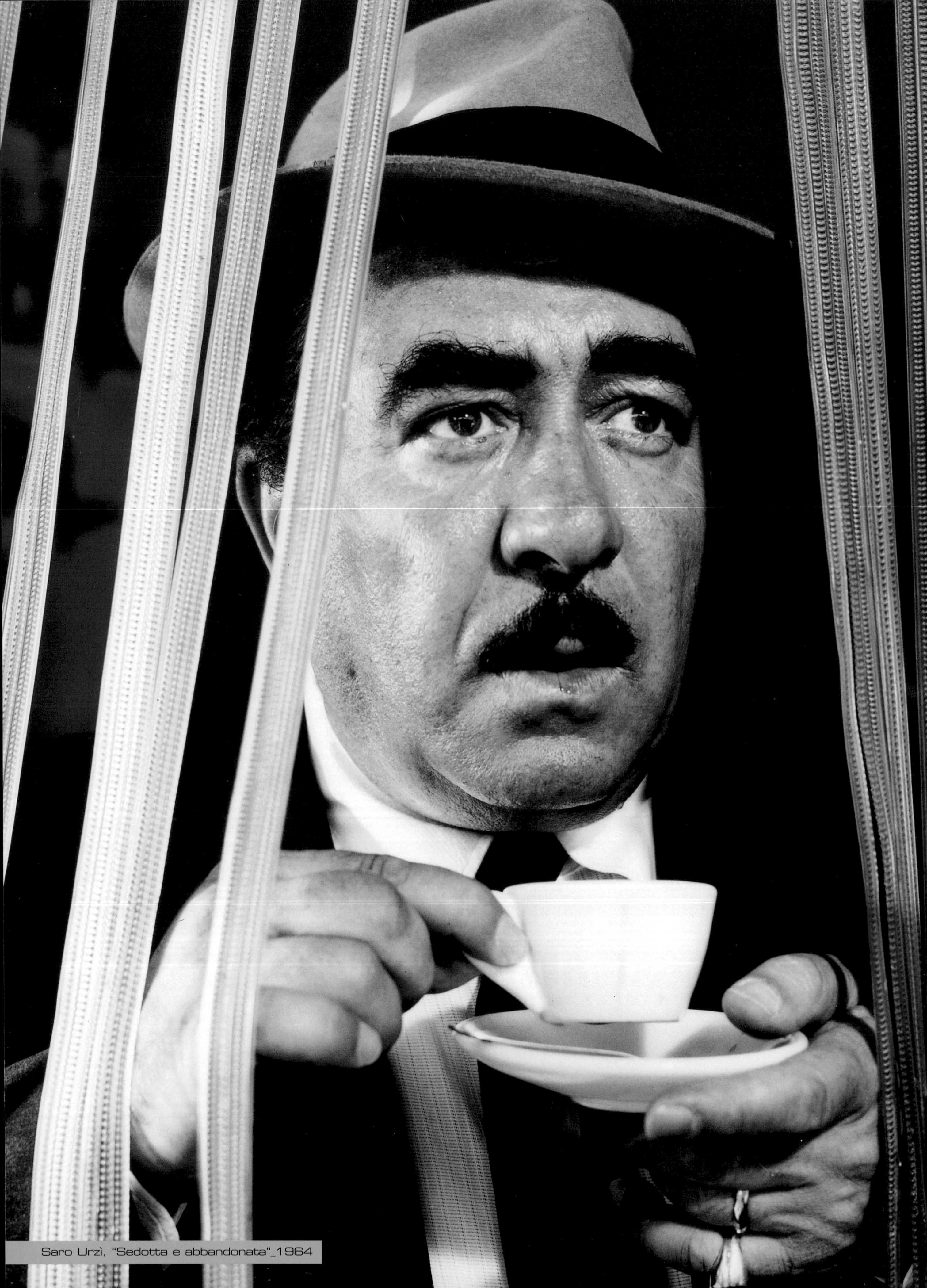

Saro Urzì, "Sedotta e abbandonata"_1964

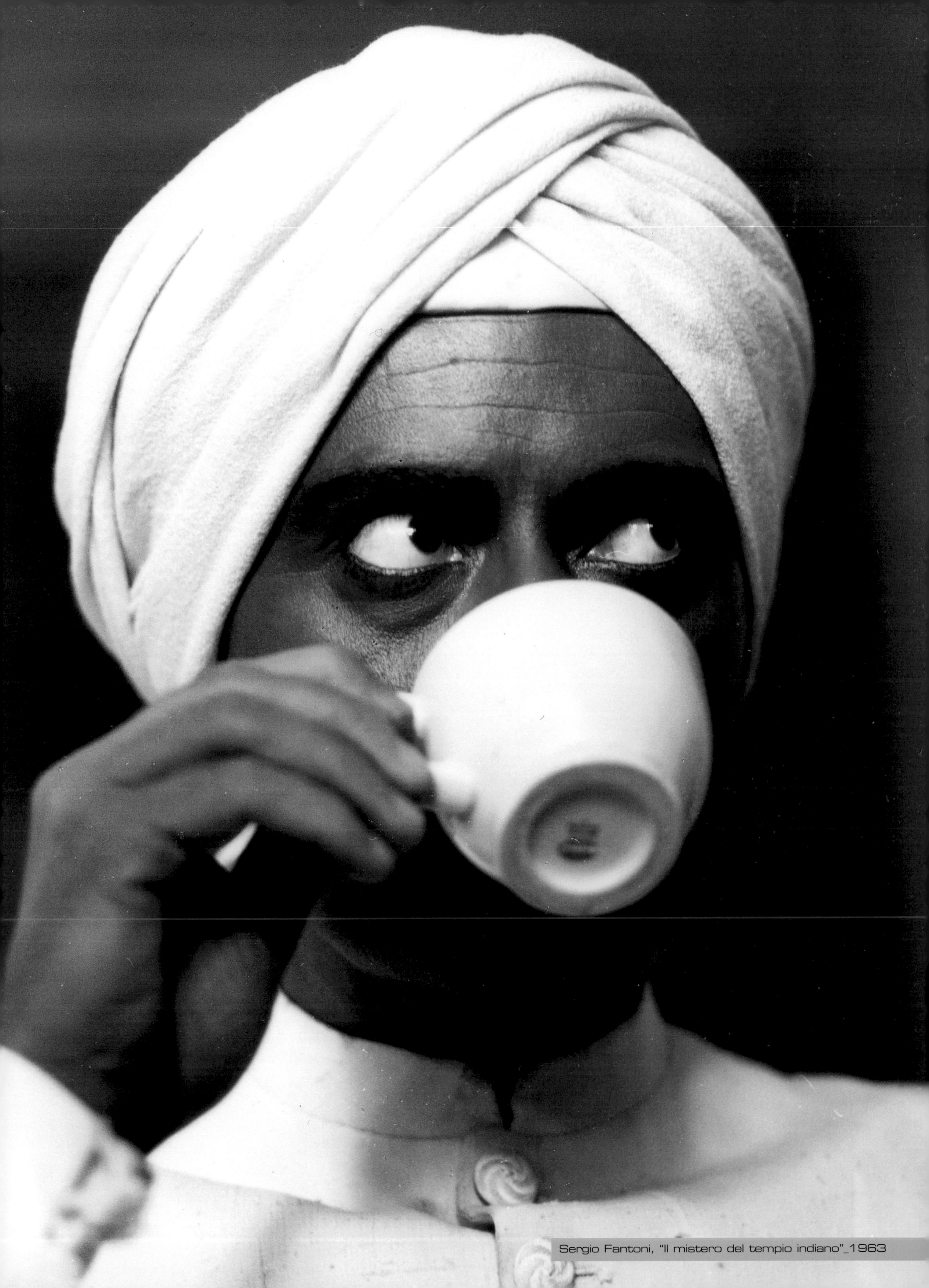

Sergio Fantoni, "Il mistero del tempio indiano"_1963

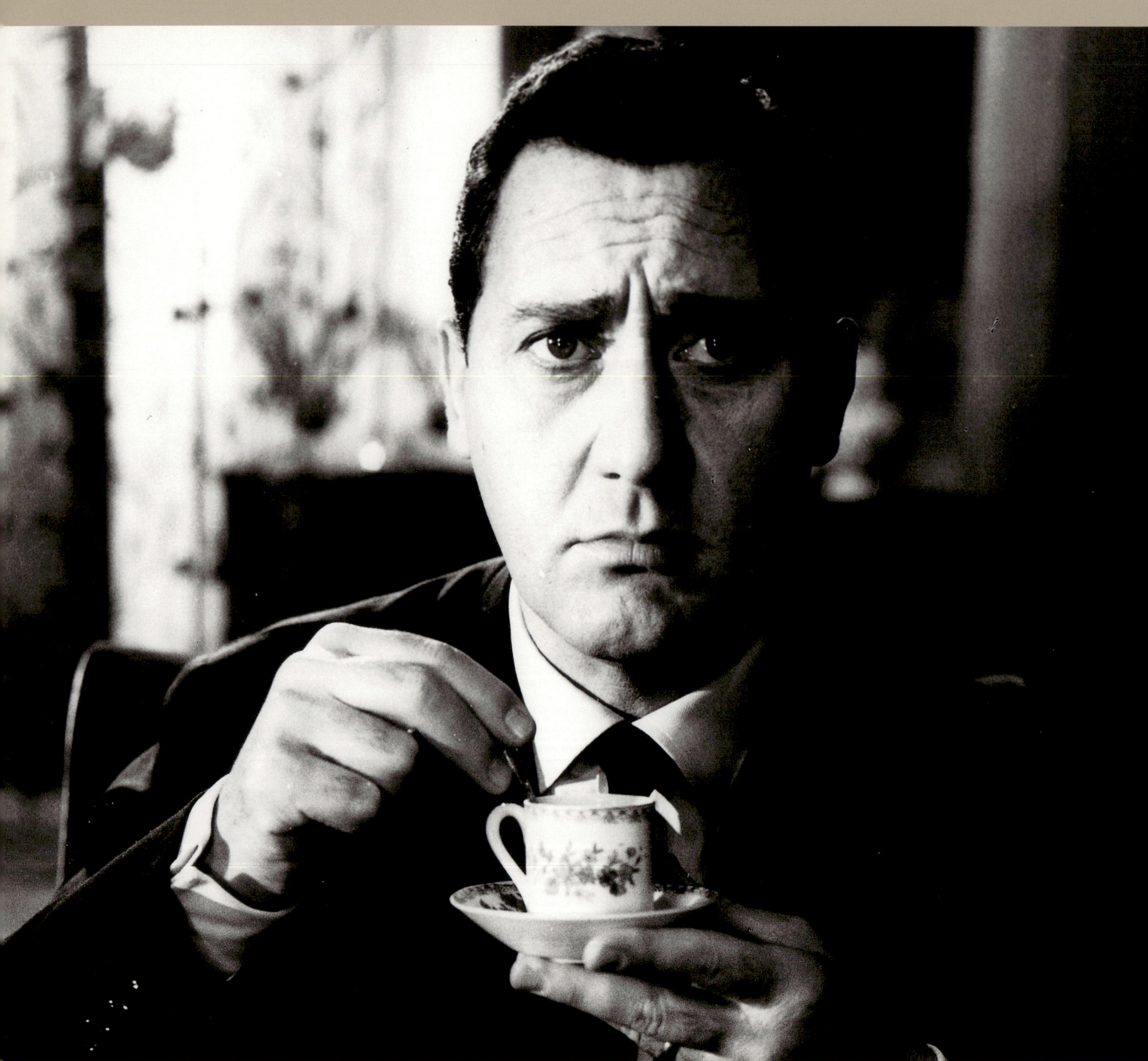

Alberto Sordi, "Il boom"_1963

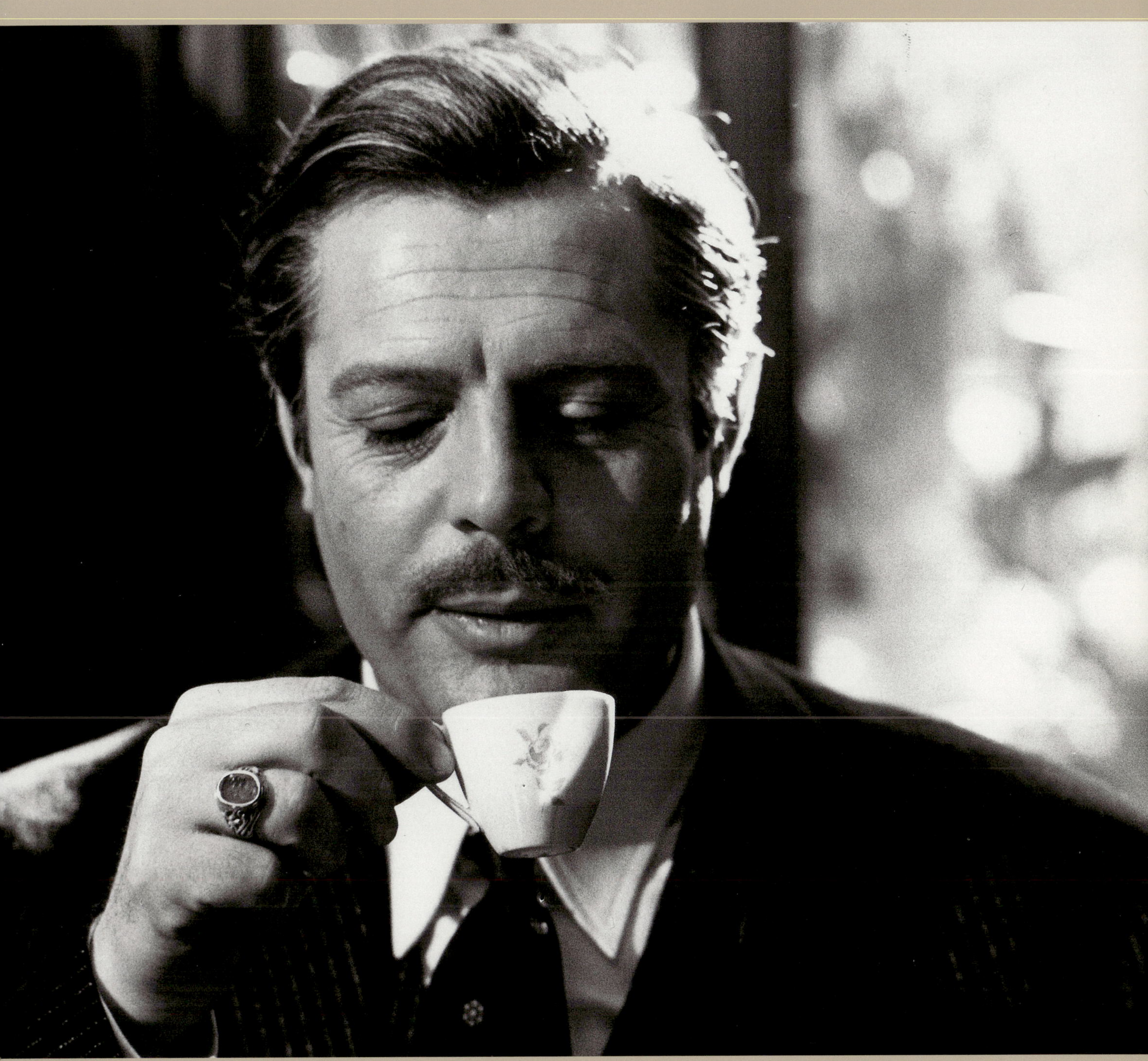

Marcello Mastroianni, "Matrimonio all'Italiana"_1964

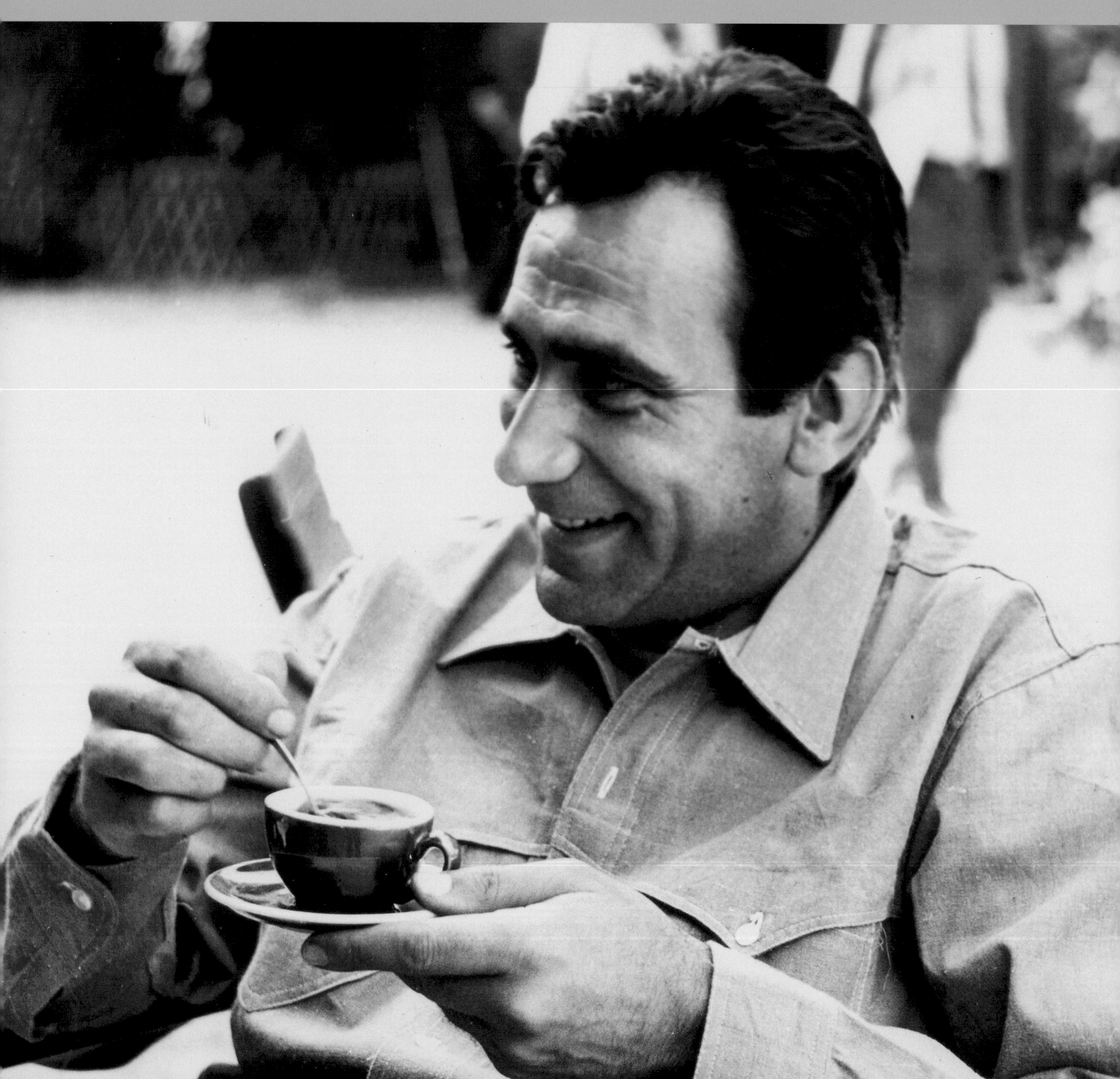

Alberto Lupo_1960

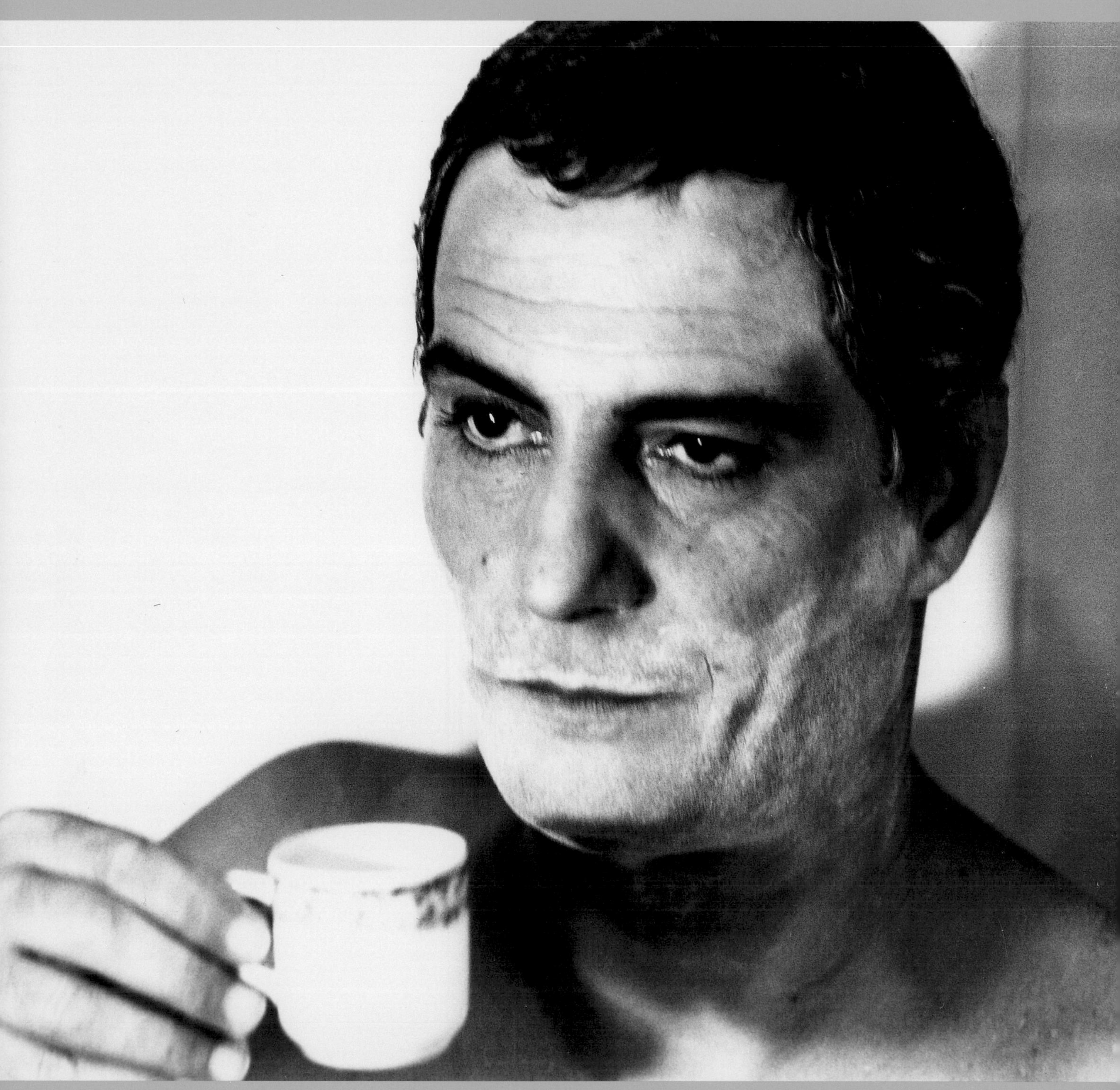

Nino Manfredi, "Thrilling" epis. "Il vittimista"_1965

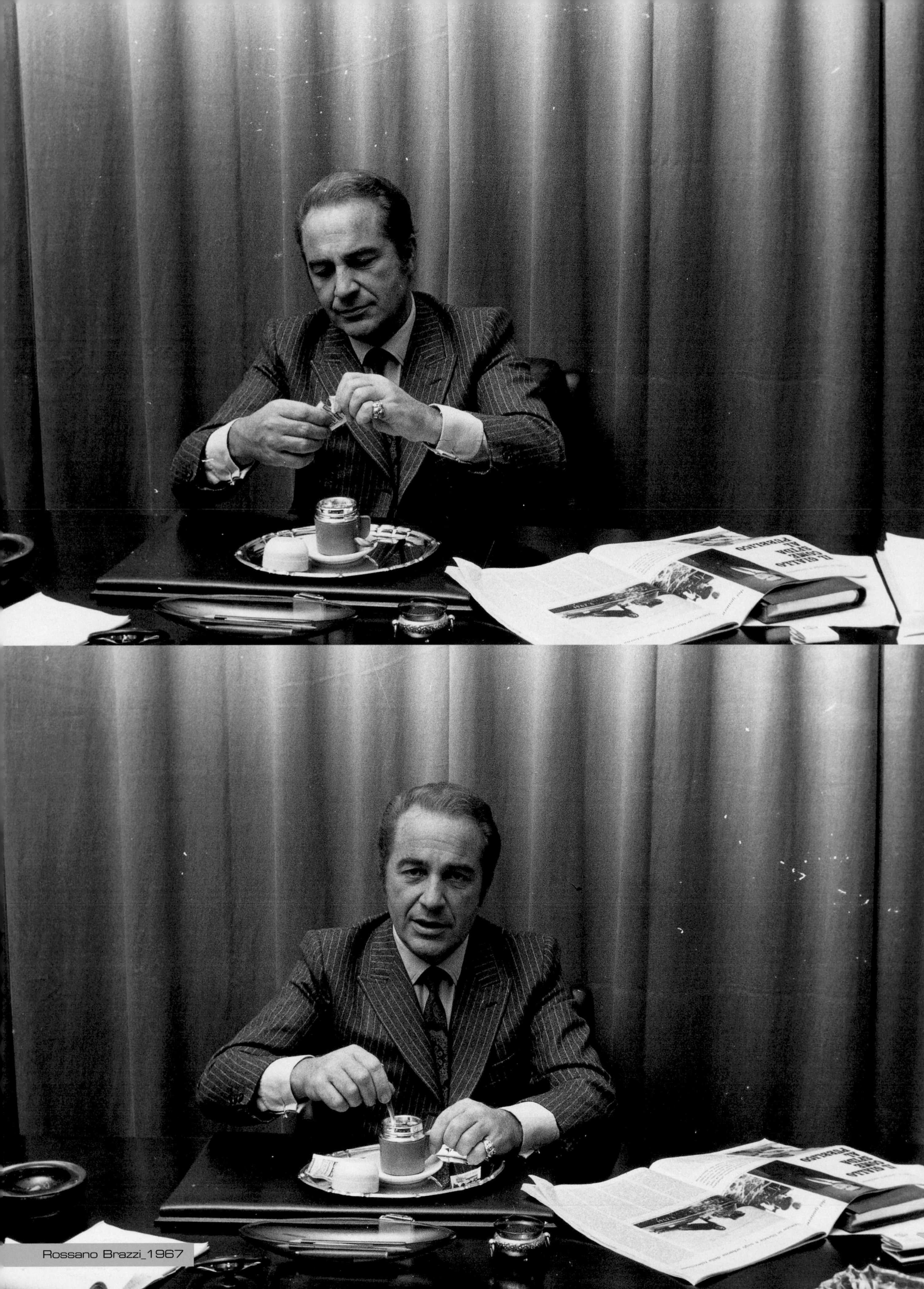

Rossano Brazzi_1967

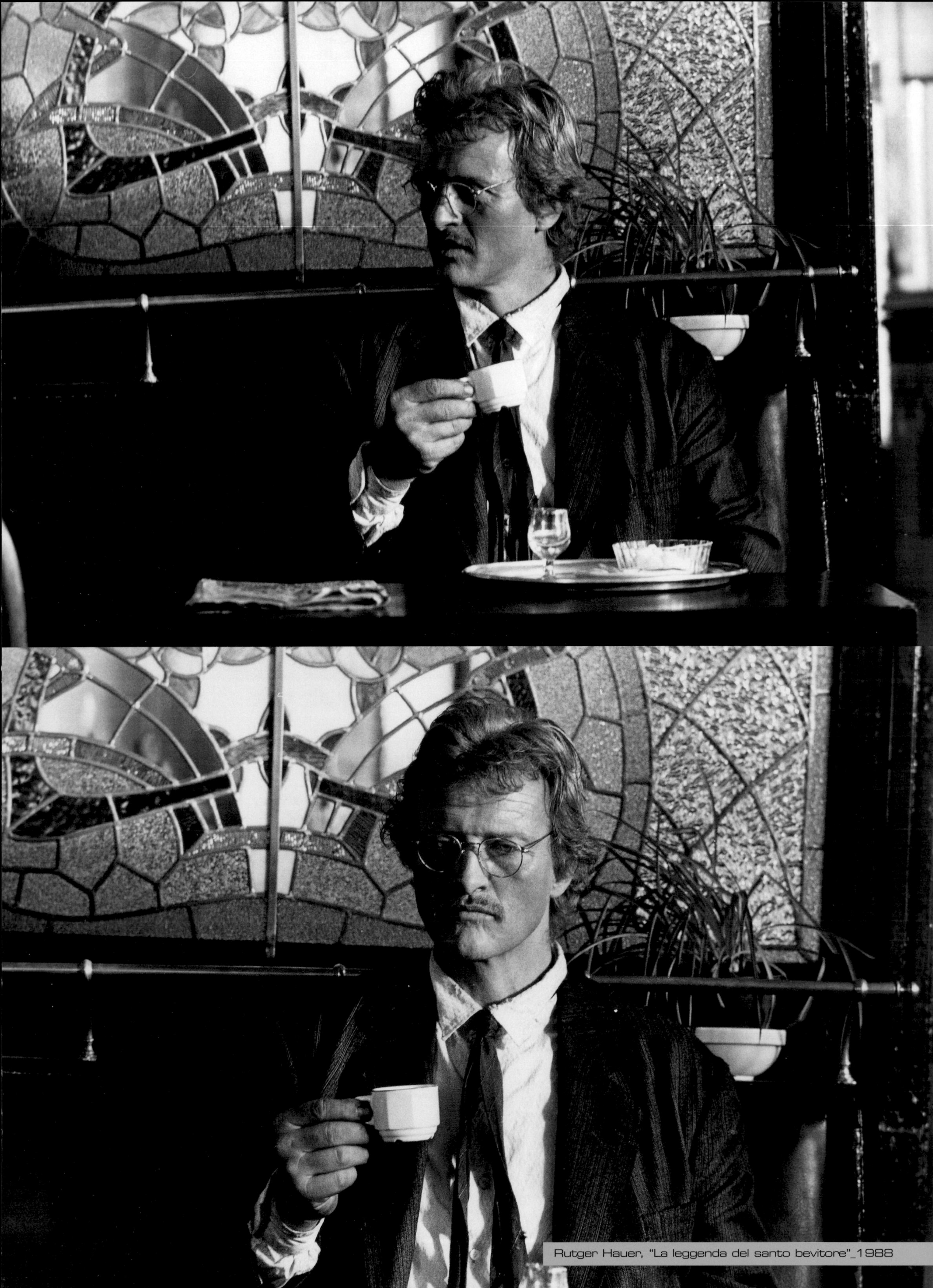

Rutger Hauer, "La leggenda del santo bevitore"_1988

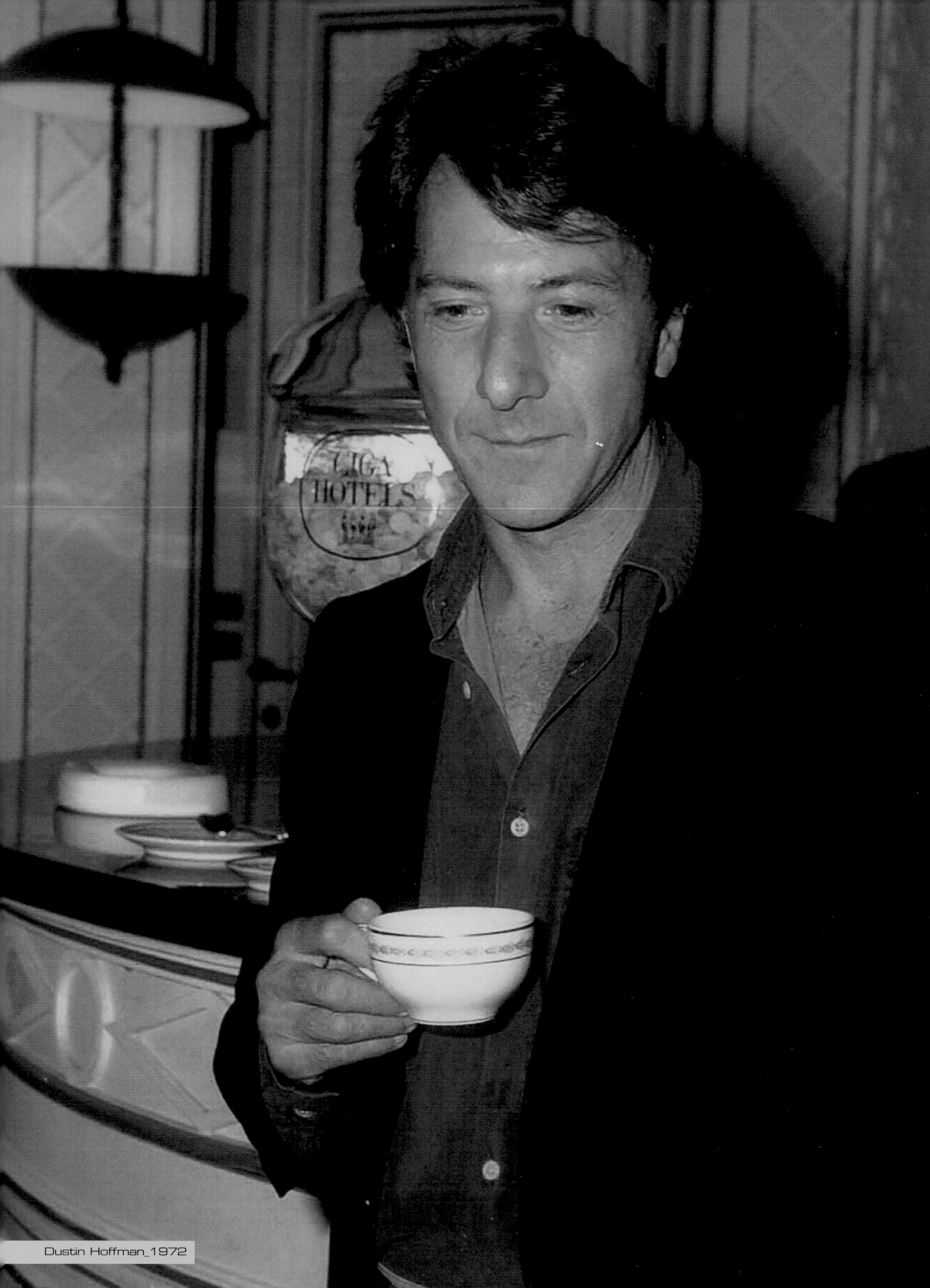

Dustin Hoffman_1972

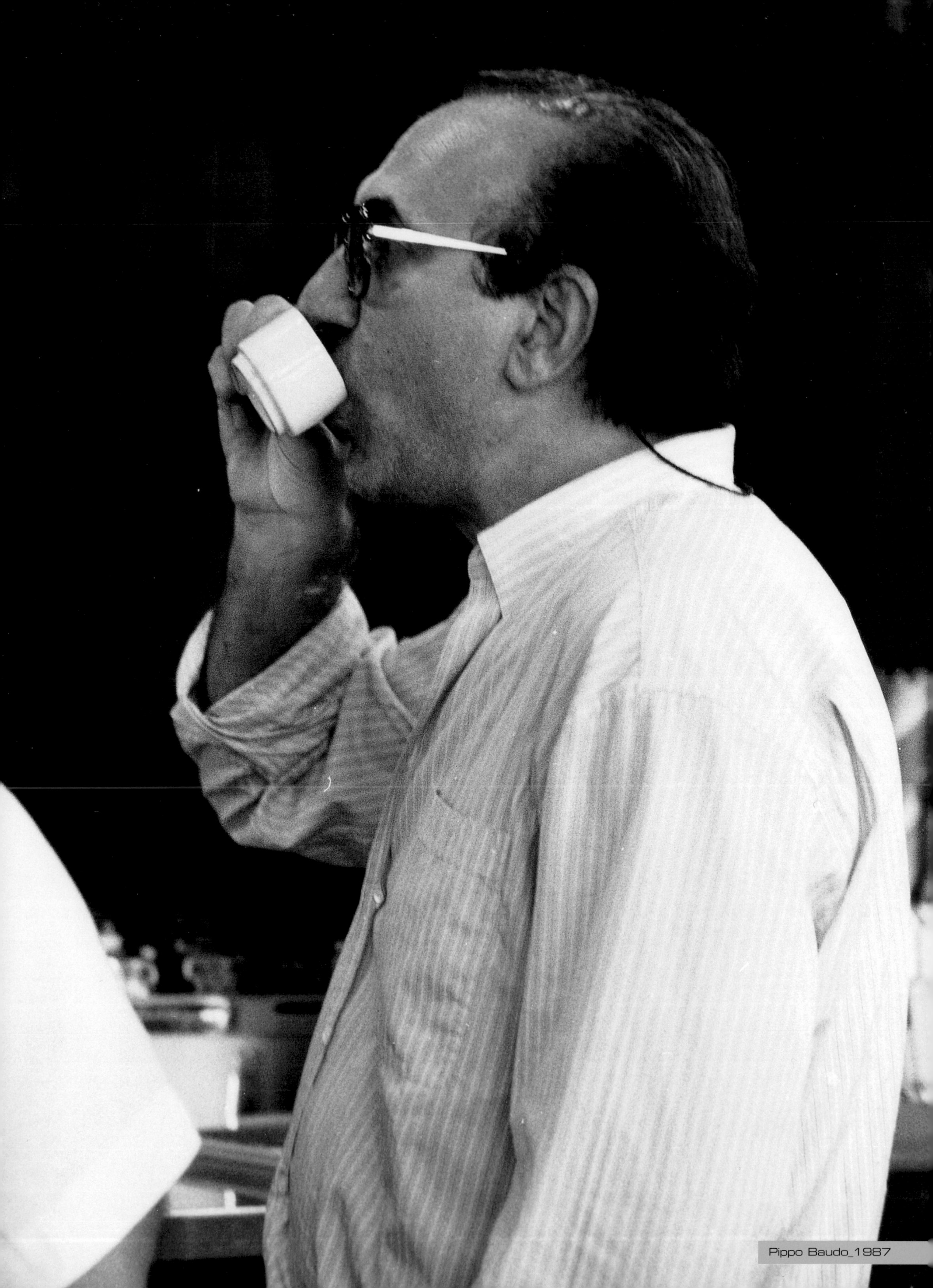

Pippo Baudo_1987

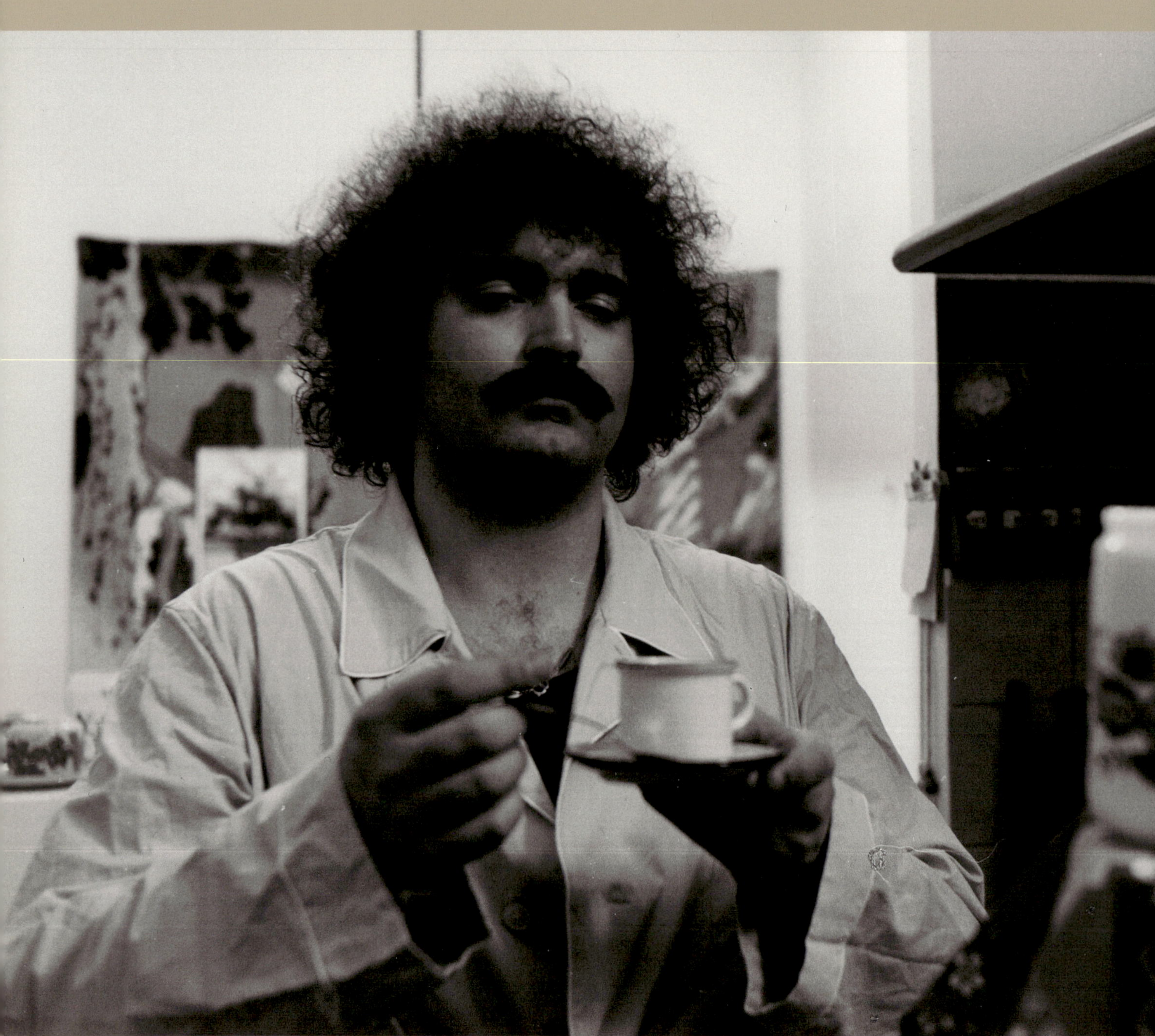

Diego Abatantuono, "Viuulentemente...mia"_1982

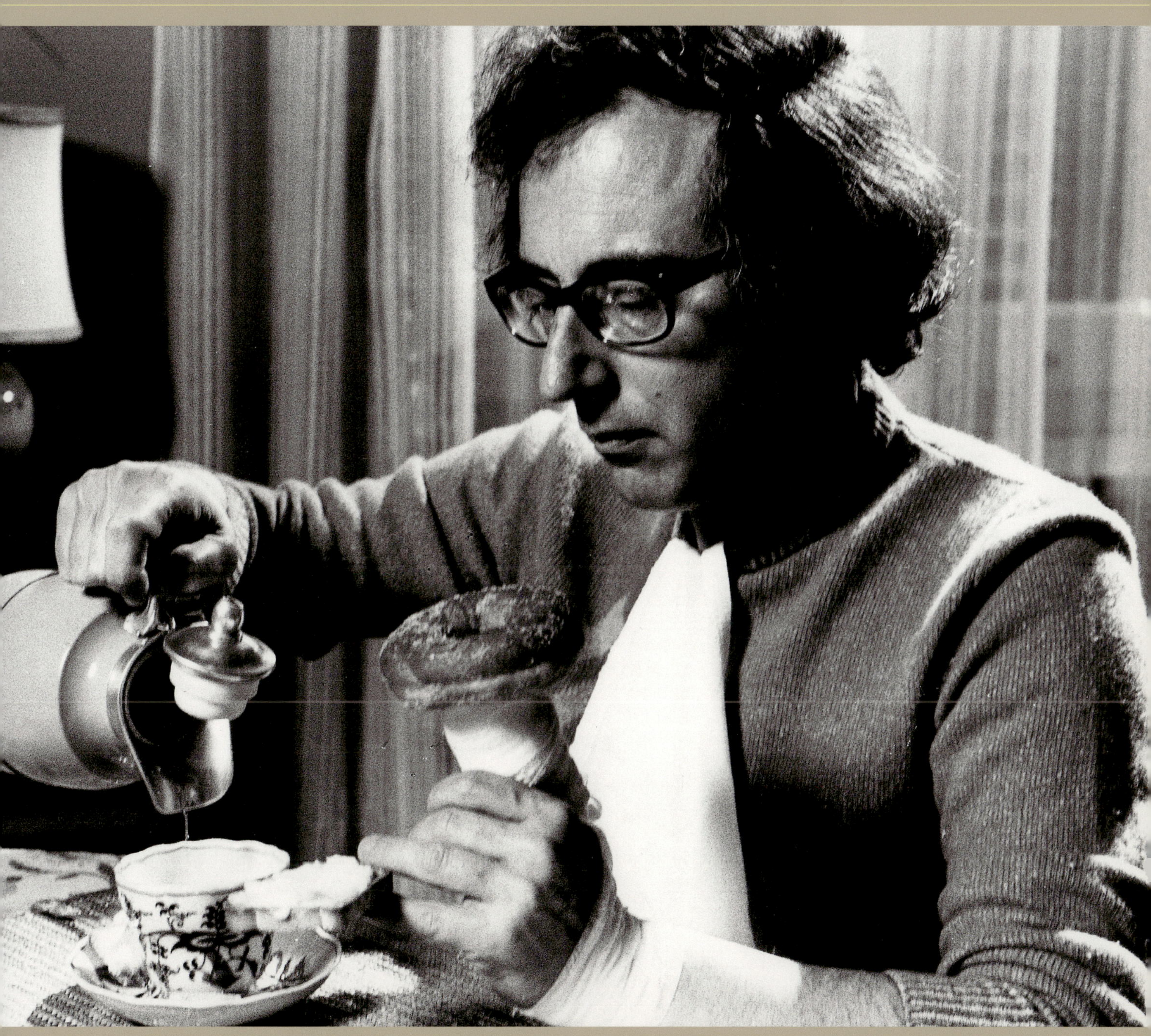

Oreste Lionello, "Provaci anche tu Lionel"_1974

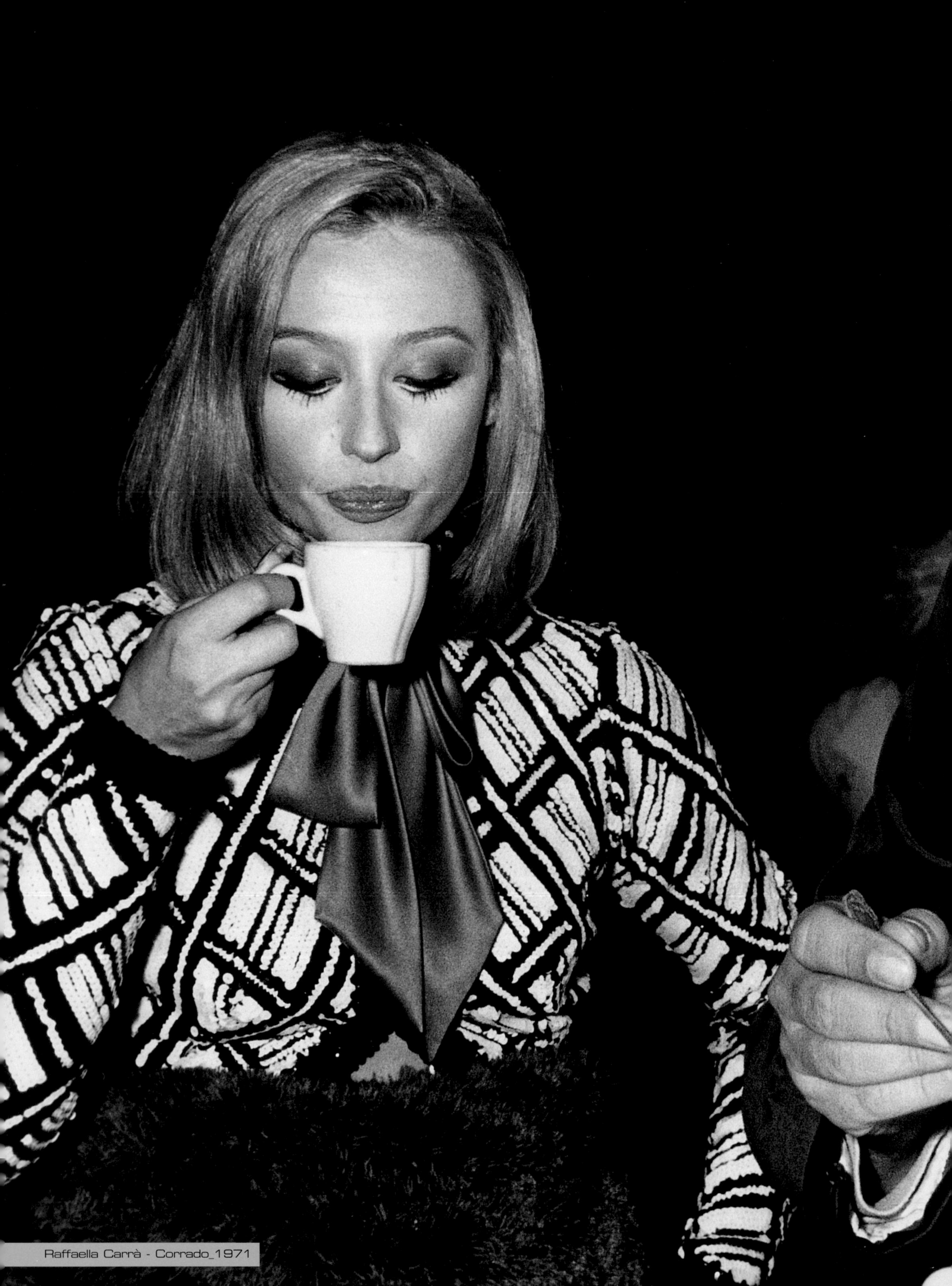

Raffaella Carrà - Corrado_1971

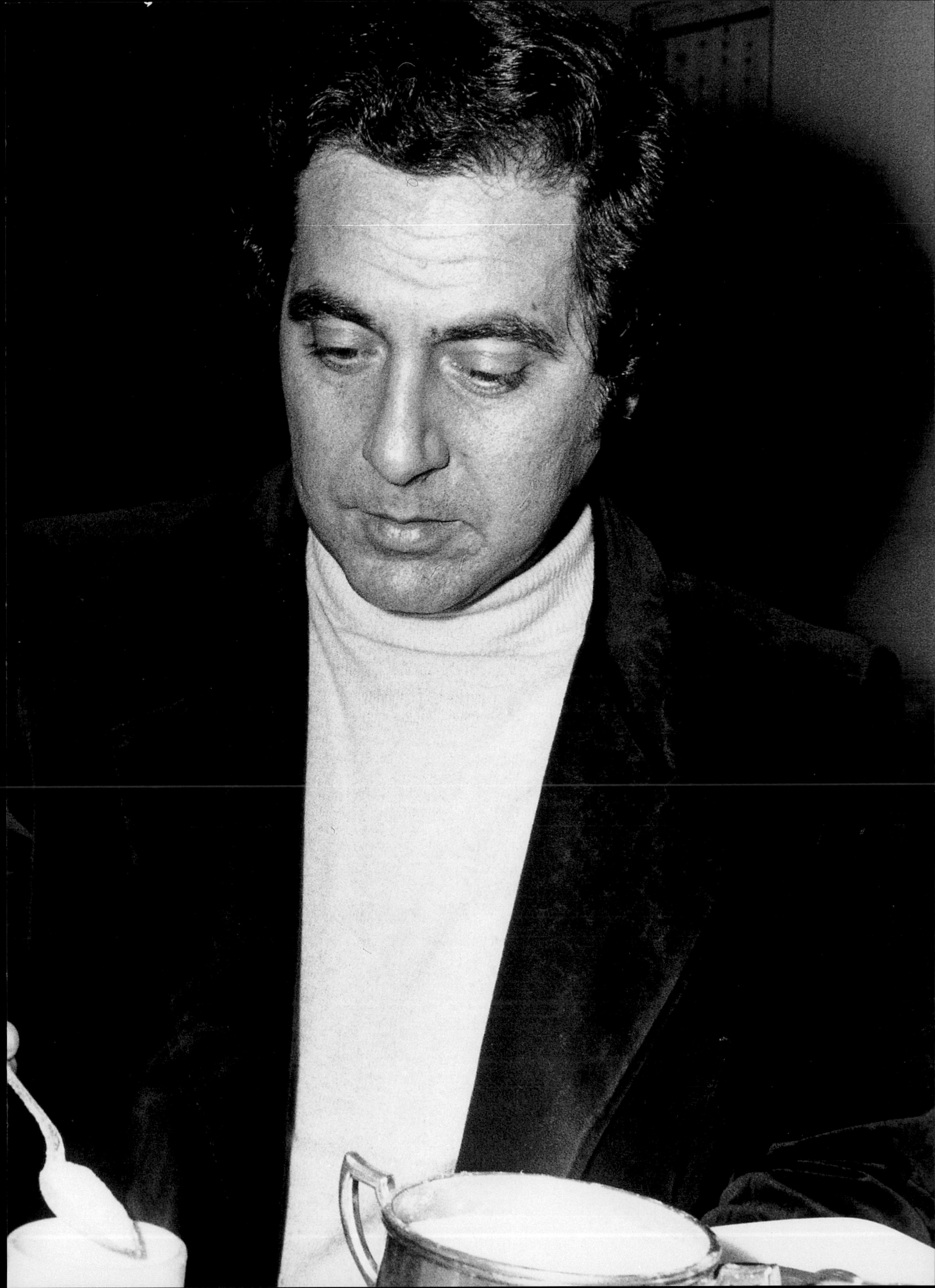

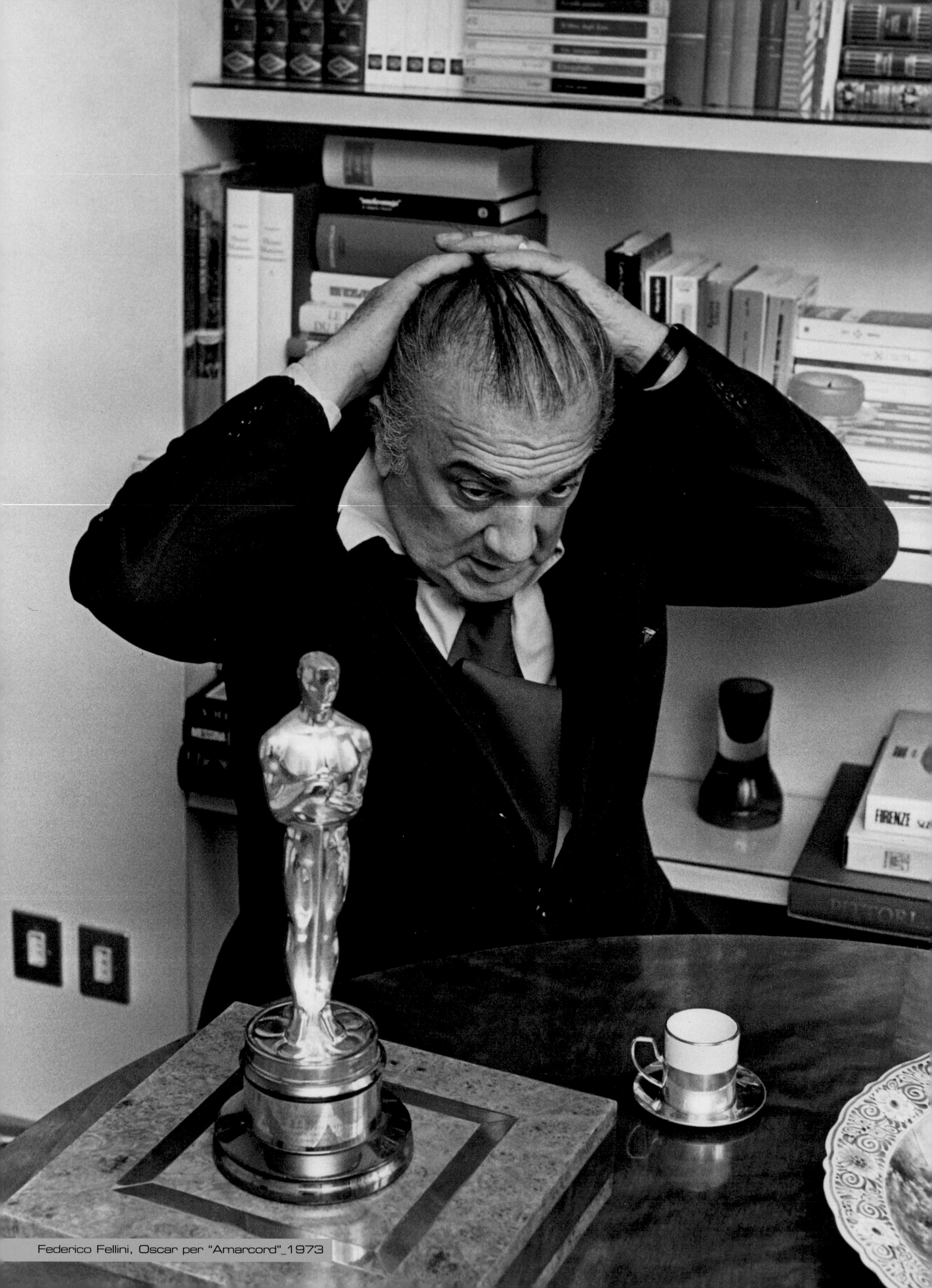

Federico Fellini, Oscar per "Amarcord"_1973

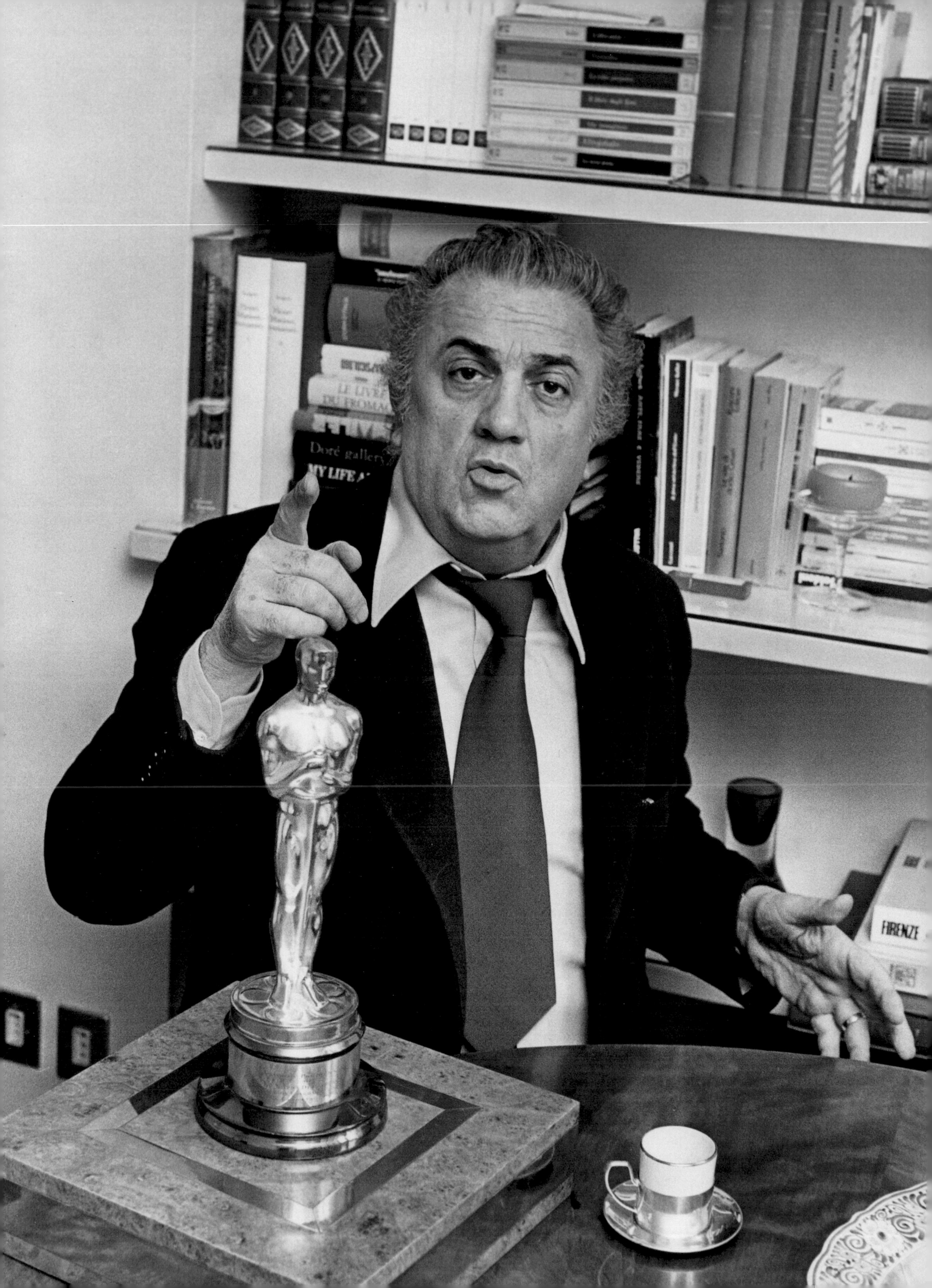
Doré gallery
FIRENZE

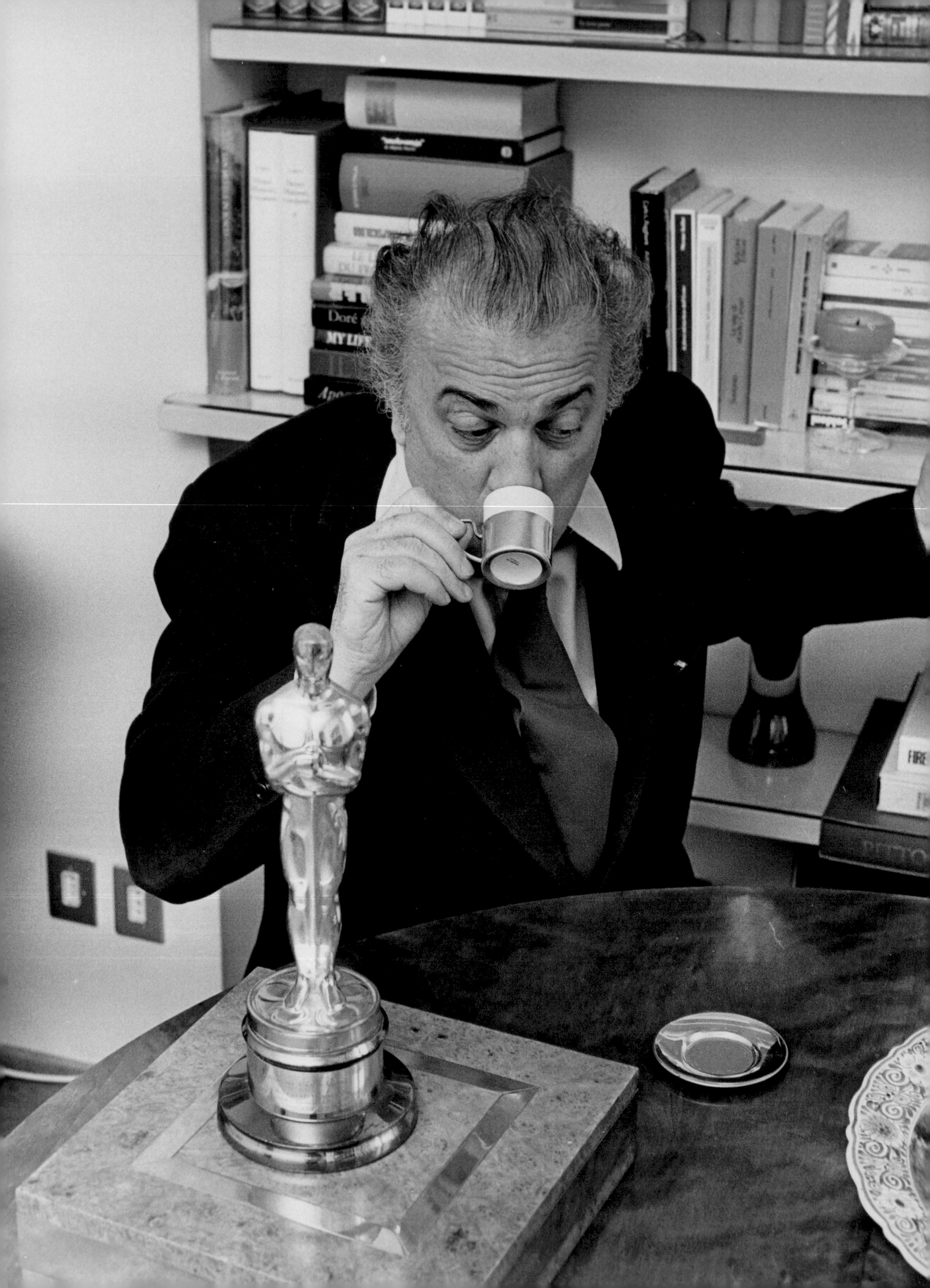
Doré

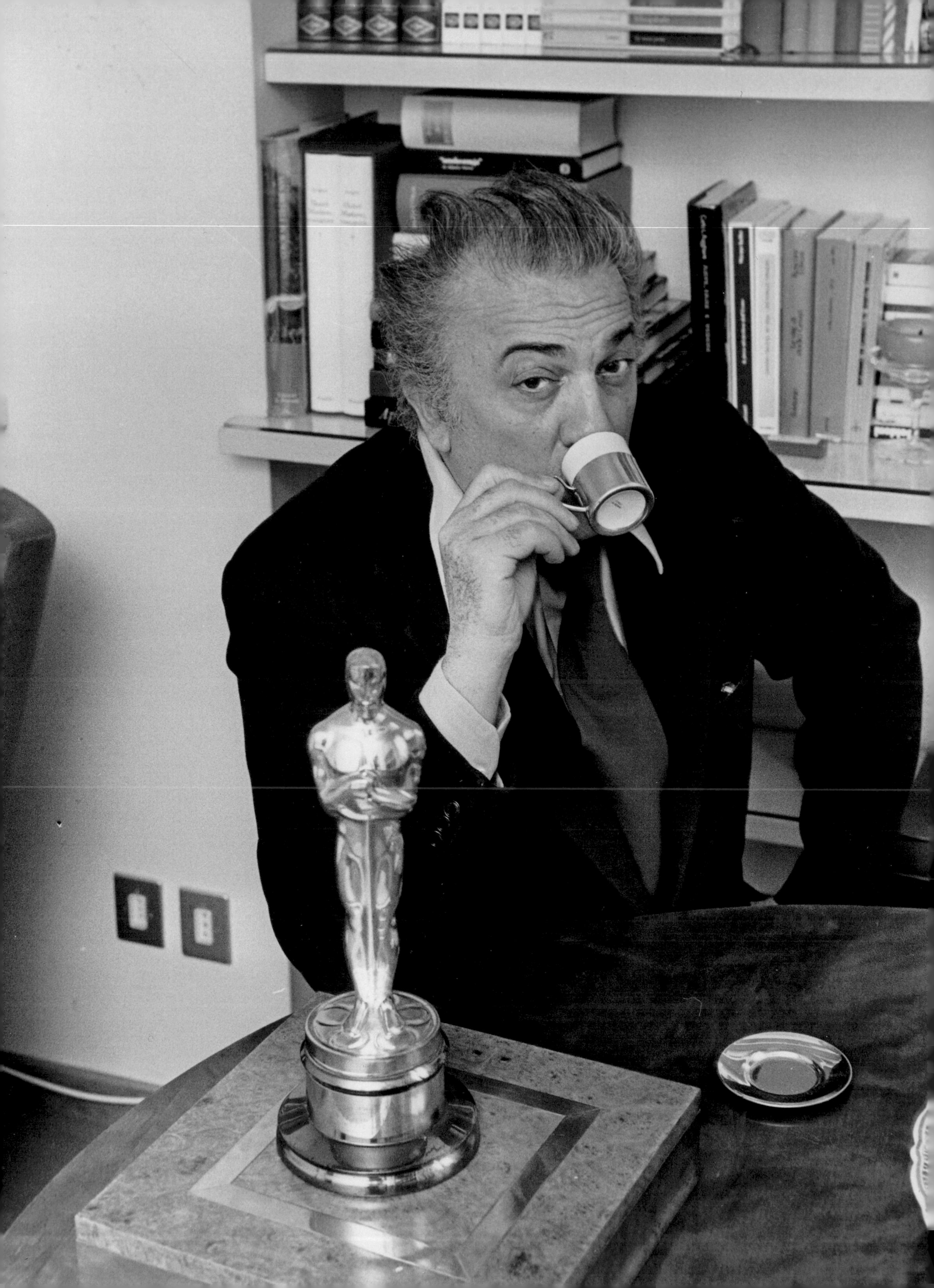

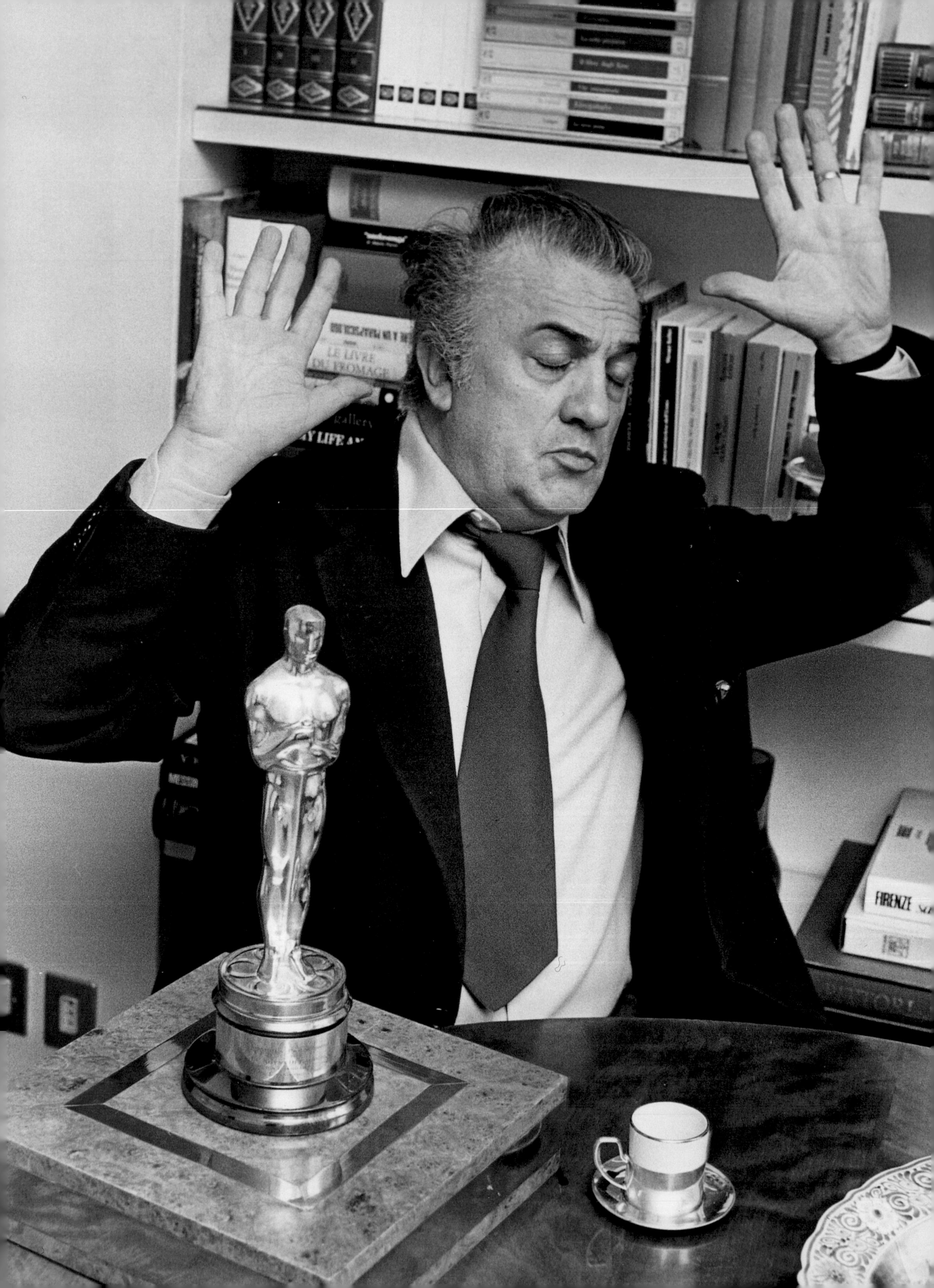
LE LIVRE
DU FROMAGE
gallery
FIRENZE

THANKS FOR PICTURES
GRAZIE PER LE FOTO

Francesco Alessi

Giovanni Assenza

Alfonso Avincola

Adriano Bartoloni

Franco Biciocchi

Luigi Bozzer

Bruno Bruni

Sandro Canestrelli

Roberto Carnevali

Antonio Casolini

Velio Cioni

Sergio Colombari

Guglielmo Coluzzi

Ermanno Consolazione

Antonio Cristofaro

Licio D'Aloisio

Mario Fabbi

Franco Fedeli

Gianni Girani

Lino Nanni

Paolo Pavia

Pierluigi Praturlon

Tazio Secchiaroli

Nino Serafini

Sergio Spinelli

Bruno Tartaglia

Antonio Tridici

Mario Tursi

Franco Vitale

COMMENT OF THE MAYOR OF THE CITY OF ROME WALTER VELTRONI
COMMENTO DEL SINDACO DELLA CITTÀ DI ROMA WALTER VELTRONI

Leafing through "Caffè & Stars", more than once I found myself prey to emotion and I found myself smiling while going back over faces and places of a period which marked an important part of our history and culture.
They were the years following a difficult after-war for Italy and Rome, a period during which the "Eternal town" became protagonist in the international world, a City where a great cultural and artistic ardour was born gone with an atmosphere (today almost mythical) of great wordliness. The major movie producers of Hollywood arrived to Cinecittà and Rome became animated by people and lights, the coffee shops became sites of meeting for poets, writers, painters, actors and directors. Indeed a world full of life and dreams.
"Caffè & Stars" celebrates in the best way this world by introducing it through a "ritual" characteristic of Italianity: the cup of coffee. The Rome of "Vacanze Romane", of Piazza di Spagna and of the nights at the Fontana di Trevi and Via Veneto, shows itself in front of us depicted in a particular moment of our identity as italians, something which is not only the relaxing pleasure of drinking a hot beverage, but it is sociableness, aesthetics, wordliness and art. It is our Culture. These pictures become in this way an important document of a part of our memory marked by people and moments that thanks to their art interpreted our dreams, our fears and wishes.

Sfogliando "Caffè & Stars", in più di un'occasione mi sono ritrovato in preda all'emozione, a sorridere ripercorrendo volti e luoghi di una stagione che ha segnato una parte importante della nostra storia e della nostra cultura. Erano gli anni che seguivano un dopoguerra difficile per l'Italia e per Roma, un tempo in cui la "Città Eterna" diventò protagonista del mondo internazionale, nella quale nacque un grande fervore culturale e artistico, assieme a un'aurea (oggi quasi mitica) di grande mondanità. Le maggiori case cinematografiche di Hollywood arrivarono a Cinecittà e Roma si animò di persone e luci, i caffè diventarono luoghi abituali d'incontro per pittori, poeti, scrittori, divi e registi. Davvero un mondo pieno di vita e di sogni.
"Caffè & Stars" lo celebra nel migliore dei modi, presentandolo attraverso un'occasione quasi "rituale", propria dell'italianità: la tazzina di caffè. La Roma delle "Vacanze Romane", di Piazza di Spagna e delle notti a Fontana di Trevi e di Via Veneto, sfila allora di fronte a noi ritratta in un momento distintivo della nostra identità, qualcosa che non è soltanto il disteso piacere del sorbire una calda bevanda, ma è socialità, è estetica, è mondanità e arte. E' la nostra cultura. Queste fotografie, dunque, diventano documentazione importante di una parte della nostra memoria, di personaggi e momenti che l'hanno segnata, che grazie alla loro arte hanno interpretato i nostri sogni, le nostre paure, i nostri desideri.

WALTER VELTRONI

Printed in Italy, September 2004 by

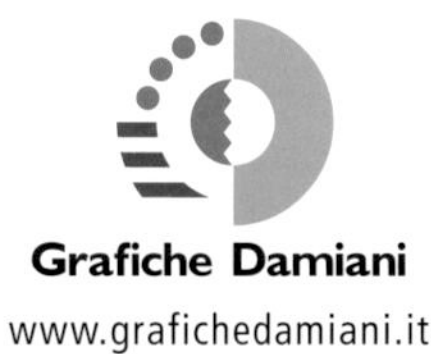

No part of this book may be reproduced in any form or by any means, electronic or mechanical, including photocopying, without permission in writing from the publisher.

È vietata la riproduzione, anche parziale, con qualsiasi mezzo effettuata, compreso la fotocopia, anche ad uso interno o didattico, non autorizzata per iscritto dall'Editore.

Fondata nel 1961, IMA è oggi leader mondiale nella progettazione e produzione di macchine automatiche per il packaging. La Tea, Coffee & Beverage Division si rivolge ai produttori e confezionatori di tè e tisane in sacchetti filtro, nonché di caffè in cialde. IMA detiene una posizione di leadership assoluta nel tè e punta ora sul caffè, settore che presenta grandi potenzialità, con nuove macchine e uno staff dedicato.

Founded in 1961, IMA is now the world leader in the design and manufacture of automatic machines for packaging. The Tea, Coffee & Beverage Division concentrates on producers and packers of tea and herbs in filter bags, as well as coffee in pods. IMA is the absolute leader in the tea sector and has now set its sights on coffee, a sector with great potential, with its new machines and dedicated team.

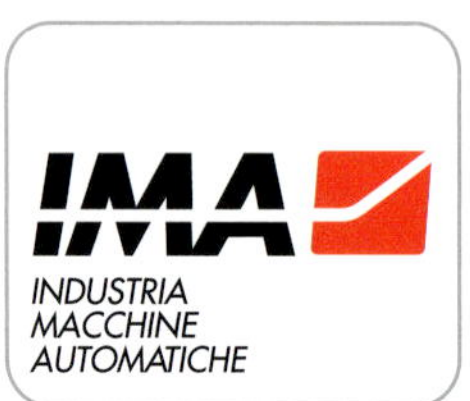

TEA, COFFEE & BEVERAGE DIVISION

IMA S.p.A.
Via Emilia, 428/442 - 40064 Ozzano Emilia (BO), Italy - Phone +39 051 6514111 - Fax +39 051 6514080 - mktg.tea@ima.it - www.ima.it

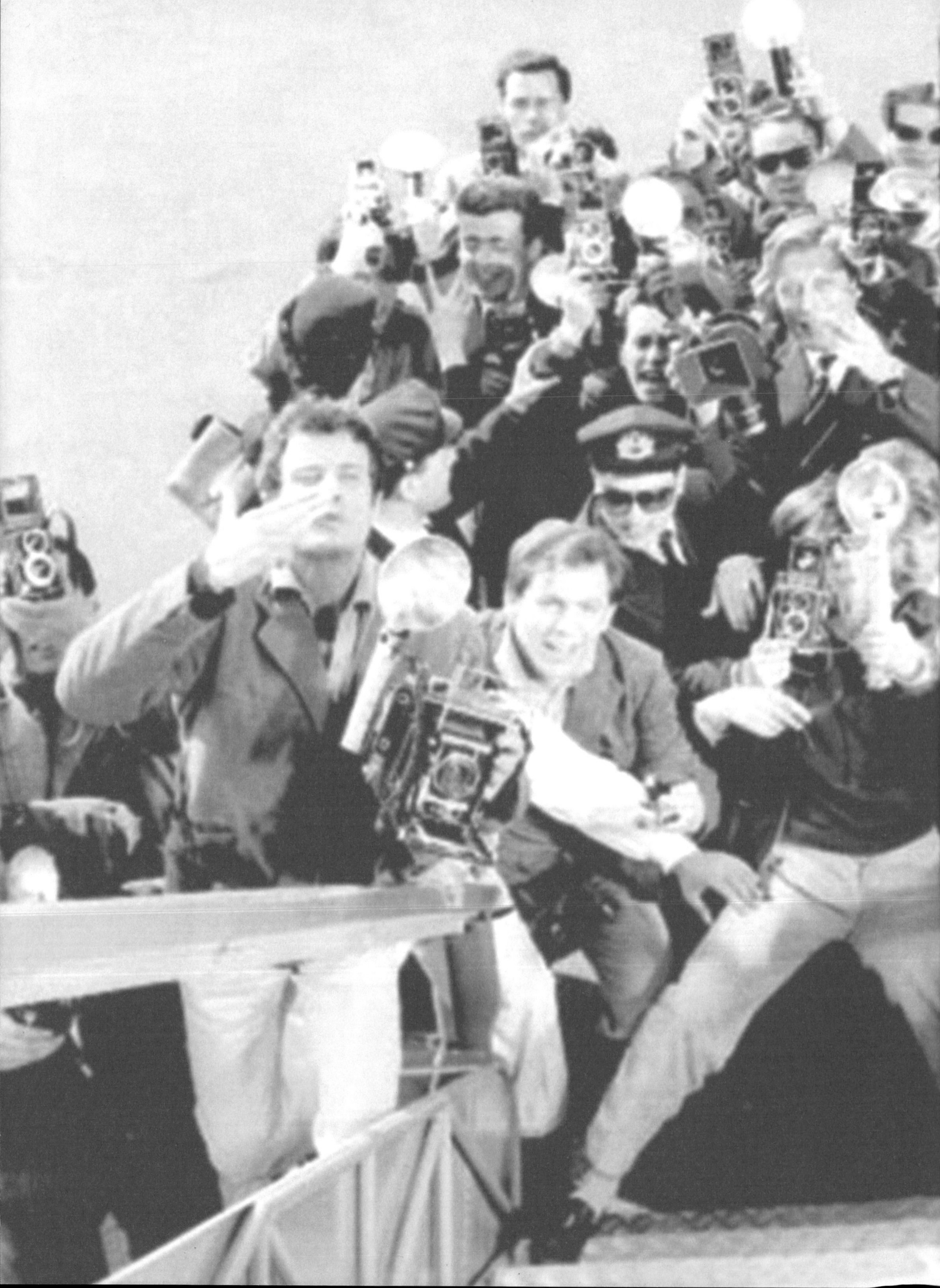